ZARKAOUI

DU MÊME AUTEUR

Ben Laden, la vérité interdite, avec Guillaume Dasquié, Paris, Denoël, 2001, nouvelle édition, Paris, Gallimard, coll. «Folio», 2002.

Jean-Charles Brisard
avec la collaboration de Damien Martinez

Zarkaoui

le nouveau visage d'Al-Qaida

Fayard

Aux victimes du terrorisme
et à leurs familles

Avant-propos

Si les circonstances forgent la notoriété des terroristes, l'Irak est à Abou Moussab Al-Zarkaoui ce que l'Afghanistan fut à Oussama Ben Laden, la violence barbare en plus.

L'Afghanistan et l'Irak, deux enjeux mondiaux, deux terres de djihad. Sur la première, Ben Laden se fit accepter par l'intelligence stratégique ; sur la seconde, Zarkaoui s'impose par la force primaire. Le premier élabora un discours pragmatique, le second prône le chaos comme politique. Le premier se voulait rassembleur, le second est exclusif.

Dans l'ordre de la violence, Zarkaoui renvoie le terrorisme à son sens premier, celui de la terreur. Toujours en retard d'une guerre, il n'a jamais réussi ce qu'il entreprenait jusqu'à ce qu'il trouve dans le conflit irakien un exutoire à ses frustrations, à ses complexes et à ses échecs. Drapé dans des convictions religieuses dévoyées, il a déclaré la guerre au monde et à tout le monde. « Je suis global », affirme-t-il, pour ne pas avouer qu'il n'avait d'autre choix que la politique du pire pour exister enfin, lui qui ne fut jamais que l'ombre de ses maîtres religieux ou militaires – à commencer par Oussama Ben Laden –, lui qui fut toujours confiné dans les geôles de son pays ou dans un terrorisme de quartier.

L'insignifiance de ses combats explique que l'homme le plus recherché au monde ne fut, durant des années, qu'un nom de plus sur la liste interminable des candidats au djihad, et que personne ne perçut la genèse du monstre, de la Jordanie aux États-Unis. On le laissa libre, croyant que l'enfermement le rendrait fou. On fit en réalité sortir de sa cage une bête immonde, déjà fascinée par la mort. Cet aveuglement a duré longtemps : au début du mois de novembre 2004, Zarkaoui ne faisait toujours pas l'objet d'une « red notice » (c'est-à-dire d'un mandat d'arrêt international) de la part d'Interpol.

Derrière le masque du bourreau sanguinaire qui terrifie la planète par Internet interposé, Zarkaoui est un terroriste au parcours atypique et chaotique qui a profité de la débâcle d'Al-Qaida pour se forger un personnage et bâtir « son » organisation, supplantant les réseaux d'Oussama Ben Laden dans de nombreux pays.

Zarkaoui est devenu un professionnel du terrorisme, un tueur froid en apprenant beaucoup des autres, et d'abord d'Al-Qaida qui lui a donné les moyens de ses ambitions et qui en a fait l'un de ses chefs avant de lui laisser prendre son autonomie. Il a profité de la faiblesse de plusieurs États ou de leur ambiguïté à l'égard du terrorisme et de l'islamisme radical pour s'imposer, se protéger – et aujourd'hui rayonner.

Il n'est ni l'instrument de Saddam Hussein comme ont pu l'affirmer les Américains, ni le suppôt d'Oussama Ben Laden ; il est le produit dégénéré et paroxystique d'un esprit obscurci à qui les circonstances ont profité plus qu'à aucun autre.

Zarkaoui ne compte pas faire carrière, il cherche à prendre sa revanche sur la vie. Il n'obéit à aucune logique, sinon à celle d'une violence qui ferait presque passer les talibans pour une joyeuse bande d'enturbannés. Zarkaoui donne des leçons à l'enfer, pour reprendre l'expression d'André Malraux, et fait des émules. L'Irak pourrait être son tombeau, mais lui-même le conçoit comme un tremplin. Il est temps d'en prendre conscience.

Voici comment et pourquoi je me suis attaché à comprendre la personnalité et l'action d'Abou Moussab Al-Zarkaoui.

Nous sommes en octobre 2002, et cela fait quatre mois que j'ai été désigné par les avocats des familles de victimes des attentats du 11 septembre – soit 10 000 parents de victimes – responsable d'une enquête internationale visant à mettre au jour les personnes, physiques ou morales, qui ont soutenu Al-Qaida. Mon équipe traque sans relâche les financiers et les soutiens logistiques du groupe terroriste. Des montagnes afghanes au désert yéménite en passant par la Tchétchénie et la Bosnie-Herzégovine, ce sont plus de quinze enquêteurs qui rapportent jour après jour des informations sur le terrorisme islamiste, parfois au grand dam des services de renseignement officiels.

L'un de nos enquêteurs en Afghanistan, celui qui, quelques semaines plus tôt, avait réclamé pour sa protection des pistolets automatiques, des fusils mitrailleurs et une dizaine de gardes du corps, me confie, un matin d'octobre, un carton estampillé « SECRET-AFG » contenant un lot de documents inédits qu'il a récupérés dans les locaux administratifs d'un camp d'entraînement déserté après l'offensive américaine. Je trouve là, pêle-mêle, des fiches militaires individuelles, un manuel pour la fabrication des substances chimiques et bactériologiques, un pamphlet anti-occidental et un guide pratique d'Al-Qaida en Afghanistan destiné aux nouvelles recrues. Ce dernier document, long de trente pages, est une véritable mine. Il recense les contacts téléphoniques utiles, détaille les méthodes de communication, les noms de code à utiliser, la liste des personnes à contacter, qu'ils soient leaders religieux, chefs militaires ou responsables de l'hébergement... Outre les membres déjà identifiés de l'organisation, je remarque un nom qui n'avait jamais attiré notre attention, « Abou Moussab Al-Zarkaoui ». Il pourrait être insignifiant s'il ne figurait sur cette liste, cité entre le chef militaire d'Al-Qaida et le responsable des camps d'entraînement terroristes de Ben Laden.

Après quelques jours de recherche, il apparut rapidement que le dénommé Zarkaoui, de son vrai nom Ahmad Fadil Nazzal Al-Khalayleh, était recherché en Jordanie et qu'il figurait sur une liste recensant des membres d'Al-Qaida en fuite en Iran.

Dès le mois de janvier 2003, un de mes collaborateurs, chargé de s'intéresser aux nouveaux leaders d'Al-Qaida, se vit attribuer le dossier « AMAZ » et se mit à rechercher des informations sur Zarkaoui, sur ses réseaux, ses relais et ses hommes. Depuis lors, plus de 10 000 pages de documents ont été réunies émanant des services judiciaires, de police ou de renseignement de plus de dix pays faisant état des agissements du « réseau Zarkaoui ». Plus de 100 témoins ont été interrogés : des magistrats, des membres des services de police et de renseignement, mais aussi des parents et des proches de Zarkaoui afin de cerner le parcours de cet homme et la réalité de son réseau. Plus d'une dizaine de voyages au Moyen-Orient, et en particulier en Jordanie, ont été nécessaires pour rassembler les éléments d'enquête présentés dans cet ouvrage. La plupart sont inédits et certains ont dû être expurgés afin de ne pas nuire aux investigations gouvernementales en cours sur celui qui est devenu l'homme le plus recherché au monde.

15 novembre 2004.

I

GENÈSE D'UN TERRORISTE

L'ambition dont on a pas le talent est un crime.

René de Chateaubriand

Chapitre 1

Zarka et la tribu Zarkaoui

L'image a fait le tour du monde. Deux avions de ligne, l'un de la Swiss Air, l'autre de la TWA, sont détournés le 6 septembre 1970 et contraints d'atterrir sur l'aéroport dit « de la Révolution », un aérodrome militaire désaffecté à Zarka, en Jordanie. Trois jours plus tard, un appareil britannique est détourné sur ce même aéroport. Une fois les passagers libérés, deux terroristes palestiniens, Wadi Haddad et Layla Khalid, font exploser les carlingues. Ce premier coup d'éclat du FPLP[1] provoque le début de « Septembre noir », cette répression féroce engagée par le roi Hussein contre les fedayins palestiniens réfugiés en Jordanie.

Cet acte de piraterie, inédit et spectaculaire, choque l'opinion internationale. Les images filmées des appareils dynamités, les toutes premières de ce type, confèrent une portée inattendue au spectacle de la terreur. Les terroristes les plus habiles utiliseront dès lors les médias pour faire passer leur message de mort. Les messages évolueront au fil du temps, jusqu'à aboutir, trente années plus tard, à ces images d'une cruauté barbare diffusées sur les nouveaux canaux numériques.

---

1. Front populaire pour la libération de la Palestine, mouvement à tendance révolutionnaire d'inspiration marxiste, fondé par Georges Habache en 1967.

À Zarka, en 1970, les avions étaient vides. À Bagdad, en 2004, un homme né à Zarka en égorge d'autres et les plans-séquences sont aussi insoutenables qu'interminables.

Le royaume jordanien, malgré ses efforts soutenus dans la lutte contre le terrorisme, n'a pas su anticiper le péril isla-miste croissant à partir des années 1990. Pays carrefour au cœur d'une région en crise, la Jordanie a subi de front les assauts répétés de divers mouvements extrémistes. En périphérie de la capitale, Amman, des villes comme Maan ou Zarka sont devenues le refuge des causes islamistes les plus dures. Des groupes terroristes s'y font et s'y défont, des alliances s'y scellent. Les activistes y sont arrêtés, jugés puis condamnés et souvent relâchés, alors que s'y propage l'idéologie salafiste, qui prône le retour aux racines de l'Islam et se donne comme ultime objectif d'instaurer un État islamique en Jordanie.

À Maan ou à Zarka, les deux plus grandes villes du royaume après Amman, la misère rend la population sensible aux sirènes extrémistes. Les réfugiés palestiniens s'entassent à Zarka depuis les années 1950 et vivent dans une grande précarité. Même si la ville domine un bassin économique important à l'échelle de la Jordanie, le taux de chômage y est également l'un des plus élevés du royaume[1], et le taux de criminalité y bat tous les records, à telle enseigne que Zarka est souvent décrite comme un « Chicago » jordanien. Les infrastructures publiques sont laissées à l'abandon, à la différence d'Amman, la capitale, où l'on construit, chaque mois, des bâtiments flambant neufs.

Les collines poussiéreuses de Zarka s'étendent à perte à vue autour d'Amman. Zarka abrite la plus grande communauté de Palestiniens de Jordanie : dans le camp Schneller (également appelé camp Hattin) ou dans le camp de Moushairifeh vivent des réfugiés en exil depuis 1948, année

---

1. Marc Lavergne, « Jordanie : fracture sociale et fragmentation spatiale dans un processus de métropolisation. Le cas d'Amman », *Insaniyat*, Alger, 2e trim. 2004.

de la création de l'État d'Israël. En fait de camps, il s'agit de véritables quartiers intégrés à l'agglomération. À l'est du Jourdain, les rancœurs s'accumulent depuis près de cinquante ans, à la fois contre l'État jordanien et contre Israël. Cette identité palestinienne constitue un ciment social fort, mais aussi un vecteur propice à la politisation de l'Islam. Depuis 1948, le royaume hachémite tente de maintenir un équilibre fragile entre tribus bédouines et réfugiés palestiniens. Mais, en dépit des programmes d'intégration mis en place par l'État, les Palestiniens de Jordanie demeurent à l'écart des structures politiques régionales et nationales, même si, sur le papier, ils détiennent tous les attributs de la citoyenneté jordanienne, et notamment le passeport hachémite.

Depuis le début des années 1990, le mécontentement de la population de Zarka grandit. Parallèlement à l'évolution politique de certains pays voisins, dont la Syrie et l'Arabie saoudite, et au durcissement du conflit israélo-palestinien, les grandes agglomérations palestiniennes de Jordanie se radicalisent. Le fanatisme se diffuse peu à peu dans la société jordanienne. Désormais, les crimes d'honneur punissant les femmes se multiplient, les prêches des imams extrémistes emplissent les mosquées, les mouvements terroristes recrutent des candidats toujours plus nombreux pour mener des attentats suicides en Israël. Les moudjahidin afghans prônent l'avènement d'un État islamique (califat), les Frères musulmans investissent les universités et les centres de pouvoir nationaux, les responsables politico-religieux organisent des « marches de la colère » à l'encontre de la politique d'Israël. Le Hamas noyaute les enclaves palestiniennes de Jordanie.

Plusieurs faits témoignent de cette montée du fanatisme, notamment à Zarka. Peu avant les attentats du 11 septembre 2001, un jeune Palestinien de Jordanie dénommé Saeed Hotary, âgé de 22 ans, que ses proches décrivent comme un jeune homme calme et posé, part en Israël pour gagner sa vie. Le 1er juin 2001, il se fait exploser devant la discothèque

Dolphinarium, à Tel-Aviv, tuant 21 jeunes Israéliens. Saeed Hotary avait grandi à Zarka comme tant d'autres membres du Hamas, l'organisation qui revendiqua ce sanglant attentat[1].

Les autres groupes terroristes ne sont pas en reste, à commencer par Al-Qaida. C'est ainsi qu'un jeune Palestinien de Jordanie, originaire de Zarka, Mohammed Salameh, a été condamné à la réclusion à perpétuité aux États-Unis pour avoir participé au premier attentat mené contre le World Trade Center, à New York, en 1993. Entré aux États-Unis le 17 février 1988 avec un visa touristique, il avait tenté de se faire rembourser, le jour même de l'attentat, la caution de la camionnette qui avait servi à l'attaque. La justice américaine a établi qu'il appartenait au premier cercle de l'organisation d'Omar Abdel Rahman, qui avait planifié ces attentats[2]. La famille de Mohammed Salameh, à Zarka, avait économisé pour qu'il puisse obtenir son visa.

Les destins de ces centaines d'activistes palestiniens se ressemblent souvent, qu'ils rejoignent les rangs du Hamas ou des Brigades des martyrs d'Al-Aqsa. Et la ville de Zarka avait déjà payé un lourd tribut au terrorisme islamiste avant que ne surgisse sur la scène médiatique internationale Abou Moussab Al-Zarkaoui, littéralement, Abou Moussab de Zarka. Or, son militantisme à lui n'a rien en commun avec l'activisme politique des jeunes Palestiniens. Zarkaoui est un tueur professionnel, un monstre froid qui fait violence de ses mains. Atypique et insaisissable, l'homme échappe à tous les scénarios des services antiterroristes, y compris jordaniens.

Pourtant, au début des années 1990, le redoutable General Intelligence Directorate (GID) jordanien avait entrepris une surveillance systématique et méthodique des mouvements radicaux opérant en Jordanie, et s'était en particulier intéressé à celui de Zarkaoui. Le pays traversait alors l'une des plus graves crises politiques de son histoire contemporaine. Secoué

---

1. « Foreign general news », *The Canadian Press*, 3 juin 2001.
2. «Bomb defendants all deeply religious Muslims», Reuters, 25 mai 1994.

par un profond courant islamiste, animé par les Frères musulmans, le royaume jordanien avait réagi fermement et pris des mesures répressives contre les divers groupes terroristes qui animaient les banlieues d'Amman. Mais cette logique répressive ne vint pas à bout d'Abou Moussab Al-Zarkaoui qui, après avoir été arrêté, fut libéré à la faveur d'une loi générale d'amnistie s'appliquant aux prisonniers politiques. L'un des terroristes les plus emblématiques depuis Oussama Ben Laden sortit ainsi des geôles jordaniennes le 29 mars 1999, pour ne plus jamais y revenir.

Contrairement à d'autres pays arabes, tels que l'Algérie et la Tunisie, la Jordanie a légalisé, à partir de 1989, plusieurs partis politiques islamistes. Le plus important d'entre eux, le Parti de l'action islamique (« Islamic Action Front », IAF), est une émanation directe de la congrégation des Frères musulmans. L'IAF s'est assuré des responsabilités politiques au plus haut niveau, et notamment plusieurs portefeuilles ministériels[1]. À plusieurs reprises, ce parti a tenté d'infléchir la ligne politique du royaume en direction du fondamentalisme. Intervenant dans la réforme des manuels scolaires, contrôlant plusieurs municipalités, l'IAF s'est imposé, dans le courant des années 1990, comme un partenaire nécessaire à la monarchie jordanienne. Or il n'est que la vitrine légale des Frères musulmans.

Affaibli lors des élections de novembre 1993, l'IAF est revenu en force après l'accord de paix signé en octobre 1994 entre la Jordanie et Israël, dénoncé comme une « trahison » par les islamistes. Il renforce alors son influence dans les grandes cités palestiniennes de Jordanie, notamment dans son fief de Zarka. Le maire de la ville, Yasser Omari, est un haut dignitaire de l'IAF[2].

---

1. « Can Islamists be democrats ? The case of Jordan », *Middle East Journal*, 1er juillet 1997.
2. « Zarqa tribes in disarray ahead of elections while candidates scramble for women's votes », *Jordan Times*, 11 juillet 1999.

Le Parti de l'action islamique critique alors violemment le traité de paix et le rôle déterminant qu'ont joué les États-Unis pour parvenir à sa signature. Ses militants délivrent un message fondamentaliste dans les banlieues d'Amman. À la même époque, d'autres groupes activistes, tel le Hizb Al-Tahrir Al-Islami (Parti de la libération islamique) ou le Jaysh Mohammed (l'Armée de Mohammed) encouragent leurs militants à commettre des actes violents à l'égard des Juifs et des Occidentaux. Plusieurs compagnons d'armes d'Abou Moussab Al-Zarkaoui au sein de son premier groupe terroriste, Bayt Al-Imam, avaient adhéré, à un moment ou à un autre, à ces organisations pourtant illégales en Jordanie. Ils sont pour la majorité des vétérans de l'Afghanistan. Ces terroristes d'un genre nouveau en Jordanie se font volontiers appeler « imam », sans pour autant être en mesure de justifier leur titre. Ils n'ont reçu, pour la plupart, qu'une vague instruction religieuse.

Le contexte politique jordanien des années 1990 s'apparente ainsi à un bouillon de culture où auront proliféré les organisations islamistes et les courants radicaux, surtout d'obédience salafiste. Peu après la guerre d'Afghanistan contre les Soviétiques, le salafisme est en effet à la mode dans les quartiers de Zarka. Dans cette seule ville, les trois candidats du Parti pour l'action islamique remportent 85 % des voix lors des élections de 1993, à l'issue d'une campagne nettement anti-israélienne. Le courant islamiste jordanien fait cause commune avec les Palestiniens des territoires occupés[1], tandis que, tout au long de la décennie, la ville de Zarka s'enfonce dans une crise sociale et économique de plus en plus profonde[2].

Abou Moussab Al-Zarkaoui (alias Ahmad Fadil Al-Khalailah, Ahmad Fadil Nazal Al-Khalayleh, Abou Ahmad,

---

1. « Can Islamists be democrats? the Case of Jordan », art. cité.
2. « Zarqa tribes in disarray ahead of elections while candidates scramble for women's votes », art. cité.

Abou Muhammad, Abou Muhannad, Al-Muhajer, Muhannad, Sakr Abou Suwayd, Garib) est né, de son vrai nom, Ahmad Fadil Nazzal Al-Khalayleh, le 20 octobre 1966, à Zarka, en Jordanie.

Il appartient au clan des Khalayleh, dont il porte le nom. Cette famille d'origine bédouine s'est sédentarisée en Jordanie il y a plus deux siècles, et occupe l'une des toutes premières places sur l'échiquier politique de Zarka. Notons d'emblée que Zarkaoui n'est donc pas originaire d'une famille palestinienne de Jordanie, comme l'avait prétendu, le 5 février 2003, à l'occasion d'une intervention aux Nations unies, Colin Powell. L'ensemble des documents et des témoignages disponibles sur Zarkaoui ne laisse place à aucune ambiguïté sur ce point[1]. En 2004, l'État jordanien a, par ailleurs, décidé de révoquer sa nationalité, comme l'avait fait, en 1994, l'Arabie saoudite avec Oussama Ben Laden.

Composée de plusieurs milliers d'individus, le clan Khalayleh peuple une très large partie de la ville de Zarka mais également diverses agglomérations à la périphérie d'Amman. Comme pour se démarquer des agissements de son enfant terrible, les représentants du clan ont envoyé un message au roi Abdallah II, le 29 mai 2004, dans lequel ils condamnent les agissements de Zarkaoui et réitèrent leur serment d'allégeance au roi et au royaume[2].

Le clan Khalayleh appartient à la tribu bédouine des Bani Hassan, l'une des tribus jordaniennes les plus nombreuses avec plus de 200 000 membres[3]. Elle s'étend sur d'autres pays du Proche et du Moyen-Orient, dont l'Irak. Il s'agit d'une des tribus bédouines les plus influentes du royaume. Elle partage le pouvoir tribal avec les Bani Hamida et les Hedouane.

---

1. Et notamment l'entretien que nous avons eu avec Muhannad Hijazi, procureur militaire du royaume hachémite de Jordanie, 16 septembre 2004.
2. «Al-Zarqawi's tribe cables King Abdallah pledging allegiance», *Al-Ra'y*, 29 mai 2004.
3. Ghazi Bin Muhammad, *The Tribes of Jordan at the beginning of the XXI*st *Century*, Amman, Turab Press, 1999.

Bien qu'il soit implanté sur divers territoires répartis dans plusieurs pays, le clan des Bani Hassan possède une unité et une capacité politique propres, à telle enseigne que le 16 juillet 2002 le représentant de la tribu a fermement condamné la « politique diabolique des États-Unis » contre l'Irak. D'autres représentants des Bani Hassan se sont dits « fermement déterminés à protéger l'Irak et les droits arabes en tout lieu » et à « continuer le sacrifice jusqu'à ce que [...] les plans américano-sionistes [échouent] dans la région[1] ». La communauté est organisée de manière autarcique en vue de défendre ses intérêts propres. Il existe ainsi à Zarka une organisation caritative dénommée Bani Hassan Islamic Society, qui se consacre à l'aide des membres les plus démunis du clan. Les Bani Hassan constituent un maillon central du dispositif politico-social jordanien.

---

1. «Jordan tribe voices solidarity with Iraq», *IPR Strategic Information Database*, 16 juillet 2002.

Chapitre 2

L'« homme vert »

Abou Moussab Al-Zarkaoui a grandi dans le quartier Ma'ssoum, en compagnie de Mohammed, l'un de ses deux frères et de ses sept sœurs[1], dans un environnement modeste imprégné d'un Islam conservateur. Ma'ssoum est une cité-dortoir où la culture bédouine traditionnelle côtoie la modernité. Les gratte-ciel de la capitale ne sont qu'à quelques minutes de voiture. Ce quartier est le berceau de la tribu des Bani Hassan. Situé au cœur même de Zarka, il s'agit d'un quartier pauvre (mais pas misérable) qui s'étend sur les différentes collines surplombant la ville. Le paysage aride est écrasé par un soleil de plomb.

Ahmad Fadil voit le jour à Ma'ssoum le 20 octobre 1966. La grande maison bourgeoise à deux étages qu'occupe la famille domine le cimetière délabré de la commune, où les tombes ne sont plus entretenues depuis longtemps. Comme bien des membres du clan Khalayleh, le

---

1. Les frères et sœurs de Zarkaoui sont : Aisha, née en 1963, mariée, habitant à Zarka ; Alia, née en 1968, mariée à Khaled Al-Aruri, habitant à Zarka ; Fatima, née en 1961, mariée, résidant à Amman ; Intisar, née en 1970, mariée, résidant à Amman ; Mariam, née en 1968, mariée à Haytham Mustapha Obeidat ; Rabia, née en 1975, mariée, résidant à Amman ; Amnah, née en 1973, mariée, résidant à Amman ; Mohammed, né en 1965, marié, résidant à Zarka et Sayel, né en 1959, marié et résidant en Arabie Saoudite. Source : rapport de synthèse du BKA (police criminelle allemande) sur Abou Moussab Al-Zarqawi, 2004, archives de l'auteur.

père de Zarkaoui, Fadil Nazzal Mohammed Al-Khalayleh, né en 1926, un ancien combattant volontaire de la guerre de 1948, était employé par la municipalité de Zarka ou il était *mokhtar*, autrement dit, conciliateur, celui vers lequel les gens se tournent pour résoudre leurs différends[1]. Le patriarche meurt deux ans après avoir pris sa retraite, en 1994[2], et la famille bénéficie de la bienveillance de la municipalité qui décide de verser au clan Khalayleh une pension. La grande villa de Ma'ssoum est néanmoins vendue au profit d'une maison plus modeste dans le quartier Al-Ramzi, toujours à Zarka.

Celui qui s'appelle encore Ahmad Fadil Nazzal Al-Khalayleh aura donc grandi face au cimetière de la municipalité de Ma'ssoum. Jeune garçon, il aura constamment sous les yeux ce paysage lunaire parsemé de tombes qui n'aura sans doute pas été sans influence sur sa personnalité, et aura notamment suscité chez lui une véritable fascination pour la mort, si l'on en croit plusieurs de ceux qui l'ont connu jeune[3]. À proximité d'Amman et de ses centres d'affaires, Ma'ssoum tranche par ses allées poussiéreuses et ses routes à peine goudronnées. Le vendredi, jour de prière, presque toutes les femmes sont voilées, et la plupart d'entre elles portent des robes tombant jusqu'aux chevilles.

Le jeune Ahmad Fadil est un élève moyen. Son instituteur le décrit comme un jeune élève ayant « quelques » dispositions intellectuelles[4]. Entre 6 et 11 ans, il obtient rarement la note B à l'école élémentaire du roi Talal Ben Abdallah[5]. Il est ensuite admis à la Al-Zarqa High School.

Au collège Al-Zarqa, le plus grand établissement scolaire pour garçons du gouvernorat de Zarka, Ahmad Fadil est

---

1. Entretien avec Abdalla Abou Rumman, ancien codétenu de Zarkaoui, 8 novembre 2004.
2. Police de Zarka, 2004, archives de l'auteur.
3. « Under the microscope », *Al-Jazira*, 1er juillet 2004.
4. Entretien avec l'ancien professeur de classe de Zarkaoui, 15 septembre 2004.
5. « Interview with the wife of Abu Mussab Al-Zarqawi », *Al-Dustur*, 24 juin 2004.

assis au quatrième rang à gauche, près de la fenêtre : selon son instituteur de l'époque, c'est un garçon rêveur qui ne s'intéresse pas aux cours. Le collège est adossé au principal quartier palestinien de la ville, le long de la rue principale qui mène à Amman. L'établissement relève d'une agence de l'ONU, l'UNRWA, qui a construit l'essentiel des infrastructures publiques destinées aux réfugiés palestiniens dans la ville.

Il poursuit ses études jusqu'au neuvième grade. La dernière année de ses études, en 1982, il obtient une moyenne médiocre de 51, 6 sur 100 dans les matières générales, ne se distinguant qu'en sport et en culture artistique[1]. Son collège décide alors de le renvoyer et de l'orienter vers une formation professionnelle, mais Zarkaoui refuse et préfère mettre un terme à ses études, sans donner d'explication à son entourage. Désœuvré, il passe alors le plus clair de son temps dans le cimetière de Ma'ssoum[2].

Sa mère, Oum Sayel, de son vrai nom Dallah Ibraheem Mohammed Al-Khalayleh, née à Zarka en 1940, est profondément religieuse. Décédée des suites d'une leucémie le 29 février 2004, elle regretta toujours que son fils n'ait pu obtenir de diplôme. Oum Sayel a également déclaré que son fils, présenté par les médias occidentaux comme un fin stratège, n'avait pas un grand niveau d'instruction, comme pour le disculper. Oum Sayel se souvient pourtant que Zarkaoui, le cadet de ses trois fils, avait de réelles capacités intellectuelles. Peu avant sa mort, elle ne s'expliquait toujours pas pourquoi il avait quitté l'école : « Nous avons essayé de le convaincre de continuer ses études, mais il a refusé. Même gratuitement, il a dit qu'il ne continuerait pas et qu'il n'irait pas à l'université[3]. »

Zarkaoui préfère l'école de la rue. Ses camarades de jeu se souviennent d'un jeune garçon presque comme les autres,

---

1. Département de l'éducation scolaire de Zarka, 2004, archives de l'auteur.
2. Police de Zarka, 2004, archives de l'auteur.
3. « Show down with Iraq », *Los Angeles Times,* 12 mars 2003.

jouant au football dans les ruelles de Ma'ssoum[1]. Occupé à faire les quatre cents coups avec les autres jeunes du voisinage, Ahmad Fadil ne fréquente pas les lieux de culte. Les témoignages s'accordent pour décrire un adolescent turbulent, volontiers bagarreur et violent. Son cousin, Muhammad Al-Zawahra, témoigne : « Il n'était pas si costaud, mais il était teigneux[2]. » Son entourage de l'époque le décrit comme un garçon rebelle et indiscipliné.

Peu après avoir arrêté ses études, Zarkaoui entame sa vie professionnelle par un emploi d'ouvrier dans une usine de papier. Il est chargé de la gestion des produits chimiques entrant dans la fabrication du papier. Mais il est licencié deux mois plus tard pour avoir laissé ses machines sans surveillance. Il obtient ensuite un emploi au service de maintenance de la municipalité de Zarka. Comme son père avant lui, il bénéficie d'un poste précaire octroyé par la mairie, qu'il doit à son appartenance au clan Khalayleh[3]. Il est, en effet, dans la tradition du royaume de confier un certain nombre d'emplois publics aux membres des familles importantes. Ceux qui sont issus du clan Khalayleh sont nombreux dans l'armée, la police et les institutions locales. Le royaume maintient de la sorte l'équilibre social entre les différentes tribus[4].

Les institutions nationales et locales jordaniennes figureront pourtant parmi les premières cibles de Zarkaoui quand il dirigera l'organisation terroriste Bayt Al-Imam.

Employé municipal, Zarkaoui, comme tant de jeunes Jordaniens de sa génération en cette fin des années 1980, est gagné par le désœuvrement et la peur du lendemain. Les grandes réformes économiques et les premières privatisations

---

1. Entretien avec Ahmed Firaz, ancien voisin de la famille Khalayleh, 15 septembre 2004.

2. « Zarqawi's journey : from dropout to prisoner to an insurgent leader in Iraq », *New York Times*, 13 juillet 2004.

3. Police de Zarka, 1987, archives de l'auteur.

4. « Report interviews Al-Zarqawi's neighbours, Prison mates », *Al-Sharq Al-Awsat*, 8 mars 2004.

plongent la jeunesse dans la précarité économique et sociale[1]. Selon les témoignages recueillis par ses camarades de l'époque, le jeune fonctionnaire occupe une position qui ne répond pas à ses aspirations profondes. On le décrit comme un jeune homme idéaliste, à la fois colérique et difficilement maîtrisable. Il reçoit deux avertissements pour avoir provoqué des rixes et fini par être licencié six mois après son embauche[2], en 1983. Un de ses voisins, Ibrahim Izzat, le perçoit comme un « homme de condition modeste et isolé, qui s'est très peu socialisé[3] ». Zarkaoui cherche un moyen de s'émanciper et de sortir de la voie de garage dans laquelle il estime s'être engagé. Il cherche à donner un sens à sa vie et à construire son destin. En 1984, vient le temps de la conscription obligatoire. À 18 ans, Zarkaoui fait son service militaire pendant deux ans. Revenu à Zarka en 1986, il est désœuvré et mène une vie dissolue. Le jeune fonctionnaire indiscipliné a tourné au voyou de quartier, redouté des autres jeunes. Ses connaissances d'alors disent qu'il se noie dans l'alcool et couvre son corps de tatouages, deux pratiques condamnées par l'Islam. Ils le surnomment l'« homme vert », tant ses tatouages sont nombreux, en particulier sur les avant-bras et les épaules. Il arbore même une ancre sur la main gauche, symbole de son attachement à la mer, et trois points bleus à la base de l'un des pouces[4]. Une pratique qui, dans son cas, illustre évidemment le besoin de se distinguer du monde étroit de Zarka dans lequel il évolue malgré lui. Il tentera, en 1998, d'effacer ces marques avec de l'acide[5].

En l'espace de quelques mois, il se fait une réputation de voyou au caractère irascible. À plusieurs reprises, il s'opposera

---

1. *Ibid.*
2. Police de Zarka, 1987, archives de l'auteur.
3. Entretien avec Ibrahim Izzat, 15 septembre 2004.
4. Entretien avec le directeur de la sécurité de la prison de Suwaqah, 16 septembre 2004.
5. Entretien avec Abdalla Abou Rumman, ancien codétenu de Zarkaoui, 8 novembre 2004.

à la police locale, au grand dam de son père, notable de la ville, dont il est pourtant le fils préféré. Son père et l'un de ses oncles doivent d'ailleurs aller régulièrement le chercher au poste de police. En 1987, il blesse à coups de couteau un jeune du quartier. Il reste quatre jours en garde à vue avant d'être condamné à deux mois d'emprisonnement. Il est finalement dispensé de peine contre le paiement d'une forte amende[1]. Il est arrêté à plusieurs reprises pour vol à l'étalage et trafic de stupéfiants. Il est même interrogé à propos d'une tentative de viol. Zarkaoui n'est, à l'époque, aucunement religieux, bien au contraire : tout dans son attitude contredit les préceptes élémentaires du Coran. L'adolescent en pleine crise cherche sa voie dans les ruelles de Zarka.

---

1. Police de Zarka, 1987, archives de l'auteur. *Cf.* annexe 1 p. 288.

Chapitre 3

Le grand départ

À quelques encablures du collège que Zarkaoui a quitté prématurément se dresse la mosquée Al-Falah, située dans l'enceinte du principal camp de réfugiés palestiniens de Zarka. Jouissant d'une véritable autonomie au sein du camp, la mosquée rassemble la jeunesse palestinienne la plus radicale. Zarkaoui s'y fait de nouveaux amis, qui défendent un Islam très politisé. Il adopte leurs principes avec la même ferveur qu'il mettait à se battre et à boire quelques mois auparavant. Des mois durant, il fréquentera cette enclave palestinienne de Zarka. Bien qu'il soit un Jordanien de souche, il gagne rapidement la confiance des jeunes Palestiniens de Jordanie, et s'affirme comme un chef de bande respecté.

Pour remettre son fils sur le droit chemin, sa mère l'inscrit aux enseignements religieux de la mosquée Al-Husayn Ben Ali, au centre d'Amman. Il y passe l'essentiel de son temps à la fin des années 1980. Ce lieu de culte de tendance salafiste est alors considéré comme une étape nécessaire avant d'aller faire la « guerre sainte » en Afghanistan contre les Soviétiques. Le cheik salafiste Jarrah Al-Qaddah, prêcheur à la mosquée Al-Husayn Ben Ali, se souvient d'avoir rencontré Zarkaoui alors que ce dernier n'était pas encore un musulman pratiquant. Il témoigne que, désireux à son tour de tenter l'aventure afghane, il s'est soumis bien vite aux exigences religieuses les plus élémentaires : il arrête aussi l'alcool et assiste régulièrement aux prêches enflammés des imams[1]. La perspective de combattre en Afghanistan offre à Zarkaoui la meilleure des fuites et la possibilité, enfin, de choisir son destin.

En 1989, après plusieurs mois de préparation, Abou Moussab Al-Zarkaoui, au grand dam de ses proches, décide, en compagnie d'autres jeunes, de quitter la Jordanie pour l'Afghanistan, via Peshawar, au Pakistan. À cette époque, Zarkaoui n'est pas encore converti à l'extrémisme ; il se contente d'assimiler consciencieusement les préceptes de l'idéologie salafiste. La décision de Zarkaoui aura suscité un violent conflit avec son père, convaincu que le mieux pour lui aurait été d'exercer un « vrai métier » en Jordanie. De ce conflit, il gardera longtemps les stigmates[2].

Zarkaoui et ses camarades s'établissent bientôt à Hayatabad, une ville à la périphérie de Peshawar devenue la base arrière des moudjahidin afghans et arabes. Hayatabad se trouve au pied de la Khyber Pass, un site éminemment stratégique qui mène à Jalalabad et aux champs de bataille afghans. Tout au long des années 1990, la ville sera le repaire d'Al-Qaida, et, quand Zarkaoui s'établit à Hayatabad, Oussama Ben Laden s'y trouve déjà, dans le quartier IV précisément, où il met en place les premiers réseaux de son organisation constituée quelques mois plus tôt, en septembre 1988.

Cité de garnison, Hayatabad regroupe surtout les légions de djihadistes arabes venus renforcer les rangs afghans. Les combattants islamistes les plus en vue sont installés dans les « maisons d'hôte » de la ville, comme Abdallah Azzam, Gulbuddin Hekmatyar ou Abou Mohammed Al-Maqdisi.

---

1. « Under the microscope », *Al-Jazira*, 1er juillet 2004.
2. Entretien avec Mohammed Al-Harahshah, neveu de Zarkaoui, 15 septembre 2004.

Ces *safe house* ou *guest house*, véritables résidences sécurisées, abritent sous le même toit prêcheurs et combattants.

Les têtes pensantes du djihad se chargent de l'organisation des combattants et prennent en main ces jeunes qui affluent du monde entier. Première étape : le Bureau des services (*Makhtab Al-Khedamat*) et l'équipe d'Abdallah Azzam. Ils sont ensuite aiguillés vers les camps situés dans des zones contrôlées par les différents seigneurs de guerre d'Afghanistan, à savoir Gulbuddin Hekmatyar, Abdul Rasul Sayyaf et Burhanudin Rabbani. Parfois, certains d'entre eux, en butte à cet encadrement rigoureux, demeurent à Peshawar, renonçant à aller combattre contre d'autres frères arabes de l'autre côté de la frontière[1].

Au printemps 1989, après quelques jours de transit, Zarkaoui est dirigé, en compagnie d'autres nouveaux combattants, vers Khost, à l'est de l'Afghanistan. À son arrivée, la guerre contre les Soviétiques vient de prendre fin. Tout juste assiste-t-il à la chute de Khost, avant de pouvoir y entrer en libérateur. La ville reste néanmoins un enjeu stratégique majeur, puisque, deux ans plus tard, en 1991, de violents combats opposeront toujours les factions rivales au régime procommuniste de Najibullah. Zarkaoui participera alors à la nouvelle prise de la ville[2].

Dès 1988, l'armée soviétique s'était engagée à retirer l'ensemble de ses troupes d'Afghanistan, et, effectivement, au mois de février 1989, les Soviétiques ont déserté les montagnes afghanes. Mais Zarkaoui est arrivé trop tard pour faire le coup de feu contre les Russes. Après plusieurs années passées dans la petite délinquance de Zarka, voici que le jeune Jordanien manque son premier rendez-vous avec le destin : la première guerre d'Afghanistan. Pour autant, il aura assisté aux combats qui auront opposé factions islamistes et pro-

1. «Arab Afghan says Usama Bin Ladin's force strength overblown», *Al-Sharq Al-Awsat*, 6 septembre 2001.
2. «Arab veterans of afghan war bolster mideast islamic factions», Associated Press, 25 novembre 1992.

communistes jusqu'en 1993. L'Afghanistan est alors plongé en pleine guerre tribale pour la prise de Kaboul.

Quelques semaines après son arrivée sur le sol afghan, Zarkaoui décide de prolonger l'aventure. Il multiplie les allers et retours réguliers entre les zones de guerre afghanes et Hayatabad. De chaque côté de la montagne Khyber, les « Arabes » jouissent alors du statut de vainqueur, et occupent une position de force dans les deux pays. C'est dans ce contexte qu'il fait plusieurs rencontres déterminantes et notamment celle d'Issam Mohammed Taher Al-Barqaoui (alias Abou Mohammed Al-Maqdisi), qu'il croise dès son arrivée à Peshawar, au Pakistan, en 1989[1]. Maqdisi va devenir, à partir de 1992, un père spirituel pour Zarkaoui. Dans une lettre que le leader religieux lui adresse, datée de 2004 et rédigée depuis la prison jordanienne de Kafkafa où il est incarcéré, Maqdisi évoque longuement son amitié avec Zarkaoui et leur rencontre à Peshawar, chez Abou Walid Al-Ansari, un autre théoricien du djihad[2].

Maqdisi a 30 ans lorsqu'il quitte le Koweït pour s'installer au Pakistan[3]. À la différence de Zarkaoui, il a déjà de solides références islamistes. Né en 1959 dans la ville de Borka, près de Naplouse, en Cisjordanie, Issam Mohammed Taher Al-Barqaoui émigre vers l'âge de 3 ans avec sa famille au Koweït, où il demeure jusqu'au milieu des années 1980. Il se rend ensuite en Irak afin de poursuivre des études islamiques. Considéré comme un salafiste hostile au régime baasiste et laïc de Saddam Hussein, il est arrêté puis expulsé par les services irakiens vers l'Arabie saoudite. Maqdisi s'établit alors à La Mecque, où il accomplit, à partir de 1984, diverses missions de bons offices pour le compte de la Ligue islamique mondiale,

---

1. Confessions d'Abou Moussab Al-Zarkaoui, Cour de sûreté du royaume hachémite de Jordanie, décision 95/300, 31 août 1994, archives de l'auteur.
2. Message intitulé « Conseils de cheik Maqdisi à Abou Moussab Al-Zarkaoui », 2004, archives de l'auteur.
3. Confessions d'Abou Mohammed Al-Maqdisi, Cour de sûreté du royaume hachémite de Jordanie, décision 95/300, 31 août 1994, archives de l'auteur.

qui œuvre en Afghanistan. En 1988, Maqdisi tisse des liens étroits avec une autre organisation radicale localisée au Koweït : la Jam'iyat ihya' al turath, autrement dénommée Society of the Revival of the Islamic Heritage (alias SRIH, renaissance de l'héritage islamique)[1]. À de nombreuses reprises depuis le début des années 1990, cette organisation « caritative » koweï-tienne a été associée au terrorisme islamique. Elle est aujourd'hui interdite en Russie, et la Grande-Bretagne la soup-çonne de soutenir le terrorisme[2]. La SRIH a par ailleurs été dénoncée comme une organisation terroriste par le départe-ment du Trésor américain le 1er septembre 2002[3], et ses avoirs ont été gelés par le gouvernement égyptien.

Maqdisi est l'un des idéologues les plus influents de la pensée salafiste au Proche-Orient. La pensée de Maqdisi est alors une source d'inspiration pour de nombreux candidats au « martyre ». C'est ainsi que quelque dix-huit articles et publications de Maqdisi ont été retrouvés à Hambourg dans les effets personnels de Mohammed Atta, le coordinateur opérationnel des attentats du 11 septembre.

Maqdisi sera resté trois ans à Peshawar. Fort de solides connaissances religieuses, Maqdisi a été invité au Pakistan par le groupe Badafit Al-Mudjahddin (ou Badafat Al-Moudjahidin) en tant que professeur de religion. Deux mois plus tard, il quitte ce groupe pour rejoindre le centre intégriste Jami Al-Rahman, toujours à Peshawar. Durant cette période, Zarkaoui suit les enseignements religieux de Maqdisi et les deux hommes se lient très vite d'amitié. Maqdisi dira plus tard au GID qu'il avait scellé à Peshawar « une grande amitié » avec Zarkaoui[4]. Ce dernier a soif

---

1. *Ibid.*
2. « La Cour suprême russe considère l'interdiction de quinze organisations islamiques », Agence Interfax, 12 février 2003.
3. OFAC, Département du Trésor américain, liste SDGT, mise à jour du 1er septembre 2002.
4. Royaume hachémite de Jordanie, Cour de sûreté, affaire Bayt Al-Iman, 95/300, archives de l'auteur.

d'apprendre auprès de Maqdisi, lui qui est reconnu alors comme un idéologue de tout premier plan.

Tout au long des années 1990, Maqdisi s'avère à la fois un théoricien et un praticien redoutable de l'islamisme radical. Il est en effet à l'origine de diverses organisations terroristes sunnites, et il a été mis en cause à l'occasion de plusieurs attentats ou tentatives d'attentats. Son nom apparaît, par exemple, dans les aveux de l'un des quatre Saoudiens arrêtés en 1996 à la suite de l'attentat d'Al-Khobar, mené contre des intérêts américains en Arabie saoudite, en novembre 1995, et qui a fait cinq victimes américaines. En 1996, le terroriste saoudien Abd Al-Aziz Fahd Nasir Al-Mi'thim a déclaré, avant d'être exécuté : « À Riyad, j'ai rencontré des jeunes, dont j'ai déjà donné les noms durant l'enquête. Ils avaient pris part au djihad afghan. En Afghanistan, ils ont rencontré des gens de différentes nationalités et ont été influencés [...]. Ensemble avec ces jeunes, nous avions l'habitude de recevoir des documents de propagande de Mas'ari, d'Oussama Ben Laden, et également d'Abou Mohammed Isam Al-Maqdisi. Nous avons également lu et échangé des livres qui déclaraient que les dirigeants arabes sont des "non-croyants", comme le livre qui s'intitule *Des preuves évidentes sur la nature infidèle de l'État saoudien,* et le livre *La Croyance d'Ibrahim*, écrits par Abou Mohammed Al-Maqdisi. Une fois avoir lu le livre *La Croyance d'Ibrahim*, j'étais impatient de rendre visite à Abou Mohammed Al-Maqdisi, et en effet, je l'ai rencontré à plusieurs reprises en Jordanie et j'ai été convaincu par ses idées[1]. »

À la fin des années 1980 fleurissent plusieurs courants doctrinaux islamistes radicaux. L'un des théoriciens les plus célèbres du djihad de cette époque est Abdallah Yousouf Azzam (alias Abdallah Azzam). Né dans la province de

---

1. «Paper questions court ruling on extradition of Jordanian to USA», BBC (Al-Urdum), 2 décembre 1996.

Jénine, en Palestine, en 1941, Azzam est un élève très doué. Après avoir suivi des études coraniques en Syrie, Abdallah Azzam reçoit le prestigieux diplôme de « sharia » à l'université Al-Azhar en 1971. Enseignant de jurisprudence islamique à l'université saoudienne du roi Abdel Aziz à Jeddah, en 1979, il rejoint le djihad afghan au tout début des années 1980. Il établit sa base arrière à Peshawar et y rencontre Oussama Ben Laden, dont il devient bientôt le maître à penser.

Mais Abdallah Azzam n'est pas l'unique idéologue du terrorisme islamiste de la fin des années 1980. D'autres théoriciens radicaux ont participé à la formation du groupe Al-Qaida, au rang desquels Maqdisi. L'enquête saoudienne sur les attentats d'Al-Khobar a d'ailleurs révélé le rôle actif tenu par Maqdisi dans la préparation de l'opération.

En mai 1997, un professeur de l'université de Yarmuk, le docteur Oussama Yassin Abou Shamah, est arrêté par les services jordaniens dans le quartier de Suwaylih, dans la banlieue d'Amman. Ce dernier entretenait des relations étroites avec Maqdisi, et les autorités prouveront qu'il avait contribué à financer l'opération d'Al-Khobar : il travaillait donc pour le groupe Bayt Al-Imam.

Selon la police jordanienne, en 1997, une partie des activités terroristes de Maqdisi était financée depuis l'Afghanistan par Oussama Ben Laden en personne[1]. Les deux hommes, réputés proches, se rencontrent alors fréquemment en Afghanistan, et surtout au Pakistan, base arrière des forces arabes. L'un des tout premiers associés d'Oussama Ben Laden en Afghanistan, le moudjahid d'origine algérienne Abdallah Anas, aujourd'hui exilé à Londres, se souvient d'avoir partagé un repas à Islamabad en 1994 avec Oussama Ben Laden, Abdallah Azzam et Maqdisi[2]...

---

1. « Arrests reportedly linked to masterminds of Khubar Blast », BBC (Al-Hadath), 28 mai 1997.
2. « Arab Afghan says Usama Bin Ladin's forces strength overblown », art. cité.

En bref, Maqdisi se trouve au cœur du réseau Al-Qaida, et ce, dès les débuts de l'organisation. Un fait confirmé par Jamal Al-Fadl, un repenti du groupe terroriste ayant occupé des fonctions dirigeantes auprès d'Oussama Ben Laden : son témoignage a apporté des informations de premier ordre sur le rôle tenu par Maqdisi au sein d'Al-Qaida.

Al-Fadl a déclaré avoir rencontré Maqdisi dans le cadre des activités de cette organisation. Maqdisi venait de publier *Les Preuves irréfutables pour commencer le djihad*. Proche de certains combattants arabes au Pakistan et en Afghanistan, il entretient une solide amitié avec un autre terroriste dénommé Azmiri[1]. Ce dernier sera inculpé dans l'affaire du complot dit Bojinka, qui consistait à faire s'écraser plusieurs avions simultanément sur les États-Unis. Ce plan, déjoué en 1994, annonçait les attentats du 11 septembre. Azmiri rencontrera d'ailleurs à Manille le concepteur du 11 septembre, Khaled Cheikh Mohammed. Il aurait également participé à une tentative avortée d'assassinat du président Bill Clinton lors d'un déplacement en Afrique en 1998.

Le second ami proche de Maqdisi au Pakistan, Mohammed Shobana (alias Shabana), dirige le magazine islamiste *Al-Bunyan Al-marsus*, « L'édifice impénétrable », auquel collabore notamment Abid Cheikh Mohammed, le frère du concepteur du 11 septembre. Cette publication, contrôlée par des amis du cheik Abdallah Azzam, est réputée proche des moudjahidin et de l'organisation centrale d'Al-Qaida. Ainsi, dans son numéro de juillet 1989, le magazine publie déjà un éditorial annonçant les objectifs réels du groupe Al-Qaida : « Il est du devoir de tout musulman de réaliser les objectifs du djihad jusqu'à ce que nous atteignions l'Amérique et que nous la libérions. » Il s'agit là d'une des premières déclarations appelant au djihad contre les États-Unis. Or, c'est le patron d'*Al-*

---

1. Azmiri, de son vrai nom Wali Khan Amin Shah, est également connu sous le nom d'Azmarai (alias Asmari, Asmurai, Osmurai).

Bunyan Al-marsus, Mohammed Shobana, qui recrute, sur la recommandation de Maqdisi, quelques semaines après son arrivée au Pakistan, le jeune Zarkaoui – lui qui écrit pourtant si mal l'arabe.

L'autre rencontre décisive que fait Zarkaoui au Pakistan est celle de Saleh Al-Hami, un combattant des légions arabes, qui deviendra par la suite son beau-frère. Arborant une longue barbe noire et flanqué d'une jambe artificielle, Saleh Al-Hami est un combattant de la première heure. Jordanien lui aussi, il a étudié le journalisme à l'université d'Irbid, en Jordanie. Jusqu'en 1992, date à laquelle il quitte le Pakistan pour retourner en Jordanie, Saleh Al-Hami travaille comme correspondant pour le magazine *Al-Djihad*, fondé par Abdallah Azzam, le mentor d'Oussama Ben Laden.

Alors qu'il est en convalescence dans un hôpital à Peshawar, après avoir sauté sur une mine antipersonnel dans les montagnes de Khost, en Afghanistan, Saleh Al-Hami rencontre Abou Moussab Al-Zarkaoui. Ce dernier, présent sur les lieux de l'accident, assiste à l'évacuation d'Al-Hami vers Peshawar à travers la Khyber Pass. Zarkaoui admire le courage de l'homme blessé et lui rendra régulièrement visite à l'hôpital de Peshawar. Saleh Al-Hami se souvient : « Zarkaoui m'a vu couvert de sang alors que j'étais touché. Dès que j'ai eu récupéré, il est venu vers moi, s'est présenté à moi en disant qu'il travaillait pour le journal *Al-Bunyan Al-marsus* en qualité de correspondant. Il voulait que je lui enseigne quelques techniques de correspondance et d'édition. Je l'ai fait volontiers, et notre relation a commencé depuis ce jour[1]. »

---

1. « Under the microscope », art. cité.

Zarkaoui a alors 23 ans. Le siège du journal qui l'emploie est établi dans la ville même de Peshawar. Il fait des allers-retours réguliers entre l'Afghanistan et le Pakistan.

À cette époque, Zarkaoui est un jeune homme mince d'un mètre soixante-seize, au regard noir, qui parcourt l'Afghanistan en tous sens afin de recueillir des témoignages de la bouche des combattants arabes, vainqueurs d'une guerre qu'il a manquée de quelques mois. Le journal pour lequel il écrit ses articles est à cette époque le fer de lance idéologique d'Al-Qaida. Le correspondant de fortune, sans expérience journalistique ni bagage culturel, tente de se construire une identité aux côtés de ces combattants qu'il admire tant. Ceux qui l'ont connu à cette époque évoquent un jeune homme en quête de repères et d'identité, terriblement désireux d'apprendre. Le soir, au coin du feu, le jeune Zarkaoui se réfugie ostensiblement dans le Coran et passe ses nuits à prier.

Au fil des mois, Zarkaoui se rapproche de plus en plus de Saleh Al-Hami. En gage d'amitié, il propose d'ailleurs à son nouveau compagnon d'épouser l'une de ses sœurs restées en Jordanie. Al-Hami accepte et, en 1991, la jeune femme arrive à Peshawar pour les noces. C'est une tradition chez les Khalayleh de donner en mariage des filles de la famille à des combattants de l'Islam. Ainsi deux autres sœurs de Zarkaoui ont-elles épousé des djihadistes endurcis. Alia, née en 1968, s'est mariée avec Khaled Al-Aruri, l'un des plus proches lieutenants de Zarkaoui en Afghanistan puis en Irak, et Mariam a épousé Haytham Mustapha Obeidat, alias Abou Hassan, un vétéran du djihad afghan[1]. Ce mariage scelle l'amitié entre les deux hommes et Al-Hami déclare : « Après cela, je l'ai beaucoup fréquenté et je l'ai aimé[2]. » À son retour en Jordanie, il s'installe d'ailleurs avec sa femme

---

1. Rapport de synthèse du BKA (police criminelle allemande) sur Abou Moussab Al-Zarkaoui, 2004, archives de l'auteur.
2. *Ibid.*

à quelques mètres de la maison familiale de Zarkaoui, dans le quartier Al-Ramzi, à Zarka.

Les deux hommes s'apprécient et partagent la même vision d'un Islam conquérant. Saleh Al-Hami considère encore aujourd'hui Oussama Ben Laden comme un modèle : « C'est un grand homme, un exemple pour nous tous. Il est le nouveau calife. C'est comme si le prophète Mohammed était revenu sur la terre du septième siècle pour arriver parmi nous[1]. »

Alors qu'ils passaient une nuit dans une grotte, Saleh Al-Hami se souvient que Zarkaoui lui fit partager un rêve : il avait eu la vision d'un sabre fendant le ciel, avec le mot « djihad » gravé sur sa lame[2].

Al-Hami et Zarkaoui passent plusieurs mois ensemble en Afghanistan avant qu'Al-Hami ne retourne en Jordanie avec sa femme qui, selon son mari, bénit Dieu d'avoir épousé un homme diminué car « Dieu honore les handicapés et les moudjahidin[3]. » Après que son frère eut été déclaré « terroriste international », elle sera bloquée six heures durant à la frontière jordano-saoudienne, lors du pèlerinage à La Mecque, au motif qu'elle était la sœur d'Abou Moussab Al-Zarkaoui. Le zèle de la police saoudienne fâchera Al-Hami, qui garde encore en mémoire les bons moments passés avec son beau-frère en Afghanistan : « C'était une chose merveilleuse, une vie formidable, la meilleure chose que j'aie vécue dans ma vie [...]. J'ai eu une sensation de renaissance quand je me suis rendu là-bas. C'était la vraie vie[4]. »

Ce premier voyage en Afghanistan est proprement initiatique. Zarkaoui découvre un pays en ruine et se confronte aux autres, et surtout aux nombreux seigneurs de guerre arabes ou afghans à qui il doit respect et déférence. Le caïd de

---

1. « Zarqawi segreto », *L'Espresso*, n° 39, 30 septembre 2004.
2. « Under the microscope », *Al-Jazira*, art. cité.
3. *Ibid.*
4. « Zarqawi took familiar route into terrorism », art. cité.

Zarka apprend la vie. Mais l'Afghanistan de la fin des années 1980 est un pays aux multiples enjeux, convoité par des factions rivales, légions arabes et combattants afghans. Or le jeune Zarkaoui ne dispose pas de la culture nécessaire pour s'imposer dans cet environnement complexe, et il est également démuni financièrement. Aussi s'emploie-t-il à tisser des liens avec ceux des anciens susceptibles de l'épauler durant son séjour afghan, à l'instar de Maqdisi qui lui ouvre les portes des organisations islamistes.

La guerre contre le régime soviétique est maintenant complètement terminée. Le djihad l'a emporté, non sans aide extérieure. Mais une autre lutte intestine fait bientôt rage entre factions rivales. Chaque clan défend son propre projet de gouvernement en fonction de ses spécificités tribales, ethniques, régionales, idéologiques ou religieuses. Les affrontements atteignent leur paroxysme lors de la lutte pour la prise de contrôle de Kaboul. En mai 1992, Ahmad Shah Massoud, un islamiste modéré tadjik, entre dans la capitale avec plusieurs milliers d'hommes et devient ministre de la Défense. Les tensions restent très vives, et, un an plus tard, le conflit est toujours ouvert. En dépit d'un accord de paix intervenu entre factions rivales, les combats se poursuivent au sud de Kaboul. Le 7 mai 1993, Ahmad Shah Massoud démissionne et le gouvernement est recomposé autour du leader radical Gulbuddin Hekmatyar, maître à penser des talibans – et protecteur d'Al-Qaida.

Si Abou Moussab Al-Zarkaoui a manqué de peu la guerre contre les Soviétiques, il participe à la deuxième vague des combats, ceux de la guerre civile. Il choisit rapidement de rejoindre le camp du Pachtoun Gulbuddin Hekmatyar, représentant de l'ethnie majoritaire. Ainsi, peu après les débuts de sa première expérience journalistique au sein du journal extrémiste *Al-Bunyan Al-marsus*, il délaisse la plume pour prendre les armes, notamment au côté de Jalludin Haqqani, seigneur de guerre afghan, qui, à partir de 1995, s'illustre dans la formation des cadres talibans au sein de la madrasa – une école coranique – Dar Al-Uloom Islamiya, dans la cité de Charsadda. Oussama Ben Laden déplorera plus tard, dans une allocution sur la chaîne Al-Jazira, que les frappes américaines en Afghanistan aient pu tuer Jalludin Haqqani, ce « héros [...] qui a rejeté l'occupation américaine en Afghanistan[1] ».

En Afghanistan, Zarkaoui fréquente plusieurs camps d'entraînement militaires, en particulier celui de Sada (« l'écho »), où il est formé au maniement des armes de guerre de type kalachnikov ou RPG[2]. Sada est dirigé par un homme d'origine irakienne surnommé Abou Burhan Al-Iraqi, et proche collaborateur d'Abdul Rasul Sayyaf, principal dirigeant du Hizbul-Ittihad El-Islami (Parti de l'union islamique), qui contrôle la zone de combat autour de Kaboul en 1993[3]. Les troupes d'Abdul Rasul Sayyaf sont connues pour être parmi les plus dures des factions afghanes, pratiquant le viol et la décapitation.

Zarkaoui a fait le déplacement jusqu'au camp de Sada en compagnie de l'un de ses camarades de Zarka : Mohammed Wasfi Omar Abou Khalil[4]. Ce dernier sera arrêté, jugé puis condamné dans le cadre du démantèlement du premier groupe terroriste dirigé par Zarkaoui, Bayt Al-Imam. Zarkaoui et Abou Khalil seront à cette occasion incarcérés dans la même prison à Suwaqah, en Jordanie.

Notons par ailleurs que le camp de Sada est situé dans la zone d'influence du leader afghan Abdul Rasul Sayyaf,

---

1. Message d'Oussama Ben Laden diffusé le 26 décembre 2001 par la chaîne Al-Jazira.

2. Confessions d'Abou Moussab Al-Zarkaoui, Cour de sûreté du royaume hachémite de Jordanie, décision 95/300, 31 août 1994, archives de l'auteur.

3. Royaume hachémite de Jordanie, Cour de sûreté, affaire assassinat de Laurence Foley, 545/2003, archives de l'auteur.

4. Confessions de Mohammed Wasfi Omar Abou Khalil, Cour de sûreté du royaume hachémite de Jordanie, décision 95/300, 31 août 1994, archives de l'auteur.

responsable politique du Hizbul Ittihad El-Islami (Parti de l'union islamique), et propagateur de l'esprit du djihad. Par sa position politique dominante au sein de l'ethnie pachtoune, Abdul Rasul Sayyaf contribue alors largement à l'implantation des infrastructures d'Al-Qaida, en particulier en ouvrant plusieurs camps d'entraînement militaire au service des « Arabes ».

Outre Zarkaoui, d'autres terroristes de premier plan ont d'ailleurs fréquenté Sada à la même époque, en particulier Khalid Cheikh Mohammed[1]. Ce dernier était même devenu, au fil des mois, l'un des proches d'Abdul Rasul Sayyaf avant de s'assurer de la pleine confiance d'Oussama Ben Laden et de concevoir l'opération du 11 septembre.

Situé à la frontière pakistano-afghane, le camp de Sada sera durant de nombreuses années un passage obligé pour l'entraînement des terroristes du monde entier venus grossir les rangs d'Al-Qaida. Une autre figure emblématique du terrorisme islamiste s'est ainsi entraînée de longues semaines dans ce camp, il s'agit de Ramzi Youssef, le concepteur du premier attentat contre le World Trade Center, le 26 février 1993[2]. Extradé depuis le Pakistan vers les États-Unis, Ramzi Youssef sera condamné à la réclusion à perpétuité en 1998.

À cette époque, Zarkaoui s'approche donc au plus près du centre névralgique d'Al-Qaida, bien qu'il n'intègre pas le premier cercle, car, si Sada est une pièce maîtresse du dispositif militaire d'Al-Qaida en vue de l'entraînement des « Arabes » en Afghanistan, il ne fournit que le lot commun des combattants[3]. Il existe un second camp, dit de « longue durée », et qui est placé sous le contrôle d'un conseil militaire. On y forme les moudjahidin les plus prometteurs.

---

1. Rapport de la Commission sur les attentats du 11 septembre 2001.
2. US v. Oussama Ben Laden, 20 février 2001, témoignage de Jamal Al-Fadl.
3. Government Evidentiary Proffer supporting the admissibility of coconspirator statements, US v. Enaam Arnaout, 02CR892, Northern District of Illinois, Eastern Division, 29 janvier 2003.

Zarkaoui n'en fait pas partie. Quoi qu'il en soit, c'est à cette époque qu'il se lie d'amitié avec plusieurs autres combattants jordaniens, notamment un certain Salem Saad Salem Ben Suweid, qu'il recrutera, une dizaine d'années plus tard, pour assassiner le diplomate américain Laurence Foley à Amman[1].

Jusqu'à son départ d'Afghanistan dans le courant de l'année 1993, Zarkaoui écoute sur cassettes et lit les prêches enflammés du théoricien du djihad, Abdallah Azzam, qui a été assassiné, en septembre 1989, dans un attentat à la voiture piégée. Selon son beau-frère, Saleh Al-Hami, Zarkaoui se retrouve parfaitement dans les pensées de ce Palestinien, père spirituel du salafisme contemporain, et mentor d'Oussama Ben Laden. Impressionné par la rhétorique implacable et simpliste d'Abdallah Azzam, il s'imprègne des heures durant du message salafiste, auquel il se référera plus tard lorsqu'il revendiquera les attentats en Irak.

Le jeune Zarkaoui adhère complètement aux mots d'ordre de la pensée salafiste tels que les énoncent Azzam, puis Maqdisi : rejet de la modernité, retour aux racines de l'Islam, proclamation du califat.

Les rues de Zarka sont bien loin. En Afghanistan, Zarkaoui s'imprègne de l'esprit du djihad. Et peu importe la cause : pour la libération de l'Afghanistan, pour l'Islam, pour la libération de l'Irak ou pour quelque autre motif, Zarkaoui s'est découvert une personnalité de combattant.

Au début des années 1990, la frontière afghano-pakistanaise est déjà poreuse, et les légions arabes établissent leur cantonnement à Karachi et à Peshawar. Zarkaoui séjourne à plusieurs reprises entre Hayatabad et Peshawar. Sur place, il fréquente la mosquée Zayd Ben-Harithah. L'imam se souvient d'un jeune homme saturé de religion, qui priait de

---

1. Royaume hachémite de Jordanie, Cour de sûreté, affaire judiciaire assassinat de Laurence Foley, 545/2003, archives de l'auteur.

longues heures avec ses frères arabes, en particulier durant les trente jours du ramadan. Avant de partir en pèlerinage à La Mecque, en 1992, Zarkaoui lui demande même de prier pour que Dieu « l'oublie un peu[1] »...

Il décide alors de retourner en Jordanie, fort de son expérience afghane.

---

1. « Under the microscope », art. cité.

Chapitre 4

Le retour en Jordanie

À son retour, au début de l'année 1993, la Jordanie a beaucoup évolué. Le royaume s'est libéralisé à la fois politiquement et économiquement. La Jordanie s'engage sur la voie d'un accord de paix avec Israël, et stabilise sa position dans la région. À partir du mois de septembre 1991, les premiers vétérans jordaniens de l'Afghanistan rentrent au pays. Ces anciens combattants considèrent alors qu'il est de leur devoir de travailler au renouveau de la cause islamique.

En l'espace de quelques mois, l'ennemi a changé d'identité. Ceux qui étaient partis dans l'enthousiasme pour combattre l'occupant soviétique reviennent avec une haine farouche à l'égard des États-Unis et du gouvernement israélien. Les temps ont bien changé. Les moudjahidin les plus motivés s'orientent déjà vers de nouvelles terres de djihad, notamment en Bosnie-Herzégovine[1]. Nombreux sont les Jordaniens disposés à mener la guerre sainte entre Sarajevo et Tuzla. Zarkaoui ne les suit pas, il revient chez lui, à Zarka. Après la guerre manquée contre les Soviétiques, Zarkaoui manque une deuxième occasion de participer au djihad, cette fois auprès des légions arabes de Bosnie-Herzégovine.

---

1. «Arab veterans of afghan war bolster mideast islamic factions», art. cité.

Bon nombre des jeunes «vétérans» sont surveillés par les forces de l'ordre dans leurs propres pays. En Égypte, au Maroc, en Tunisie ou en Jordanie, les services de sécurité ont souvent une connaissance précise de l'identité des moudjahidin. Avant même leur départ pour l'Afghanistan, les combattants avaient fait, pour la plupart, l'objet d'une attention particulière de la part des services de renseignement. Criminels de droit commun ou islamistes fanatiques, on ne partait pas en Afghanistan par hasard. Et les États de la région s'inquiètent du retour des «Afghans», notamment l'Égypte et l'Algérie, où les groupes islamistes formés d'anciens combattants se reconstituent très vite. Lorsque le FIS menace de remporter les élections algériennes de 1991 à l'issue d'un scrutin démocratique, l'inquiétude est à son comble.

Mais, si le début des années 1990 marque l'avènement du fanatisme religieux sur la scène politique algérienne, il est également marqué par le regain d'activisme des groupes radicaux et violents en lutte contre le gouvernement et les chrétiens coptes en Égypte. Les islamistes égyptiens revenus du djihad afghan doivent bientôt chercher refuge dans l'État islamique du Soudan ou en Arabie saoudite. La vague islamiste secoue tous les pays arabes du grand arc méditerranéen.

Dès 1991, le royaume de Jordanie accorde une attention soutenue à «ses» moudjahidin. Leur engagement cadre mal avec la direction politique prise par le royaume, tant sur le plan intérieur, puisque les partis islamistes sont sévèrement encadrés par le cabinet du roi, que sur le plan international, marqué par le rapprochement diplomatique entre la Jordanie et Israël.

Les responsables des services de renseignement jordaniens commencent à s'inquiéter de l'activisme des «Afghans» au début de l'année 1991[1]. Les informations

---

1. «Arab veterans of afghan war bolster mideast islamic factions», art. cité.

affluent pour signaler que des centaines d'anciens combattants, une fois de retour, se sont mis à recruter de jeunes islamistes et à les entraîner dans le désert. Sur le plan politique, les «Afghans» prennent la parole pour dénoncer l'implication jordanienne dans les pourparlers américains susceptibles de mener à un accord de paix au Proche-Orient. Ils prônent la destruction d'Israël de concert avec la branche jordanienne des Frères musulmans (Ikhwan Al-Muslimoun), un parti politique par ailleurs interdit dans tous les autres pays arabes. À partir de 1991, les «Afghans» les plus organisés se regroupent au sein de l'Armée de Mohammed (Jaysh Mohammed), un groupe terroriste sunnite qui sévira bientôt dans le royaume hachémite. D'autres anciens combattants rejoignent les rangs du Djihad islamique et du Hamas dans les territoires occupés par Israël.

Les autorités judiciaires jordaniennes s'attachent à comprendre ces nouvelles menaces pour mieux les combattre. À partir de 1991, des attentats de grande ampleur sont déjoués par le royaume, et cinq organisations sont démantelées. Ainsi les 22 terroristes qui composaient la cellule de Khadir Abou Hawshar sont-ils arrêtés. Ils projetaient de frapper des sites touristiques au moment du passage à l'an 2000. Des militants de l'Armée de Mohammed, qui se donnent comme objectif de détruire le gouvernement jordanien, sont arrêtés à la fin de l'année 1991 dans la banlieue d'Amman.

L'organisation Al-Hashayibakah (les Jordaniens afghans) planifie des attentats terroristes en Jordanie entre 1991 et 1993. Ses membres seront condamnés à de lourdes peines le 21 décembre 1994 par la Cour de sûreté du royaume hachémite de Jordanie. Parmi eux se trouve l'homme d'affaires saoudien Muhammad Jamal Khalifa, le beau-frère d'Oussama Ben Laden. Il a dirigé, de 1986 à 1994, le bureau de l'organisation caritative IIRO (International

Islamic Relief Organization) aux Philippines. Soupçonné d'être lié au terrorisme islamiste, ce qu'il nie[1], il est condamné à mort par contumace à l'occasion du procès. Il trouvera refuge à Jeddah, en Arabie saoudite, où il a depuis ouvert un restaurant de poisson.

Harakat Al-Islah Wal-Tahaddi (Mouvement pour la réforme et le changement), un autre groupe armé, créé en Jordanie en 1997, voit ses activistes condamnés pour terrorisme par un tribunal militaire le 22 juillet 2001. Sur la liste des condamnés figure le chef religieux Abou Qatada (de son vrai nom Omar Mahmud Uthman Abou Umar[2]), un associé d'Oussama Ben Laden et de Maqdisi. Condamné à perpétuité par contumace par la justice jordanienne, et recherché par les polices égyptienne et algérienne, Abou Qatada menait une vie de retraité tranquille à Londres, avant d'être arrêté par la police britannique et placé en détention provisoire en octobre 2002. De 1995 à 2001, année de sa régularisation en Angleterre, Abou Qatada aura participé à l'implantation du réseau Al-Qaida en Europe. Il a également pris part à plusieurs opérations de cellules terroristes en Europe, dont celle d'Al-Qaida en Espagne.

Enfin, un autre groupe de djihadistes du nom de Al-Buq'ah sera démantelé en septembre 1998 par la police jordanienne[3].

L'objectif de ces différents mouvements est de détruire les régimes arabes, en particulier jordanien, pour y substituer un califat intégriste. Ce projet résolument simpliste fédère les plus radicaux des islamistes.

---

1. Declaration in support of pretrial detention, US v. Soliman S. Biheiri, case n° 03-365-A, declaration of David Kane, 14 août 2003.
2. Omar Mahmoud (alias Othman, Omar Mahmoud, Abou Qatada Al-Filistini, alias Takfiri, alias Abou Ismael).
3. ONU, S/2002/127, rapport du royaume hachémite de Jordanie au Comité sur le contre-terrorisme, 21 janvier 2002.

Deux responsables islamistes, Layth Shubaylat et Yaqoub Qarrash, dissidents islamistes indépendants, sont condamnés par un tribunal militaire, le 10 novembre 1992, à vingt ans d'emprisonnement pour détention illégale d'armes à feu et tentative de coup d'État. Le 23 novembre 1992, le roi Hussein déclare qu'il mettra en œuvre tout ce qui est en son pouvoir pour protéger le régime. Bien des hommes politiques jordaniens s'inquiètent alors du radicalisme de ces jeunes vétérans de retour du djihad afghan. Ahmed Oweidi Abbadi, un Bédouin membre du Parlement jordanien et ancien officier lance un avertissement solennel au royaume en novembre 1992, à l'occasion d'une allocution devant le Parlement : « Ces gens disent que leurs armes servent à combattre Israël, mais, en dernière analyse, leur objectif est de renverser la monarchie[1]. »

Les groupes armés illégaux prolifèrent et multiplient les actions violentes à l'encontre du royaume. Plusieurs secteurs sont visés parmi lesquels le tourisme, afin de tarir la plus belle source d'entrée de devises étrangères. Un ressortissant français, Gilbert Heines, diplomate de profession, a été frappé par cette vague de violence[2]. Alors qu'en février 1995 les époux Heines visitaient le site touristique de Mujeb, situé à cent kilomètres d'Amman, ils sont touchés par des tirs venus de la montagne. Gilbert Heines est blessé. Les auteurs des coups de feu, Salem Khakhit Abdallah, 31 ans, et Ahmad Khaled Kassen, 23 ans, sont arrêtés sur-le-champ et condamnés respectivement à la réclusion à perpétuité et à dix ans de prison. Selon leurs déclarations, ils avaient cherché, par cet acte, à contester l'accord de paix signé en octobre 1994 entre la Jordanie et Israël.

---

1. « Arab veterans of afghan war bolster mideast islamic factions », art. cité.
2. « Jordanians jailed for planning grenade attack on Israelis », AFP, 26 novembre 1996.

Abou Moussab Al-Zarkaoui rentre chez lui à Zarka. À son retour, les services du GID le mettent sous surveillance comme d'ailleurs les autres « Afghans », à ceci près qu'avant son départ vers l'Afghanistan Zarkaoui était déjà bien connu de la police locale en tant que délinquant de droit commun.

Il regagne son domicile, rue n° 6 du quartier Al-Ramzi, une grande maison à deux étages entourée d'un haut mur située au n° 13, où l'attendent sa femme Intisar, qu'il a épousée en 1988 et que l'on appelle Oum Mohammed (la « mère de Muhammad ») ainsi que l'aîné de ses fils et sa fille Aminah, née dans le courant de l'année 1991. Vivent également dans la maison familiale sa mère, certaines de ses sœurs, et son frère Mohammed.

Zarkaoui revient profondément marqué d'Afghanistan. Le jeune caïd du quartier a fait place à un homme endurci. Autoritaire, il impose rapidement à son entourage une rigueur religieuse drastique. Les femmes de la famille doivent se conformer aux pratiques religieuses qu'il a lui-même adoptées durant ses années afghanes. On reconnaît désormais les membres de la famille de Zarkaoui dans la rue car ils sont les seuls à revêtir la tenue traditionnelle afghane, et cela est vrai aujourd'hui encore[1]. Les hommes qui ne font pas partie de la famille ne sont pas autorisés à entrer dans la maison familiale. Oum Mohammed rapporte également que, dès son retour d'Afghanistan, Zarkaoui a demandé à ses frères de se tenir éloignés de la télévision parce que les programmes « corrompent la jeune génération[2]. »

Outre les Zarkaoui, d'autres vétérans habitent le quartier Al-Ramzi, tel Abou Qudama, qui vit à quelques dizaines de mètres, ou encore plusieurs futurs membres du groupe terroriste Bayt Al-Imam. Comme eux, les Khalayleh sont

---

1. Entretien avec Mohammed Al-Harahshah, neveu de Zarkaoui, 15 septembre 2004.
2. « Jordanian daily interviews wife of Abou Mu'sab Al-Zarqawi », *Al-Dustur*, 24 juin 2004.

fort pieux, et les seules décorations qui ornent leur intérieur sont des versets du Coran et une plaque sur laquelle est gravé «Allah». La maison familiale des Zarkaoui est certes moins grande et moins confortable que celle du quartier Ma'ssoum, mais elle répond parfaitement aux standards de la classe moyenne.

Pour gagner sa vie, Zarkaoui ouvre un commerce de locations de vidéos, dont la réussite est peu évidente. Mais le jeune vétéran a d'autres ambitions.

En effet, peu après son arrivée, Zarkaoui a retrouvé ses anciens camarades. Il consacre beaucoup de temps à diffuser ses idées auprès des jeunes Jordaniens et Palestiniens de Zarka. Il fréquente de nouveau les mosquées Al-Falah et Hussein Ben Ali, y relate son expérience afghane et attire autour de lui de plus en plus de jeunes en mal de vocation.

L'un des leaders salafistes d'Amman, le cheik Jarrah Al-Qaddah, se souvient à son propos d'un jeune homme exalté, qui hurlait dans les rues bondées de Zarka afin de répandre la bonne parole. Ce comportement dut paraître pour le moins inhabituel aux habitants d'une ville où les prêches en public étaient interdits.

Quoi qu'il en soit, ces extravagances lui permettent bientôt de rassembler autour de lui les défenseurs des causes les plus violentes. Saleh Al-Hami, rentré d'Afghanistan en 1992, se souvient : «C'était le début des tensions entre Zarkaoui et le régime jordanien. [...] Quand on passe beaucoup de temps à faire le djihad, cela devient comme l'oxygène pour l'être humain. Il est très difficile de s'en passer[1]. » Après avoir connu la guerre et le djihad afghans, Zarkaoui est, à l'évidence, résolu à poursuivre la lutte dans son propre pays. Les services jordaniens le savent et redoublent de vigilance.

---

1. «Zarqawi took familiar route into terrorism », art. cité.

À Zarka, celui que tout le monde connaissait sous le nom d'Ahmad Fadil Nazzal Al-Khalayleh se fait désormais appeler Abou Moussab (« père de Moussab »), bien que son dernier fils, qui portera ce nom, ne soit pas encore né. Le jeune garçon turbulent a décidément bien changé. Il est devenu un homme redouté aux ambitions débordantes. Il est rare qu'un habitant de Zarka porte le nom de sa ville. Son nom d'emprunt devient pourtant Abou Moussab Al-Zarkaoui (Abou Moussab de Zarka), témoignant de l'ambition de celui qui veut à tout prix représenter son clan et sa cité. Il tient son nom d'emprunt d'un combattant du prophète Mohammed, Moussab Ben Umayr, considéré comme le saint patron des kamikazes, qui perdit ses deux mains lors de la bataille de Yathrib, un épisode cité à plusieurs reprises par Zarkaoui.

Quelques mois seulement après son retour à Zarka, Zarkaoui tente de retrouver Al-Maqdisi, le prêcheur palestinien qui enflammait par ses prêches les «Arabes» de Peshawar. En 2004, Maqdisi rédige une lettre où il évoque ses retrouvailles avec Zarkaoui : « Dès qu'il est rentré d'Afghanistan, Zarkaoui m'a rendu visite. [...] C'est Abou Walid qui lui avait donné mon adresse en Jordanie [...]. Alors nous avons travaillé ensemble et j'ai donné des cours de religion dans plusieurs villes de Jordanie. Nous avons conçu des tracts[1]. » Dès lors, Issam Mohammed Taher Al-Barqaoui, alias Abou Mohammed Al-Maqdisi, devient pour Zarkaoui à la fois une béquille idéologique, un père spirituel et un référant intellectuel. Toutes choses égales par ailleurs, il occupe auprès de Zarkaoui la place qui est celle d'Abdallah Azzam auprès d'Oussama Ben Laden.

Maqdisi a finalement posé ses valises en Jordanie, dans la banlieue d'Amman, à Yajouz, près de la mosquée Sohaib. Après le Koweït, l'Irak, l'Arabie saoudite, le Pakistan, puis

---

1.Message intitulé « Conseil du cheik Maqdisi à Abou Moussab Al-Zarkaoui », 2004, archives de l'auteur.

de nouveau le Koweït, Maqdisi s'établit définitivement en Jordanie en 1992. Son installation coïncide avec le retour des combattants jordaniens d'Afghanistan, puis celui de Zarkaoui au début de l'année 1993. Les deux hommes se retrouvent avec plaisir et cultivent leur amitié en évoquant les souvenirs du Pakistan.

C'est ainsi que l'homme simple des faubourgs d'Amman côtoie l'un des théoriciens les plus en vue du djihad au début des années 1990 car Maqdisi est déjà une célébrité dans le petit monde des théologiens radicaux. Il vient de publier *La Démocratie est une religion*, un brûlot contre l'Occident et ses régimes démocratiques. À l'en croire, la démocratie est une innovation sociale condamnée par le Coran et porteuse d'un message hérétique. Les citoyens des régimes démocratiques sont des « infidèles » qu'attend une destruction proche. « La démocratie est une religion qui n'est pas la religion d'Allah […] c'est une religion de païens […] c'est une religion qui inclut d'autres dieux dans sa croyance […] les gens sont représentés dans la religion démocratique par leurs délégués au Parlement […]. Eux et les leurs légifèrent en fonction de la religion de la démocratie et des lois de leur Constitution sur lesquelles le gouvernement est fondé […][1]. »

En compagnie de ses aînés, les autres prêcheurs radicaux saoudiens, Hamud bin Uqla al-Shuaibi ou Ali al-Khudeir, Maqdisi prône un retour aux origines de l'Islam et une condamnation ferme de tout ce qui n'est pas musulman. Mais cette rhétorique extrémiste ne se borne pas à quelques publications fiévreuses : Maqdisi participe directement au recrutement et à la formation des jeunes vétérans jordaniens à des fins terroristes, et cela dès 1991. Sa participation à diverses organisations terroristes, parmi lesquelles l'Armée de Mohammed et Al-Islah wal-Tahaddi, a parfaitement été établie par la justice jordanienne. Il sera d'ailleurs condamné

---

1. Abou Mohammed Al-Maqdisi, *Al-Dimouqratia Din*, http://www.almaqdese.com.

par la justice jordanienne à plusieurs reprises pour cette raison.

Après son incarcération pour sa participation à l'organisation Bayt Al-Imam, Maqdisi est relâché en 1999, avant d'être à nouveau arrêté et emprisonné en décembre 2002 pour être à l'origine des émeutes qui ont éclaté dans la ville de Maan. En outre, en juillet 1991, la justice jordanienne a établi les liens entre Maqdisi et l'Armée de Mohammed, dont les membres se sont entraînés dans les camps afghans. Les six leaders du groupe sont bientôt condamnés à mort pour avoir pris part à des attentats en Jordanie. Mais leurs peines respectives seront commuées à des peines à perpétuité, à la suite d'une amnistie royale.

En 1991, si le royaume jordanien est vigilant, il saisit encore mal l'ampleur de la menace. Les vétérans ne sont pas vraiment pris au sérieux par les autorités judiciaires, qui prononcent des peines sans véritablement les appliquer. Parallèlement, il est vrai, les services de renseignement jordaniens suivent à la trace la réinsertion des vétérans dans la vie civile.

Au moment de leurs retrouvailles, Maqdisi et Zarkaoui nourrissent chacun une forte ambition personnelle et un objectif commun : la poursuite du djihad contre les « régimes infidèles ». Or, depuis 1991, les groupes se sont organisés et Maqdisi a acquis une influence très forte au sein de cette nébuleuse extrémiste.

Dans le courant de l'année 1993, de nouveaux ennemis et de nouvelles cibles se dessinent : Israël et son premier « partenaire » dans la région, le royaume de Jordanie. Comme des centaines de vétérans, Zarkaoui et Maqdisi nourrissent une haine tenace contre le régime jordanien coupable, selon eux, de collusion avec l'ennemi.

La même année, l'histoire s'accélère pour Maqdisi, Zarkaoui et les quelque trois cents autres vétérans d'Afghanistan rentrés en Jordanie. Leur foi militante n'a pas faibli, bien au contraire. Frustrés de ne pouvoir poursuivre « leur » guerre, ils constituent une cellule terroriste. Aguerris au combat, dépourvus de véritables attaches sociales au sein de leur pays d'origine, ils se déclarent « prêts pour une confrontation avec le régime [jordanien] en raison de leurs croyances[1] ». Ces jeunes vétérans désapprouvent violemment le traité de paix avec Israël, dont la signature est imminente. Tous ont reçu une formation militaire, parfois dans des camps d'entraînement affiliés à la congrégation des Frères musulmans, tel le camp de Salah Eddin, localisé à Jalalabad, à l'est de l'Afghanistan. D'autres ont été entraînés dans les tout premiers camps installés par Al-Qaida, comme Zarkaoui à Sada. Or, en 1992-1993, ceux du Saoudien Oussama Ben Laden sont réputés être les meilleurs d'Afghanistan, par la richesse des infrastructures et du matériel à disposition. Il n'est pas rare de pouvoir utiliser durant les entraînements des missiles Air-Sol Stinger, dont le prix est pourtant élevé. Les camps d'Al-Qaida sont alors certainement les plus « sophistiqués » et les plus « élitistes » d'Afghanistan. On y apprend sans faiblesse à imposer la loi islamique, par la force si nécessaire.

C'est dans ce contexte que Zarkaoui présente Maqdisi à quelques-uns de ses amis de Zarka, tous vétérans d'Afghanistan. Parmi eux, Sherif (connu également sous le nom d'Abou Ashraf), Suleiman Taleb Damra, Khaled Al-Aruri, Nasser Fayez, son frère Nafez, Mohammed Rawashdeh, Amer Sarraj et Nasri Tahayinah[2]. Ces hommes constituent le premier cercle de Zarkaoui à Zarka. Ils composeront bientôt son groupe terroriste, Bayt Al-Imam. Les autorités jordaniennes n'apprendront qu'en 1997, on l'a dit, à l'occasion de l'interrogatoire de l'activiste Oussama Yassin Abou Shamah, professeur à l'université de Yarmuk, et financier de

---

1. « Jordanian militants train in Afghanistan to confront regime », AFP, 30 mai 1993.
2. Confessions d'Abou Moussab Al-Zarkaoui, Cour de sûreté du royaume hachémite de Jordanie, décision 95/300, 31 août 1994, archives de l'auteur.

l'organisation, qu'Oussama Ben Laden avait aidé financièrement la formation de la cellule terroriste[1].

Lors de ses premiers aveux devant la justice jordanienne le 31 août 1994, Zarkaoui a évoqué par le détail la manière dont il avait organisé sa première cellule terroriste, Bayt Al-Imam («Allégeance aux Imams»), en compagnie de Maqdisi. Celui-ci apportait au groupe ses enseignements religieux, et dispensait un discours politique haineux à l'encontre du régime jordanien. L'enseignement simpliste de l'idéologue palestinien, leader de la mouvance salafiste au Proche-Orient, repose sur l'idée que chaque individu doit conduire sa vie en fonction du Coran, et que les gouvernements arabes, en particulier jordanien, ne respectent pas ce précepte. C'est pourquoi le régime jordanien doit disparaître.

En accord avec Zarkaoui, Maqdisi multiplie les interventions au domicile des membres du groupe ainsi que dans les lieux de culte acquis à la cause du djihad. Il prêche par exemple à la mosquée Hamouri à Awajan, dans la banlieue d'Amman, située non loin de la maison familiale de Zarkaoui. Il y teste tous ses arguments : le recul de la souveraineté jordanienne confrontée à l'influence israélienne, l'ingérence américaine dans la région, la nécessité du djihad, la lutte contre les infidèles. Zarkaoui affirmera d'ailleurs devant le procureur Mahmoud Obeidat : «Nous sommes opposés aux Américains parce qu'ils refusent l'Islam. »

Le talent et l'éloquence de Maqdisi associés au charisme de Zarkaoui et à la crainte qu'il inspire attirent de nouveaux adeptes. Le groupe s'étoffe toujours davantage et recrute dans les provinces jordaniennes. Zarkaoui se déplace un jour en compagnie de son ami Al-Aruri dans la région de Karak, sur les bords de la mer Morte, près du village d'Al-Qasr. Là, ils enrôlent Abdul Majid Al-Majali. Mustapha Hassan Mousa, un ancien de l'Armée de Mohammed,

---

1. «Arrests reportedly linked to masterminds of Khubar Blast», BBC (Al-Hadath), 28 mai 1997.

démantelée en 1991, leur apporte bientôt ses connaissances en matière d'explosifs.

Mustapha Hassan Mousa est le beau-frère de Maqdisi. Zarkaoui a rapporté qu'un jour, alors que son groupe se trouvait réuni chez Mustapha Hassan Mousa, ce dernier avait approché une étincelle d'un dépôt de peroxyde d'acétone, un explosif qui se présente sous la forme d'une poudre blanche, produisant ainsi une légère explosion. Façon comme une autre de bien faire comprendre son projet qui était d'adresser une « carte de Noël » piégée à Walid Abou Daher, le directeur du magazine arabe *Al-Watan Al-Arabi*, dont les bureaux se trouvent à Paris. Il ne parviendra jamais à mettre son projet à exécution[1]…, mais sera néanmoins condamné pour cette tentative d'attentat. Walid Abou Daher est décédé en 2004.

Au gré des réunions et des discussions théologiques, le groupe témoigne de son impatience à passer à l'action véritablement terroriste. Sous l'impulsion de Zarkaoui et de Maqdisi, un plan est alors élaboré en vue d'une opération kamikaze contre des cibles israéliennes. Mais, pour qu'elle réussisse, du matériel est nécessaire.

Peu avant de s'établir en Jordanie en 1992, Maqdisi, on le sait, avait vécu au Koweït. Or, au moment de leur retraite du pays, les troupes de Saddam Hussein avaient laissé derrière elles des quantités de munitions dont Maqdisi avait acheté une bonne cargaison au marché noir. Durant son déménagement vers la Jordanie en 1992, il avait ainsi glissé dans ses meubles cinq mines antipersonnel, sept grenades à main, et plusieurs roquettes antichars. Maqdisi confiera plus tard aux enquêteurs jordaniens du GID que son objectif était d'utiliser ce matériel dans le cadre d'une attaque contre Israël.

---

1. Confessions d'Abou Mohammed Al-Maqdisi, Cour de sûreté du royaume hachémite de Jordanie, décision 95/300, 31 août 1994, archives de l'auteur.

Pour la bonne conduite des opérations, Zarkaoui propose à Maqdisi de cacher ce matériel dans la grande maison du quartier Ma'ssoum alors occupée par une partie de sa famille. Puis, après avoir tenté en vain de dissimuler les armes autour du cimetière pendant deux semaines, il les restitue à Maqdisi et décide de ne conserver que quelques charges explosives. Il aménage à cet effet une cache, plus précisément un double mur, dans la maison familiale[1]. Il voulait, dira-t-il, garder ces armes « afin de les utiliser dans le cadre d'une opération kamikaze dans les territoires occupés par les sionistes[2] ». Il convainc alors en effet ses deux fidèles associés, Suleiman Talib Damra et Abdel Hadi Daghlas, de mener à bien une opération kamikaze à la frontière israélo-jordanienne. Mais l'arrestation prématurée d'Abdel Hadi Daghlas par les autorités jordaniennes compromettra la première action terroriste planifiée par Zarkaoui.

Certains de ses complices au sein de Bayt Al-Imam le décrivent comme un homme ambitieux, mais certainement pas comme un visionnaire. L'activiste jordanien Youssef Rababa se souvient ainsi d'un homme qui, à la différence d'Oussama Ben Laden, n'avait alors aucun projet à long terme. Son avocat de l'époque, Mohammed Dweik, ira même jusqu'à déclarer que son client ne lui avait jamais semblé particulièrement intelligent[3]. C'est Maqdisi qui occupe alors, au sein du groupe, la position de maître à penser, quand Zarkaoui, lui, prend la direction des opérations militaires.

L'arrestation d'Abdel Hadi Daghlas remet tout en cause. Car, à l'époque, Bayt Al-Imam n'est composé que de quelques

---

1. Entretien avec Muhannad Hijazi, procureur militaire du royaume hachémite de Jordanie, 16 septembre 2004.
2. Confessions d'Abou Moussab Al-Zarkaoui, Cour de sûreté du royaume hachémite de Jordanie, Décision 95/300, 31 août 1994, archives de l'auteur.
3. « Zarqawi's journey : from dropout to prisoner to an insurgent leader in Iraq », art. cité.

hommes, essentiellement Abou Mohammed Al-Maqdisi, Abou Moussab Al-Zarkaoui, Khaled Mustapha Khalifa Al-Aruri, Suleiman Taleb Damra, les frères Fayez (Nasser et Nafez), Mohammed Rawashdeh, Amer Sarraj, et Nasri Izzedin Mohammed Al-Tahayneh, Mohammed Wasfi Omar Abou Khalil, Nabil Abou Harthiyeh, Sharif Abdul Fatah et Ahmad Youssef. Sans compter que le noyau dur du groupe s'articule autour de Maqdisi, Zarkaoui, Aruri et Abou Khalil, et que des divergences commencent à se faire jour entre eux.

La contestation est notamment le fait de Khaled Al-Aruri, le numéro trois de l'organisation. Al-Aruri est un jeune de Zarka, originaire de Ramallah en Palestine, âgé de 27 ans à l'époque des faits. Ancien employé de l'organisation saoudienne IIRO (International Islamic Relief Organization) durant l'année 1991 au Pakistan, Al-Aruri rentre à Zarka en 1992. Il soutient Zarkaoui mais n'adhère pas à tous ses projets, comme celui d'assassiner Ali Berjak, membre de l'unité antiterroriste du GID, ou Yacub Zayadin, le président honoraire du Parti communiste jordanien. Al-Aruri ne cautionne pas non plus l'idée d'incendier le siège des services de renseignement jordaniens, le puissant GID[1].

À l'issue de plusieurs rencontres secrètes entre les membres du groupe Bayt Al-Imam, Zarkaoui prend en main la poursuite des opérations. Il fournit à Aruri et à Damra des renseignements complémentaires sur ses deux cibles, Ali Berjak et Yacub Zayadin. Puis il recueille des informations ciblées et localise le domicile personnel d'Ali Berjak[2]. Huit années plus tard, le 28 février 2002, deux personnes seront tuées dans l'explosion d'une voiture piégée

---

1. Confessions de Khaled Al-Aruri, Cour de sûreté du royaume hachémite de Jordanie, décision 95/300, 31 août 1994, archives de l'auteur.
2. Confession d'Abou Moussab Al-Zarkaoui, Cour de sûreté du royaume hachémite de Jordanie, décision 95/300, 31 août 1994, archives de l'auteur.

aux abords du domicile d'Ali Berjak, l'agent du GID. La voiture piégée appartenait à sa femme.

Quoi qu'il en soit, Khaled Al-Aruri est resté un homme de confiance de Zarkaoui tout au long de son parcours terroriste. Or, son nom apparaît dans le cadre de l'enquête sur les attentats de Casablanca du 16 mai 2003 : c'est lui, en effet, qui aurait transmis à Aziz Hoummani, un salafiste marocain, les 70 000 dollars nécessaires à la conduite des attentats.

Les membres de Bayt Al-Imam ne craignent pas tant la prison que les méthodes musclées du GID dont l'objectif, deux ans après le retour des premiers vétérans, est de briser ces groupes insurrectionnels. Désormais traqué par le gouvernement jordanien et affaibli par l'arrestation d'Abdel Hadi Daghlas, le groupe est poussé dans ses derniers retranchements. Zarkaoui et Maqdisi envisagent alors de fuir la Jordanie avec de faux papiers. Zarkaoui contacte à cette fin Mahmoud Hassan Hadjaoui, qui habite à Zarka, près de la mosquée Huseyn, afin de se procurer un faux passeport. Il lui en coûtera 100 dinars et une photo : une semaine plus tard, il reçoit un faux passeport jordanien au nom d'Ali Ahmad Abdullah Majali.

Leader opérationnel du groupe, Zarkaoui fait bénéficier Maqdisi de sa filière, ainsi que Khaled Al-Aruri. Maqdisi se voit bientôt remettre un autre faux passeport jordanien au nom de Fayez Al-Hafi[1]. Les deux leaders du groupe Bayt Al-Imam accélèrent alors leurs préparatifs de fuite car, depuis plusieurs semaines, ils se savent observés. Zarkaoui le confirmera au procureur qui l'interrogera : « J'ai su que les services secrets me surveillaient[2]. »

---

1. Confessions d'Abou Mohammed Al-Maqdisi, Cour de sûreté du royaume hachémite de Jordanie, décision 95/300, 31 août 1994, archives de l'auteur.
2. Confessions d'Abou Moussab Al-Zarkaoui, Cour de sûreté du royaume hachémite de Jordanie, décision 95/300, 31 août 1994, archives de l'auteur.

Zarkaoui n'ignore pas qu'il est devenu, depuis son retour, une cible prioritaire pour les services jordaniens, en raison de sa personnalité sulfureuse et des relations qu'il entretient avec Maqdisi. Le quartier général des services jordaniens lui adresse bientôt une convocation à son domicile d'Al-Ramzi. Zarkaoui a déjà décidé qu'il refuserait de s'y rendre. Sa réaction, telle qu'il l'a lui-même relatée au cours de son interrogatoire, en dit long sur sa personnalité : « J'aurais fait l'impossible pour ne pas y aller et résister s'ils décidaient de m'emmener. Lorsque j'ai su que j'étais convoqué, j'ai acheté [...] une mitraillette [...] que j'ai payée 800 dinars. Je l'ai fait dans le but de résister si la police venait chez moi. [...] J'avais trois chargeurs pour cette arme et 35 cartouches[1]. »

Malgré sa ferme intention de ne pas se laisser prendre, Zarkaoui est arrêté le 29 mars 1994. Cinq jours plus tard, Maqdisi est arrêté à son tour par la police, chez lui, dans sa maison de Yajuz. Pendant la perquisition menée sous la direction du capitaine Mustafa Awad, Maqdisi demande que ses parents soient autorisés à sortir de la maison afin qu'ils ne sachent pas que leur fils avait caché des explosifs dans le domicile familial[2]. Les explosifs en question sont retrouvés dans un faux plafond spécialement aménagé à cet effet, ainsi que dans les tringles à rideau. Maqdisi a lui-même grimpé sur un baril pour indiquer la cache aux policiers…

L'avocat Fouad Badawi, qui a été commis d'office pour assurer la défense de Zarkaoui et Maqdisi, refuse de les défendre. Il est bientôt remplacé par Mohammed Dweik. Les terroristes sont confrontés, lors de leurs interrogatoires, aux méthodes musclées du GID, à tel point que Maqdisi demandera à plusieurs reprises à ne pas être frappé[3].

---

1. *Ibid.*
2. Confessions d'Abou Mohammed Al-Maqdisi, Cour de sûreté du royaume hachémite de Jordanie, décision 95/300, 31 août 1994, archives de l'auteur.
3. *Ibid.*.

Lors de l'instruction, le procureur militaire Mahmoud Obeidat relève plusieurs chefs d'inculpation contre eux, dont la participation à une organisation illégale, la détention de matériels explosifs et d'armes sans autorisation, la falsification de passeports et l'atteinte à l'honneur du roi. Un autre procureur militaire, Muhannad Hijazi, présent sur les lieux au moment de la reconstitution devant la maison de Ma'ssoum, a conservé un souvenir précis de la façon dont Zarkaoui s'était adressé à lui. Ce dernier était alors enchaîné, et placé sous la surveillance des forces de sécurité, quand le procureur s'était approché. Zarkaoui l'appela par son nom, alors que Hijazi ne portait pas sur lui de badge officiel ni d'insigne. Surpris, le procureur lui demanda comment il connaissait son nom. Zarkaoui lui rétorqua qu'il l'avait vu plaider dans de nombreuses affaires, et qu'il avait remarqué la pertinence de ses réquisitoires.

Le procureur Hijazi se souvient d'un garçon dur, au regard perçant, le corps couvert de tatouages. Selon lui, Zarkaoui relevait plus à cette époque de la délinquance de droit commun que du terrorisme international. Il passait pour un voyou aux vagues connaissances religieuses. Durant la reconstitution, Zarkaoui avait tenté à plusieurs reprises de faire passer des messages à sa famille qui l'observait depuis le balcon de la maison. Il avait notamment essayé d'indiquer à son frère l'endroit où étaient cachés les explosifs car il avait expliqué à la police que les armes étaient cachées dans le lit d'un ruisseau asséché situé en contrebas de la maison familiale, à proximité du cimetière de Zarka, alors que les charges se trouvaient dans l'enceinte même de la demeure… Auparavant, Zarkaoui avait même prétendu durant plusieurs heures qu'il avait oublié le lieu de la cache[1].

---

1. Entretien avec Muhannad Hijazi, procureur militaire du royaume hachémite de Jordanie, 16 septembre 2004.

Son frère Omar sera finalement lui aussi arrêté dans le cadre de l'enquête sur le réseau Bayt Al-Imam, et emprisonné un temps à la prison de Suwaqah.

Si dur soit-il, Zarkaoui signe des aveux circonstanciés devant le procureur militaire Mahmoud Obeidat le 31 août 1994. Il déclare : « Je suis coupable d'avoir détenu des bombes et des mines sans permis officiel, d'avoir fabriqué et utilisé un faux passeport. Je signe et je confirme, Ahmad Fadel[1]. » Maqdisi signe de son côté des aveux du même type et va jusqu'à condamner le terrorisme : « Les bombes, les mines, et les armes dont je disposais n'étaient pas destinées à des actions terroristes en Jordanie mais pour la résistance contre l'ennemi israélien et je suis contre toutes les personnes qui commettent des actes terroristes contre les policiers, les agents des services de renseignement, les cinémas, les marchés d'alcool[2]. » L'histoire ne dit pas dans quelles conditions Maqdisi a fait cette déclaration. Quoi qu'il en soit, les actions entreprises par Bayt Al-Imam relèvent bien du terrorisme au sens le plus commun du mot, et visaient avant tout le royaume hachémite.

Après cette première arrestation, Maqdisi continuera de soutenir la cause salafiste et les attentats islamistes perpétrés à travers le monde. Après le 11 septembre, il se félicitera notamment des attentats terroristes de Washington et de New York[3]. Bien qu'à nouveau incarcéré en Jordanie, Maqdisi continuait de diffuser, récemment encore, ses discours extrémistes via son site Internet.

Dans le courant de l'année 1994, le groupe Bayt Al-Imam est donc démantelé par la police jordanienne, ses leaders, Maqdisi et Zarkaoui, jugés puis emprisonnés. Cette

---

1. Confessions d'Abou Moussab Al-Zarkaoui, Cour de sûreté du royaume hachémite de Jordanie, décision 95/300, 31 août 1994, archives de l'auteur.
2. Confessions d'Abou Mohammed Al-Maqdisi, Cour de sûreté du royaume hachémite de Jordanie, décision 95/300, 31 août 1994, archives de l'auteur.
3. « Under the microscope », art. cité.

organisation représentait l'une des menaces extrémistes les plus sérieuses pesant alors sur le royaume. Les autorités respirent. Or, en 1997, à peine trois ans plus tard, de nouvelles enquêtes signalent une réactivation de Bayt Al-Imam autour de quatre jeunes Jordaniens : Mujahid Abd Al-Rahim, Isa Al-Khalayleh, Ali Al-Khalayleh, Saoud Al-Khalayleh. Ces trois derniers appartiennent au clan Zarkaoui, Saoud Al-Khalayleh étant le propre cousin d'Abou Moussab[1].

---

1. « Papers reports revival of islamic groups », BBC (Al-Hadath), 12 mai 1998.

Chapitre 5

À Suwaqah, la prison du désert

L'opération contre Zarkaoui et son groupe est une belle réussite pour les forces de sécurité jordaniennes. Les treize terroristes sont déférés, en novembre 1996, devant la Cour de sûreté militaire, présidée par le colonel Yousef Faouri.

Durant le procès, Maqdisi semble revenir sur ses aveux et lance : « *Allah Ouakbar* (Dieu est Grand), l'histoire écrira le secret de notre djihad, la voix du djihad ne s'affaiblira pas. » Alors que le Colonel Yousef Faouri prononce le verdict, soit quinze années d'emprisonnement à l'encontre des leaders du groupe, Maqdisi récite des versets coraniques. Avant de sortir de la salle, il lance : « Vos peines ne font que renforcer notre foi dans notre religion, la victoire jusqu'au djihad[1] ! »

Abou Moussab Al-Zarkaoui est condamné pour la première fois à une lourde peine de prison dans son propre pays, trois années seulement après son retour en Jordanie. Il nourrira depuis ce jour une haine virulente contre ce pouvoir qu'il juge corrompu et à la solde des Américains. En 1995, ces mêmes Américains s'inquiètent pourtant des mauvaises conditions d'incarcération des prisonniers Jordaniens détenus à Suwaqah[2].

---

1. « Jordan militants jailed for planned Israeli attacks », Reuters, 27 novembre 1996.
2. *Jordan Human Rights Practices*, Département d'État américain, 1995.

Durant le procès, Zarkaoui apparaît comme hypnotisé par le discours salafiste dans lequel il s'est lui-même immergé depuis son retour d'Afghanistan. Il récuse le pouvoir jordanien ainsi que toute forme d'autorité publique. Il ne veut pas d'un avocat à ses côtés, refuse d'écouter le juge dont les verdicts sont, dit-il, en contradiction avec les enseignements de Dieu. Il tente de se défendre assez maladroitement lui-même et demande à ses juges de se repentir, de renouer avec l'esprit du djihad. Il perd manifestement le sens des réalités et révèle une personnalité confuse et perturbée, saturée d'une idéologie savamment distillée par son maître à penser, Abou Mohammed Al-Maqdisi. L'avocat commis d'office de Zarkaoui et de Maqdisi, Me Mohammed Dweik, porte un regard croisé sur les deux hommes : « À l'époque, Ahmed [Zarkaoui] avait les mêmes idées que Maqdisi [...] ; il [Zarkaoui] aurait pu admettre être une copie de Maqdisi. Mais Maqdisi est mille fois plus dangereux que Zarkaoui. Il avait du charme, du charisme et pouvait convaincre n'importe qui[1]. »

Après les madrasas pakistanaises, les terrains minés afghans, les faubourgs d'Amman, Zarkaoui va trouver un nouveau terrain de lutte : les prisons jordaniennes. C'est d'ailleurs en prison que son charisme et sa force apparaissent sous un jour nouveau. Condamné le 27 novembre 1996 à quinze ans de réclusion, il est immédiatement transféré à la prison de haute sécurité de Suwaqah, l'une des prisons les mieux gardées de Jordanie, située entre Amman et Aqaba, en plein désert.

Il y a déjà passé plus de deux années, depuis son arrestation en 1994. Dans le troisième bloc, au deuxième étage, il occupe la cellule numéro 6, qui fait face au bureau du directeur de l'établissement[2]. C'est une grande cellule collective,

---

1. « Zarqawi took familiar route into terrorism », art. cité.
2. Entretien avec le directeur de la sécurité de la prison de Suwaqah, 16 septembre 2004.

parsemée de lits en acier où sont réunis divers «islamistes», dont certains membres de Bayt Al-Imam. L'un des codétenus de Zarkaoui se rappelle l'avoir vu organiser sa couche comme une tente, en faisant retomber les couvertures de chaque côté du matelas. Zarkaoui, assis par terre, tente de mémoriser les versets du Coran[1]. Maqdisi se souvient que, «sur le plan des sciences religieuses, [il] n'était pas un étudiant modèle, mais il a appris par cœur le livre de Dieu[2]».

Maqdisi est incarcéré dans la même prison, et au même moment. Mais, cette fois-ci, Zarkaoui prend l'ascendant. En 2004, Maqdisi donne *a posteriori* une version très «apaisée» de ce transfert d'autorité : «Les frères m'ont choisi comme émir [chef]. Je le suis resté malgré moi pendant un an avant de me consacrer aux sciences religieuses. j'ai pris la décision de donner ma place à Zarkaoui. Contrairement à ce qu'ont écrit certains, [ce] n'était pas la conséquence d'une dispute entre nous, mais le résultat d'un accord, afin que nous puissions parler d'une seule voix à la direction de la prison.[3]» Zarkaoui devient tant pour les gardiens que pour ses codétenus une curiosité : qui est cet homme qui, le corps recouvert de tatouages verdâtres, passe son temps à lire le Coran ? Et pourquoi parle-t-il si peu ? Il intrigue et fascine. Très rapidement, il s'assure un réseau de relations, à l'intérieur comme à l'extérieur de la prison. les relations avec l'extérieur sont faciles. Maqdisi peut ainsi rédiger et diffuser des textes qu'il soit incarcéré à Suwaqah, à Al-Salt, à Jafar ou à Kafkafa. En 2004, il explique ainsi que «dans chaque prison, nous avions la possibilité de faire sortir des lettres et de faire entrer des livres […] le gouvernement nous enferme et Dieu nous donne tout ce dont nous avons besoin.» Si les voies de Dieu sont impénétrables, la

---

1. «Zarqawi's journey : from dropout to prisoner to an insurgent leader in Iraq», art. cité.

2. Message intitulé «Conseils de cheik Maqdisi à Abou Moussab Al-Zarkaoui», archives de l'auteur.

3. *Ibid.*

corruption est souvent une pratique répandue dans les pénitenciers. Quant aux transferts réguliers de prison en prison, ils permettent, selon Maqdisi, de « rapprocher [nos] frères » et de « nous renforcer dans nos convictions ». Maqdisi ajoute d'ailleurs que le gouvernement jordanien « ne se doute pas que la prison renforce notre combat[1]. »

Le cheik Jarrah Al-Qaddah, qui rendit alors visite à Zarkaoui en prison, se souvient de l'avoir revu peu après sa condamnation. Il avait alors la réputation d'aimer davantage ses frères de lutte que les membres de sa propre famille. Il criait aussi beaucoup au sein même de la prison, comme il avait l'habitude de le faire dans les rues de Zarka, peu après son retour d'Afghanistan.

En quelques mois seulement, il devient un chef de bande respecté au sein de la prison, en raison de son passé afghan, de ses positions religieuses, de sa force physique, de sa défiance à l'égard de l'autorité pénitentiaire et de ses méthodes souvent expéditives à l'égard de ses codétenus. Un autre opposant islamiste au régime jordanien, plus modéré, Layth Shubaylat, est incarcéré à la même époque pour avoir fait partie de l'Armée de Mohammed. Les deux hommes se croisent souvent dans les couloirs. Bien qu'ils soient tous deux des militants islamistes, Zarkaoui considère avec mépris cet ancien membre du Parlement, rompu aux méthodes politiciennes et acteur du système démocratique. Fidèle élève de Maqdisi, Zarkaoui pense que le modèle démocratique ne correspond en rien au Coran. Layth Shubaylat, de son côté, se souvient d'un homme saturé de religion. À plusieurs reprises, l'engagement de Zarkaoui provoque des conflits assez sévères avec l'encadrement de la prison. La direction pénitentiaire exige, par exemple, que les détenus portent l'uniforme, à quelques exceptions près pour les prisonniers politiques. Zarkaoui et ses comparses refusent

---

1. *Ibid.*

de revêtir cet uniforme, symbole à leurs yeux de soumission à l'autorité du royaume. Selon Layth Shubaylat, l'armée fit donner un jour la troupe dans l'enceinte de la prison afin de faire respecter le règlement. La situation tourna alors à l'affrontement, et Zarkaoui et ses comparses durent finalement s'incliner. Fou de rage, Zarkaoui s'adressa alors aux soldats en les invectivant et en les traitant d'« infidèles ». Selon la même source, Zarkaoui, dès les premiers jours de son incarcération, s'affirma comme l'un des meneurs les plus influents[1].

Quelques mois plus tard, Layth Shubaylat est libéré, par décret du roi Hussein. Il multiplie alors les démarches pour faire libérer ses compagnons islamistes. Il rapportera plus tard la conversation qu'il eut avec le roi Hussein à l'occasion d'une audience que celui-ci lui accorda peu après sa libération : « Votre Altesse, laissez-moi leur donner de bonnes nouvelles – De qui voulez-vous parler ? – Des prisonniers, des prisonniers politiques, ou laissez-moi dire des islamistes, ou laissez-moi dire des Afghans [...]. Seigneur, laissez-moi vous dire que vous et moi, nous sommes responsables pour ces gens – Comment ? – Pendant cinquante ans, vous leur avez enseigné comment rester debout face au sionisme, et vous voudriez les faire changer en une nuit ? Pour moi, qui suis un islamiste modéré, vous avez échoué. Vous ne m'avez pas permis, pas plus qu'à ceux qui pensent comme moi, de faire évoluer tout ou partie de notre programme. C'est ainsi, Votre Altesse, que vous devez vous attendre maintenant à ce que des gens pires que moi vous traitent comme un infidèle[2]. » L'anecdote, telle qu'elle est racontée par Layth Shubaylat, ne dit rien de la réaction du roi.

Tandis que Shubaylat plaide ainsi la cause islamiste devant le roi, les forces islamistes « démocratiques », dont le

---

1. « Under the microscope », art. cité.
2. *Ibid.*

parti des Frères musulmans (branche jordanienne), se lancent dans une action de lobbying intensif auprès des différentes forces politiques du royaume, et Zarkaoui renforce sa position au sein de la prison. Son incarcération démultiplie jour après jour sa haine du régime et sa rage contre les « infidèles ». Cependant, Zarkaoui n'en oublie pas pour autant sa famille, à laquelle il adresse régulièrement des lettres et des dessins, notamment à sa mère, Oum Sayel, ainsi qu'à sa femme, Oum Mohammed. Écrit dans les premières années de sa détention, ce courrier montre à quel point il se durcit en prison. La privation de liberté le renforce dans l'idée que son combat est le bon et que ses croyances doivent se montrer sans faille. Près de deux années après avoir été arrêté par la police jordanienne, Zarkaoui ne manifeste aucun regret sur ses choix idéologiques, aucun remords au sujet de sa première tentative d'attentat.

Ses codétenus se rapprochent de lui, et Zarkaoui repère parmi eux les plus fidèles. Les liens qui se tissent pendant ces années deviennent indestructibles, d'autant plus qu'ils sont fondés sur une idéologie implacable. Un journaliste jordanien, Abdalla Abou Rumman, le futur rédacteur en chef de l'hebdomadaire *Al-Mira'ah*, a partagé le quotidien d'Abou Moussab Al-Zarkaoui durant leur séjour à Suwaqah. Il se souvient qu'en septembre 1996 Zarkaoui était encore le leader du groupe de prisonniers islamistes, notamment de ceux qui étaient issus de son propre groupe, Bayt Al-Imam. Zarkaoui et ses partisans étaient alors détenus dans une cellule jouxtant celle du journaliste. Ils avaient leur propre système de vie en société, qui répondait à des règles strictes fixées par Zarkaoui. Ce dernier était considéré comme le chef et s'occupait de tous les aspects liés à l'organisation sociale du groupe. Bien sûr, au sein même de cette aile de la prison de Suwaqah, d'autres factions étaient animées par des convictions différentes des siennes. Selon Abdalla Abou Rumman, des guerres intestines éclataient souvent entre les différents clans, chacun accusant l'autre d'apostasie. La prison ouvrait un nouvel espace de lutte pour ces combattants de Dieu.

La prison de Suwaqah, au début des années 1990, constituait ainsi un impressionnant vivier où coexistaient les causes islamistes les plus diverses. Les différents mouvements qui y étaient représentés s'apparentaient à des gangs qui offraient la protection et une assurance survie à leurs membres. Chaque groupe occupait son espace propre, recrutait ses nouveaux membres, distribuait ses propres tracts à des fins prosélytes, se réunissait dans des endroits spécifiques à l'heure de la prière du vendredi.

Plusieurs formations, toutes illégales, se partageaient l'aile centrale de la prison. Parmi elles se trouvait le Parti islamique de libération, dont le leader, Ata Abou Al-Rashtah, était également à l'origine des groupes Al-Jun et Al-Mujib. Ces mouvements, émanation des Frères musulmans jordaniens, coexistaient avec quelques francs-tireurs islamistes, comme Layth Shubaylat. Et puis il y avait les « Afghans ». Ces derniers constituaient un groupe à part, déterminé à imposer le fameux califat en Jordanie et dans l'ensemble du Proche-Orient, à commencer par la prison de Suwaqah. Imprévisibles et téméraires, les membres de ce mouvement étaient redoutés des autres prisonniers, d'autant que leurs réseaux couraient d'une aile à l'autre de la prison. Zarkaoui contrôlait la hiérarchie du groupe, avec Abou Mohammed Al-Maqdisi.

Spectateur de cette organisation intégriste reconstituée au sein même de la prison, Abdalla Abou Rumman insiste sur l'ascendant que Zarkaoui gagna progressivement auprès des prisonniers « afghans », au détriment de l'idéologue Al-Maqdisi[1]. Ce dernier a vu ainsi son contrôle et son influence s'amenuiser alors même qu'il avait inspiré la vocation « islamiste » de Zarkaoui. Mais il est vrai qu'à la différence du théoricien Maqdisi Zarkaoui jouait volontiers les

---

1. « Report interviews Al-Zarqawi's neighbours, Prison mates », art. cité.

gros bras et n'hésitait pas à provoquer les gardiens ainsi que l'administration pénitentiaire. À plusieurs reprises, il tenta même d'organiser des soulèvements et entretint l'agressivité du groupe de codétenus qui partageaient ses conditions de détention. Zarkaoui n'hésitait jamais à provoquer les surveillants, qu'il invectivait volontiers en les traitant de kafirs, « non-croyants ». C'est ainsi qu'à plusieurs reprises Zarkaoui fut convoqué dans le bureau du directeur de la sécurité de la prison, et qu'il soutint à chaque fois son regard avec détermination[1].

Les coups d'éclat de Zarkaoui lui valent une étroite surveillance au sein même de la prison, mais également les attentions particulières de ses geôliers. L'aile dans laquelle sont enfermés les membres du groupe Bayt Al-Imam bénéficie bientôt de privilèges, comme celui de ne pas participer aux regroupements matinaux dans la cour de la prison, et finalement d'être exemptés du port de l'uniforme. Selon Abdalla Abou Rumman, les « Afghans » jouissaient également d'une plus grande liberté pour se déplacer au sein de la prison et rendre visite à d'autres détenus sans craindre de réprimandes[2].

Affichant sa défiance à l'égard des gardiens, Zarkaoui s'attire l'admiration – ou à tout le moins le respect – de ses camarades car, à la différence des autres détenus, il se comporte en rebelle. Mais, du coup, il supporte mal la critique.

Un autre détenu, Youssef Rababa, emprisonné à la même époque pour ses liens avec l'organisation illégale Ajlun Minds, écrivait souvent dans le magazine de la prison. Et lorsqu'il publiait des articles critiques sur Zarkaoui, ce dernier lui répondait avec ses poings. Selon Rababa, c'est tout ce dont était alors capable Zarkaoui, tant il manquait

---

1. Entretien avec le directeur de la sécurité de la prison de Suwaqah, Jordanie, 16 septembre 2004.
2. « Report interviews Al-Zarqawi's neighbours, prison mates », art. cité.

de recul et de mots pour soutenir son action[1]. Certains témoignages font état, à l'inverse, d'un homme exalté porté par une vision, celle de l'avènement du califat; mais la majorité des témoins se souvient d'un homme violent ne supportant pas la contradiction et les écarts avec la religion. Selon ses comparses, il aurait même frappé à plusieurs reprises certains de ses codétenus pour avoir lu d'autres livres que le Coran. L'un d'entre eux en particulier, Abou Doma, condamné pour avoir lancé une bombe contre des civils, garde un mauvais souvenir de Zarkaoui.

Un jour, au sein même de la prison, Zarkaoui passe à côté d'Abou Doma, absorbé par la lecture de *Crime et châtiment*. Il lui lance : « Pourquoi lis-tu le livre d'un mécréant ? » Quelque temps plus tard, il reçut une lettre de menace de Zarkaoui lui reprochant de s'être plongé dans la lecture du chef-d'œuvre de Dostoïevski. Selon Abou Doma, Zarkaoui lui adressa ensuite une missive rédigée dans un très mauvais arabe, comme si elle avait été écrite par un jeune enfant. Zarkaoui lui intimait l'ordre de ne plus lire « Doseefski »[2].

Zarkaoui va et vient dans la prison, revêtu de ses vêtements traditionnels afghans. Il s'approprie le mythe des grandes batailles « afghanes » contre les Soviétiques, qu'il n'a pourtant pas vécues. Au gré des conciliabules et des longues après-midi de discussions dans la cellule collective n° 6, il entretient le mythe des « Arabes » d'Afghanistan et forge ainsi sa propre légende. Dépassé lors des débats politiques qui s'instaurent entre islamistes, il donne aussi le change en soulevant des haltères de fortune confectionnées avec des pièces de son lit et des boîtes de conserve d'huile d'olive remplies de cailloux. Ses compagnons de cellule se souviennent parfaitement de ses exercices de musculation. Pour se maintenir en forme, il court chaque jour dans la cour de la

---

1. « Zarqawi's journey : from dropout to prisoner to an insurgent leader in Iraq », art. cité.
2. *Ibid.*

prison. Sa force physique devient notamment un moyen d'assurer son pouvoir. L'homme qui prend goût au pouvoir «aime avoir son autorité entre ses mains[1]», confirme Youssef Rababa. Zarkaoui en donnera la preuve en Irak, aux heures les plus sombres de l'exécution d'otages.

Mois après mois, Zarkaoui se forge un physique de combattant. Il devient un personnage essentiel dans le petit monde de Suwaqah. Il s'attribue également un rôle social au sein de la prison, en distribuant les repas de ses codétenus, en participant régulièrement aux tâches ménagères ou en baignant, à l'occasion, ses codétenus infirmes[2]. C'est ainsi que les quarante prisonniers qui l'entouraient devinrent acquis à sa cause. Puis Zarkaoui étendit son emprise et recruta chez les délinquants de droit commun et les «drogués», qu'il regardait comme des «victimes de la société[3]».

Au cours de l'année 1997, Zarkaoui et les détenus politiques de Suwaqah sont transférés au pénitencier d'Al-Salt et, au début de 1998, ils sont finalement incarcérés à la prison de haute sécurité de Jafar, réouverte pour l'occasion[4]. En 1998, Zarkaoui demanda à consulter le médecin de la prison. L'un de ses parents était diabétique, et il souhaitait connaître son taux de glycémie. Le médecin de service, le docteur Basil Abou Sabha, se rendit donc dans sa cellule. Il se souvient encore de l'ascendant de Zarkaoui auprès de ses codétenus. Lors de cette visite, le docteur remarqua que le prisonnier était capable de donner des ordres à ses codétenus par le seul clignement de ses yeux, et que ces derniers ne se rendaient à l'infirmerie qu'à la condition d'avoir reçu son accord préalable[5]. Le médecin nota également que Zarkaoui avait tenté d'effacer ses tatouages (pourtant indélébiles) avec de l'acide chlorhydrique.

---

1. «Zarqawi took familiar route into terrorism», art. cité.
2. Entretien avec Abdalla Abou Rumman, ancien codétenu de Zarkaoui, 8 novembre 2004.
3. «Zarqawi segreto», art. cité.
4. *Ibid.*
5. «Zarqawi's journey : from dropout to prisoner to an insurgent leader in Iraq», art. cité.

La même année, en 1998, alors qu'Al-Qaida frappait les ambassades américaines en Tanzanie et au Kenya, Zarkaoui évoqua devant de ses compagnons de cellule sa ferme intention d'attaquer lui aussi des cibles américaines.

Zarkaoui s'émancipe à la prison de Suwaqah, il façonne son corps et se radicalise, tandis que sa femme, Oum Mohammed, sa première fille, Aminah, et sa mère, déjà gravement malade, attendent avec impatience son retour dans la maison familiale d'Al-Ramzi. Ses proches s'inquiètent de sa situation. Mais lui, la prison ne l'angoisse pas. Bien au contraire : il s'y sent plutôt à l'aise. Dans la correspondance épisodique qu'il fait parvenir à sa famille, il laisse entendre qu'il s'est réconcilié avec lui-même – et avec Dieu.

Au fil de l'année 1998, Zarkaoui consacre toujours plus de temps à prier parmi ses camarades. Après chaque prière du vendredi, il prolonge le prêche en prenant la parole contre les non-croyants et les injustices auxquelles se livrent les régimes arabes et américains. Sa relation avec Maqdisi devient de plus en plus tendue, et Zarkaoui devient jaloux de la reconnaissance de ceux qui l'entourent. En 1998, Youssef Rababa, qui observe de l'extérieur l'évolution des choses, remarque un profond changement dans la relation entre Zarkaoui et Maqdisi, ainsi que de vives tensions entre eux. À la fin de l'année, Maqdisi reste seul dans la prison de Suwaqah car Zarkaoui est transféré avec son groupe de fidèles vers un autre centre de détention, la prison de Jafar. Située en plein désert, la prison de haute sécurité de Jafar est l'une des plus dures du royaume jordanien. Les autorités s'inquiètent de la capacité de nuisance de Zarkaoui et de son ascendance sur les autres prisonniers.

Depuis son arrestation en 1994, Zarkaoui ne s'est pas calmé, bien au contraire. À la différence d'Oussama Ben Laden, qui prône la lutte contre les Juifs et les croisés, Zarkaoui jure la destruction de tous les non-croyants, ce qui lui assure un spectre assez large de cibles potentielles à viser dès sa sortie.

Le terme « non-croyant » recouvre chez Zarkaoui un ensemble assez hétéroclite qui englobe les chrétiens, les juifs, mais aussi les chiites, les hindouistes et, plus généralement, tous ceux qui n'adhèrent pas au plus rigoureux des salafismes.

À la fin de son incarcération dans les prisons jordaniennes, Zarkaoui est acquis à l'idée simpliste et manichéenne selon laquelle il existe deux mondes : celui des musulmans croyants sunnites d'obédience salafiste, et celui des autres, les *kafirs* (« non-croyants »), parmi lesquels il range les musulmans eux-mêmes dès lors qu'ils collaborent avec les ennemis « irréductibles » que sont Israël et les États-Unis. Aucun individu relevant de la deuxième catégorie ne mérite de vivre. Et Zarkaoui confiera à Rababa, peu avant sa libération, qu'il est de son devoir de s'attaquer aux non-croyants où qu'ils se trouvent et sans distinction, qu'il s'agisse d'Européens ou de musulmans chiites.

Tandis que Zarkaoui ne jure que par l'accomplissement de ses sombres desseins, les services de renseignement jordaniens sont profondément préoccupés par ce sujet inclassable, déterminé – et endurci par cinq années d'emprisonnement. Car Zarkaoui est imprévisible. Il ne répond à aucun schéma préétabli et ne répond à aucune logique partisane. Il semble obéir à un instinct de destruction. Sur ce dernier point, le militant Zarkaoui est bien éloigné des objectifs sophistiqués d'Al-Qaida et des directions idéologiques prises par Oussama Ben Laden. Les diverses opérations terroristes menées par Al-Qaida répondent, à cette époque, à une stratégie militaire et politique élaborée de longue date et mise en œuvre par Ben Laden lui-même. Zarkaoui, pas plus que Maqdisi, n'a, à ce stade, les moyens de mener à bien son ambitieux programme terroriste.

Zarkaoui se contentera donc d'abord d'un terrorisme d'opportunité.

II

TERRORISTE À PLEIN TEMPS

Il était une sorte de voyou dans la ville de Zarka. Il n'avait pas la réputation d'être un homme intelligent ou brillant. Tout d'un coup, alors qu'il n'était qu'un criminel et un ivrogne, il s'est retrouvé dans les filets d'Al-Qaida.

Roi Abdallah de Jordanie,
27 septembre 2004

Chapitre 1

Un nouveau départ

Amman, janvier 1999. Le roi Hussein est mort, vive le roi Abdallah! Celui-ci monte sur le trône du royaume hachémite de Jordanie en janvier 1999. De mère anglaise convertie à l'Islam, Abdallah a passé son enfance entre la Jordanie et l'Angleterre, essentiellement dans le Surrey, au côté de sa mère, Mouna (de son vrai nom Antoinette Avril). Élève à la St Edmond's School, puis à l'Académie militaire de Sandhurst, il ne rentre au pays qu'en 1984. Jusqu'à sa nomination au poste de brigadier-général des forces jordaniennes, en 1994, Abdallah poursuivra ses études dans les plus prestigieuses universités anglo-saxonnes, notamment à Georgetown (Washington). Bien entendu, le plus occidental des dirigeants arabes du Proche-Orient est vite dénoncé par les islamistes de tout bord comme le pion des Américains. Abdallah, lui, veut ouvrir son pays sur l'extérieur et libéraliser l'économie jordanienne.

Malgré ces contestations, l'avènement du jeune roi joue dans un premier temps en faveur de la stabilité régionale. Abdallah se démarque, en effet, très rapidement des orientations rigides prises par son père, le roi Hussein, en matière de politique étrangère. En premier lieu, il s'aligne étroitement sur Washington et mise sur un rapprochement diplo-

matique durable avec les États-Unis. Abdallah refuse
néanmoins que son pays devienne la base arrière des Américains dans leur entreprise de déstabilisation du régime
irakien. L'alliance du royaume avec les États-Unis prend
toutefois une dimension particulière à la suite du
11 septembre 2001. La Jordanie s'inscrit, en effet, en tête de
la liste des pays arabes qui participeront activement à la
lutte antiterroriste conduite par Washington. Sur le plan
régional, Abdallah s'engage à poursuivre les efforts jordaniens dans le cadre du traité de paix de 1994, et à maintenir
la paix avec Israël. Pour autant les accords de paix restent
vivement critiqués au sein de la population jordanienne et,
a fortiori, au sein de la mouvance islamiste.

Dès le début de son mandat, Abdallah doit composer
avec les islamistes, et en particulier avec les Frères musulmans. Véritable institution en Jordanie, ceux-ci constituent
l'une des toutes premières puissances politiques du
royaume. Établie à Amman depuis 1946 sous la forme d'un
parti politique, le Parti de l'action islamique, la congrégation des Frères musulmans défend une vision fondamentaliste de l'Islam. Persécutés en Arabie saoudite, en Syrie, en
Égypte et en Algérie, les Frères se rangent, dans le courant
des années 1970, sous la protection du royaume hachémite.
Pourtant ces mêmes Frères assistent sans bouger à l'écrase-
ment des Palestiniens de Jordanie en 1970. Dociles, ils
poursuivent une politique de soumission à l'égard du roi.
Devant leur caractère apparemment inoffensif, le roi
Hussein leur ouvre les portes de la représentation démocratique lors des élections de 1989. À la suite d'un raz-de-
marée inattendu, les Frères musulmans dominent le Parlement jordanien et occupent plusieurs postes ministériels.

Depuis 1989, le souverain jordanien doit donc composer
avec les Frères. Leur place dans la société jordanienne est
devenue trop importante pour qu'il soit possible de
l'ignorer ou de la négliger. En 1995, la confrérie emploie

plus de mille personnes et contrôle des pans entiers de la société : une trentaine d'écoles, dix-huit centres de santé, deux hôpitaux[1]. Les Frères musulmans ont, par ailleurs, la mainmise sur certains camps de réfugiés palestiniens, dont celui de Zarka, l'un des plus vastes du royaume. Ils participent à la rédaction des manuels scolaires, on l'a dit, et à l'élaboration des programmes d'enseignement. Livre après livre, ils distillent un message antisémite et antichrétien qui tranche avec les efforts d'ouverture du royaume.

Dès son accession au pouvoir, au début de 1999, Abdallah entreprend de composer à son tour avec cette force politique fondamentaliste. Comme son père, il s'engage dans une nouvelle politique de compromis avec les islamistes et reçoit par exemple, le 18 mars 1999, les dirigeants du Hamas, en présence du guide des Frères musulmans jordaniens, Abdul Majid Zuneibat. Le Hamas est la branche palestinienne de la congrégation des Frères musulmans. Ce groupe terroriste doit, à cette occasion, réitérer son serment d'allégeance au royaume hachémite, conclu en 1992. En signe de bonne volonté, le nouveau souverain libère prématurément douze militants du mouvement détenus en Jordanie. Pourtant, le 31 août 1999, il sera contraint de fermer l'antenne jordanienne du Hamas sous la pression américaine et israélienne...

Dans les premières semaines de son règne, le roi reçoit une multitude de sollicitations émanant du Parlement, des Frères musulmans et de divers comités islamistes, qui cherchent à obtenir la libération des prisonniers politiques, c'est-à-dire des musulmans intégristes détenus dans les geôles jordaniennes. Cette pression est d'autant plus forte qu'elle est soutenue par une majorité de l'opinion publique. Face à cette lame de fond et au lobbying intensif déployé par les mouvements islamistes, Abdallah est acculé, d'autant

1. «Abdallah face à la bravade islamiste», *Le Figaro*, 23 septembre 1999.

que, traditionnellement, l'amnistie royale intervient quarante jours après la mort du souverain. Le terme est proche.

Le 23 mars 1999, le journal télévisé de la première chaîne de télévision annonce, en ouverture, l'amnistie générale des prisonniers jordaniens. Le roi a cédé, et, au grand dam de Washington, l'amnistie inclut les prisonniers islamistes. Le décret royal est voté par le Parlement jordanien le 18 mars 1999[1]. Le « Pardon » du roi n'exclut que les individus emprisonnés pour espionnage, trafic de drogue, esclavage, trahison, viol, meurtre ou terrorisme. Pas un mot sur les islamistes.

Le pouvoir annonce finalement la libération de 3 000 détenus, dont Zarkaoui. Les responsables des différents services de sécurité du royaume accueillent avec amertume cette amnistie générale. L'un d'eux déclarera sous le sceau de la confidentialité, que « beaucoup des hommes relâchés sont des voyous et des délinquants récidivistes, et qu'ils resteront une charge pour les Jordaniens après leur libération[2] ». Un constat bien proche de la vérité.

Les islamistes au pouvoir ne tardent pas à faire libérer leurs activistes. Le décret royal d'amnistie entre en vigueur le 18 mars 1999, et, deux jours plus tard, quinze membres du Parti de l'action islamique sont libérés. Abdul Majid Zuneibat se félicite de la décision du roi. Forts de ce succès, plusieurs groupes islamistes au Parlement jordanien réclament la libération immédiate des leurs, comme le groupe parlementaire intitulé Comité des libertés publiques et des droits de l'homme dirigé par le député Muhammad Al-Azayidah. Ce dernier demande d'élargir sans délai les « Afghans » détenus dans les prisons jordaniennes. Sa cause est entendue, et, le 29 mars 1999,

---

1. « King endorces general amnesty law », Jordanian TV, 25 mars 1999.
2. « Jordanian prisoners to be freed under amnesty », Xinhua News Agency, 25 mars 1999.

Zarkaoui sort de sa geôle. Son compagnon Khaled Al-Aruri est également libéré.

Cette libération anticipée est inattendue pour Zarkaoui, qui avait été condamné à quinze ans de prison. Le 29 mars 1999, il quitte comme à regret sa cellule de Jafar. Ses anciens camarades s'attendent d'ailleurs à le revoir bientôt parmi eux, tant il est déterminé à agir contre les « non-croyants ». Quelques semaines après sa libération, Abou Mohammed Al-Maqdisi quitte également la prison de Suwaqah. Il restera par la suite sous la surveillance du GID, puis sera à nouveau incarcéré en 2002. Il est toujours en prison aujourd'hui.

Pas un jour ne s'est passé à Suwaqah sans que Zarkaoui ait promis la destruction des infidèles. Par la suite, il laissera souvent entendre à son entourage, notamment à son beau-frère Saleh Al-Hami, qu'il n'avait pas été vraiment content de recouvrer la liberté. À mesure que les mois passaient en prison, l'homme s'était assuré une position toujours plus confortable construite sur sa réputation, répondant ainsi au profil type du psychopathe qui s'habitue peu à peu à l'enfermement jusqu'à en faire une condition de son nouvel équilibre.

Hors de l'univers carcéral, il faut tout reconstruire. Il confie alors à son beau-frère que les conditions de sa détention l'angoissaient moins que celle du quidam jordanien, dont l'existence semblait bien monotone. À peine sorti de prison, Zarkaoui apparaît à Al-Hami comme un homme gagné par la lassitude et le désœuvrement, pressé de quitter à nouveau son propre pays. Al-Hami dira : « J'ai senti l'esprit du djihad au fond de lui[1]. »

Libéré à 19 heures, il ne rentre chez lui, à Zarka, qu'à 8 heures, le lendemain matin, pour aller embrasser sa mère.

---

1. « Under the microscope », art. cité.

Il est resté délibérément une nuit supplémentaire en prison pour partager quelques heures de plus avec ses compagnons de cellule[1]. Le roi Abdallah avouera plus tard – trop tard – que sa libération « était peut-être une erreur », tout en ajoutant que « personne ne pouvait soupçonner alors ce qu'il adviendrait de lui ». Tout porte à croire, au contraire, que Zarkaoui est alors sur le point de sombrer dans la violence religieuse.

Zarkaoui ne reste qu'un mois auprès de ses proches[2]. C'est le temps nécessaire pour préparer son départ. En façade, il tente de retrouver un emploi, mais, après ses deux précédents échecs professionnels, il ne se fait guère d'illusion. Zarkaoui caresse un temps l'idée d'acheter un camion pour vendre des fruits et légumes, mais ce projet n'aboutit pas. Il fréquente de nouveau les mosquées de Zarka, et tente de mobiliser de nouveaux jeunes, mais son esprit est ailleurs. Il prépare déjà sa vengeance, et il s'associe aux préparatifs des attentats du Millénaire, qui seront déjoués en octobre 1999. Nous y reviendrons.

Convaincu que la Jordanie devient, pour ses comparses et lui, un pays trop dangereux[3] et que le GID finira tôt ou tard par lui remettre la main dessus, il organise son départ pour l'étranger. Il a décidé de tout quitter pour rejoindre le Pakistan avec un visa de six mois.

Avant de partir, il retire ses enfants du système éducatif et leur impose l'apprentissage complet du Coran. Sa mère affirmera que le départ prématuré de son fils s'expliquait avant tout par les enquêtes répétées que menait sur son compte le GID depuis sa sortie de prison[4].

En partant pour le Pakistan à l'été 1999, il tire un trait sur la vie de famille, son passé de voyou et son pays. Il s'éloigne aussi pour un temps d'Abou Mohammed Al-

---

1. « Zarqawi segreto », art. cité.
2. *Jordanian Daily* interviews wife of Abu Mussab Al-Zarqawi, art. cité..
3. « Under the microscope », art. cité.
4. « Show down with Iraq », *Los Angeles Times,* 12 mars 2003.

Maqdisi. Si ce n'est à l'occasion de quelques projets terroristes ponctuels visant son pays d'origine, il s'abstiendra de revenir en Jordanie. Abou Moussab Al-Zarkaoui entre en clandestinité et s'engage dans le « djihad global ».

Quelques années plus tard, lors d'un message diffusé en Irak, il évoquera ainsi son départ : « Bien que j'aspire au berceau de mon enfance et éprouve un désir ardent pour mes parents, mes frères, et mes amis d'enfance, je suis global et je n'ai aucune terre que je puisse appeler mon pays. Ma patrie est là où me porte la parole de Dieu. » Il ajoutera qu'il avait « délaissé la terre de sa mémoire et émigré pour la terre de l'espoir, où la religion de Dieu a été établie sur terre, puis pour la terre d'Afghanistan, en obéissance à Allah[1] ».

Zarkaoui confiera à son avocat de l'époque, Mohammed Dweik : « Je n'ai pas d'autres chances que l'Afghanistan. » Youssef Rababa, son ancien codétenu à la prison de Suwaqah, partage cet avis : « Du fait de ses orientations idéologiques, il n'y avait plus de place pour lui en Jordanie[2]. » Zarkaoui déclare, en outre, à son beau-frère, Saleh Al-Hami, peu avant son départ : « Tu te souviens de mon rêve ? Tu te souviens de l'épée tombée du ciel, avec l'inscription "djihad" gravée sur la lame ? »

Zarkaoui quitte donc la Jordanie une deuxième fois pour rejoindre Hayatabad, dans le courant de l'été 1999[3]. Durant son premier voyage au Pakistan, entre 1989 et 1993, il y avait déjà séjourné, on s'en souvient. Nostalgique de la grande époque des moudjahidin, il retrouve avec joie cette ville-frontière, une étape que bien des combattants « arabes » connaissent pour y avoir reçu une assistance médicale.

---

1. « Al-Qa'ida's Abu-Mus'ab al-Zarqawi confirms he is currently in Iraq », *Al-Sharq Al-Awsat*, 26 mai 2004.

2. « Zarqawi's journey : from dropout to prisoner to an insurgent leader in Iraq », art. cité.

3. « Show down with Iraq », art. cité.

Hayatabad est située en périphérie de Peshawar, à proximité de la frontière afghane. C'est là que vit l'une de ses sœurs, mariée à un professeur de religion. La mère de Zarkaoui dira plus tard qu'en 1999 elle avait accompagné son fils jusqu'à Hayatabad, à l'occasion d'un périple d'un mois[1].

Plus encore que Peshawar, Hayatabad est une zone de repli pour Al-Qaida. La Wafa Organization, l'une des organisations humanitaires islamiques impliquée dans le fonctionnement du groupe, est d'ailleurs implantée dans cette ville. Originaire de Jordanie, cette ONG radicale a été qualifiée de « terroriste » par le comité des sanctions des Nations unies contre Al-Qaida et les talibans. En outre, lors du procès allemand contre les réseaux terroristes d'Abou Moussab Al-Zarkaoui, dénommés Al-Tawhid, l'un des lieutenants d'Oussama Ben Laden, Shadi Abdalla, a confirmé que Zarkaoui avait reçu une assistance importante de la part de l'organisation Wafa au Pakistan : « Outre la fourniture de faux papiers et l'organisation de voyages clandestins, les membres d'Al-Tawhid s'occupent de fournir de l'argent aux combattants. Pour cela, la Wafa Organization pakistanaise joue un rôle important avec son bureau de Kaboul[2]. »

Hayatabad est bel et bien l'un des principaux centres névralgiques d'Al-Qaida au Pakistan, comme le confirmera le terroriste repenti Jamal Ahmed Al-Fadl, ancien haut responsable d'Al-Qaida devenu informateur du gouvernement américain. À l'issue de l'enquête sur les attentats dirigés contre les ambassades américaines en Afrique, un procès pénal s'est, en effet, tenu aux États-Unis, en février 2001, à l'encontre d'Oussama Ben Laden et des principaux responsables des attaques. Durant ce procès, Jamal Ahmed Al-Fadl a livré l'un des témoignages les plus précis sur Al-Qaida.

---

1. *Ibid.*
2. Procédure judiciaire allemande, affaire Al-Tawhid, témoignage de Shadi Abdalla, 2002, archives de l'auteur.

C'est ainsi que lorsque le président du tribunal demanda à Al-Fadl de quel soutien bénéficiait le groupe terroriste au Pakistan, ce dernier répondit qu'Al-Qaida disposait de maisons d'hôtes à Hayatabad, et ce, dès 1991[1]. Le 19 août 2004, le Tanzanien Ahmed Khalfan Ghailani, membre d'Al-Qaida et responsable des attentats contre les ambassades américaines au Kenya et en Tanzanie, sera d'ailleurs précisément arrêté à Hayatabad. D'autres membres importants seront pris dans ce fief de Ben Laden.

Une fois installé à Hayatabad, Zarkaoui tente de reconstruire sa vie personnelle et de reconstituer ses réseaux en un minimum de temps. Son djihad ne peut plus attendre. L'islamiste fanatique est désormais impatient de rattraper le temps perdu dans les geôles jordaniennes. Zarkaoui multiplie les contacts, et renoue avec ses anciens amis du temps des moudjahidin. Il reprend ses quartiers dans les lieux de culte les plus extrémistes d'Hayatabad, ceux-là même qu'il avait fréquentés au début des années 1990. Mais la situation a changé depuis. Peshawar, en 1999, est devenue la base arrière du régime des talibans. Les mollahs afghans recrutent en masse dans les mosquées et les lieux de culte. Et les dirigeants talibans s'y réfugieront en 2001 après le début des bombardements de la coalition sur l'Afghanistan.

---

1. US v. Oussama Ben Laden, témoignage de Jamal Ahmed Al-Fadl, New York, 7 février 2001.

Chapitre 2

L'entrée dans Al-Qaida

Dans un premier temps, Oum Mohammed s'installe avec ses enfants dans un modeste trois pièces du quartier d'Al-Kasarat, au nord de la ville de Zarka. Mais, bientôt, elle rejoindra Zarkaoui au Pakistan.

Hayatabad, c'est aussi la ville qui accueillit Oussama Ben Laden au début de la guerre contre les Soviétiques. Selon plusieurs témoignages, le Saoudien s'était installé au milieu des années 1980, avec femmes et enfants, dans une maison du quartier n° IV de la ville. À partir de 1987, il y avait établi sa base arrière.

Le retour de Zarkaoui au Pakistan coïncide avec la montée en puissance du réseau. Al-Qaida est sorti renforcé des attentats dirigés contre les ambassades américaines au Kenya et en Tanzanie, commis en août 1998, et qui font 224 victimes. Oussama Ben Laden recentre alors les activités de son groupe à la frontière pakistano-afghane, entre Peshawar et Jalalabad.

Zarkaoui n'est pas venu là par hasard. Il sait que s'il veut concevoir des opérations d'ampleur il doit se rapprocher du centre de décision d'Al-Qaida, et surtout d'Oussama Ben Laden lui-même. Or il dispose de peu de temps, car son visa ne l'autorise à rester que six mois sur le territoire pakistanais. Chaque soir, il se rend donc à la mosquée centrale de Peshawar pour prier et tenter, à sa façon, de forcer le destin. Mais les autorités pakistanaises sont vigilantes.

En 1999, la communauté internationale souligne avec insistance l'aide que le Pakistan apporte aux islamistes. L'État pakistanais et son organe central de renseignement, l'ISI (Inter-Services Intelligence), sont accusés de faire le jeu des terroristes, ou à tout le moins du régime voisin des talibans. D'ailleurs, les régions du Pakistan voisines de l'Afghanistan sombrent irrémédiablement dans ce qu'il est convenu d'appeler une sorte de « talibanisation » qui inquiète la communauté internationale, et d'autant plus que le Pakistan est désormais une puissance nucléaire. L'idéologie des talibans s'exporte facilement à travers les frontières poreuses des montagnes afghanes dans un Afghanistan déchiré par une guerre civile interminable depuis les accords de paix avec l'URSS.

Le régime pachtoun et intégriste qui administre alors l'Afghanistan est proche d'Islamabad. Or, Kaboul vit sous le joug de leaders intégristes dont on ignore même le visage. Les photos et reprographies sont interdites par les talibans. Les prérogatives de l'État sont réduites à la seule charia, et l'Afghanistan devient ainsi le premier califat de l'histoire contemporaine avec la bénédiction de son voisin.

Le régime obscurantiste des talibans est soutenu par une proportion importante de leaders religieux pakistanais, comme les mollahs de Peshawar qui prônent une interprétation actualisée du déobandisme, cette école de pensée islamique intégriste originaire de Deoband, en Inde. À l'origine, le déobandisme était une branche de l'Islam sunnite favorable à la lutte contre les colons britanniques en Inde. Les mollahs pakistanais prêchent la haine et la violence contre les régimes occidentaux accusés d'être infidèles et de reproduire le schéma colonial en Asie centrale. L'argent saoudien, qui continue d'affluer depuis la fin de la guerre contre les Soviétiques, facilite la mise en œuvre de ces préceptes. Entre 1994 et 1999, près de 100 000 Pakistanais passeront par les camps d'entraînement afghans[1]. L'alliance est bientôt scellée entre le parti islamiste pakistanais d'opposition Jamiat-Ul-Ulema-e-Islam (JUI) et le régime des talibans. Au mois de juillet 1999, entre 6 000 et 8 000 militants pakistanais rejoignent les rangs des talibans. Les lapidations deviennent hebdomadaires dans les rues de Kaboul, et les femmes portent toutes le voile. Le régime des talibans est ainsi soutenu par le Pakistan et par l'Arabie saoudite, deux alliés traditionnels de Washington.

Mais le Pakistan est allé trop loin dans son soutien au régime des talibans. De 1993 à 1999, le gouvernement de Benazir Bhutto supporte de plus en plus mal le danger politique que cet encombrant voisin fait peser sur son gouvernement. Peu avant d'être renversée par le coup d'État du général Pervez Musharraf en octobre 1999, Benazir Bhutto entreprend donc une série de purges à l'encontre des militants arabes encore présents sur le sol pakistanais. Ces opérations répondent aux sollicitations et aux pressions des États occidentaux, mais également arabes, qui souhaitent alors récupérer leurs « soldats perdus ». Prenant le contre-pied de sa politique traditionnelle, le Pakistan organise plusieurs rafles à Peshawar, et surtout à Hayatabad, où Zarkaoui est installé depuis peu.

Au mauvais endroit au mauvais moment, Zarkaoui est une fois de plus arrêté par la police, pakistanaise cette fois. Entre le mois de mai et le mois de juillet 1999, plusieurs dizaines d'activistes arabes comme lui seront enfermés à la prison centrale de Peshawar, en attente d'une expulsion vers leur pays d'origine, essentiellement l'Égypte, la Tunisie ou l'Algérie[2]. Nombre de ces extrémistes parviendront néanmoins

---

1. «The Talibans : exporting extremism», *Foreign affairs,* novembre 1999.
2. «30 Arabs escape to Afghanistan to avoid arrest in Pakistan», *The News,* 17 juillet 2000.

à s'enfuir avec l'aide de l'ISI, qui, en sous-main, continue de soutenir le régime des talibans.

Quand Zarkaoui s'établit au Pakistan au printemps de 1999, la situation des ressortissants jordaniens s'est déjà compliquée. En effet, depuis plusieurs mois, le gouvernement jordanien, avec l'aide du FBI américain, accentue sa pression sur le gouvernement de Benazir Bhutto pour que soit arrêté le ressortissant américano-palestinien Khalil Al-Deek[1]. Réputé proche d'Abou Zubaydah, lieutenant d'Oussama Ben Laden, Khalil Al-Deek est le responsable opérationnel de la cellule terroriste qui a préparé les attentats dits du Millénaire en Jordanie. Ce projet visait l'hôtel Radisson SAS, au cœur d'Amman. L'attention des forces de sécurité pakistanaises est donc focalisée sur les Jordaniens.

Zarkaoui est donc contrôlé, puis arrêté à son tour. Il passe une huitaine de jours en prison à Peshawar. Pendant ce temps, à Amman, sa mère est convaincue, à l'en croire, que son fils vend du miel sur les marchés de la ville[2]. Finalement, il est relâché et les autorités pakistanaises lui délivrent un permis de sortie du territoire. Pourtant, Abou Moussab Al-Zarkaoui est répertorié comme « terroriste » par les forces de sécurité de son propre pays. Quoi qu'il en soit, il quitte alors Peshawar pour Karachi.

Une fois à Karachi, Zarkaoui doit choisir : faut-il rentrer en Jordanie ou rejoindre à nouveau l'Afghanistan des talibans ? Son choix est vite fait. La Jordanie n'est plus pour lui qu'une cible à abattre. Son cœur penche pour l'émirat islamique d'Afghanistan. Tout ce dont il a rêvé ces dernières années a enfin pris corps : un État où règne la discipline des mollahs, où les femmes sont entièrement couvertes, bref, où l'on applique la charia et rien que la charia.

---

1. « Pakistan hands over Bin Ladin's aid to Jordan », *The News*, 18 décembre 1999.
2. « Show down with Iraq », art. cité.

À la fin de l'été 1999, Zarkaoui retourne donc en Afghanistan. Il s'installe d'abord dans une maison proche de Wazir Allbar Khan Square[1]. Oum Mohammed est restée provisoirement au Pakistan avec les enfants, mais elle rejoindra bientôt son mari dans la capitale afghane. Peu avant son second départ vers l'Afghanistan, Zarkaoui a pourtant rencontré Asra, une jeune femme palestinienne, fille de Yasin Abdallah Mohammed Jarad, un instructeur du camp d'Herat qui sera tué plus tard en Irak[2]. Zarkaoui tombe amoureux de la jeune femme alors âgée de treize ans. Il l'emmène avec lui à Kaboul, puis l'épouse, alors qu'il dirige le camp d'entraînement d'Herat, à l'est de l'Afghanistan. Selon un document émanant des services de sécurité allemands, Zarkaoui aurait également épousé en troisièmes noces une jeune Irakienne de seize ans, rencontrée en Irak en 2003[3].

Selon un mémorandum d'information du Conseil de sécurité nationale américain daté du 29 avril 1999, Al-Qaida aurait utilisé dès cette époque la ville d'Herat afin de stocker du matériel nucléaire[4]. Ce détail montre combien le contrôle d'Herat, à la frontière de l'Iran, est crucial à cette époque pour Al-Qaida.

À l'automne de 1999, de jeunes activistes arabes n'ayant pas combattu contre les Soviétiques se donnent rendez-vous à Kaboul. L'information circule par le circuit des centres de culte extrémistes en Europe et par Internet : Al-Qaida recrute. Une nouvelle guerre sainte est en préparation, cette fois-ci en Afghanistan, contre les intérêts occidentaux dans le monde. Les infrastructures d'accueil des nouvelles recrues que dirigeait le Jordanien Abou Zubaydah au Pakistan se sont repliées en Afghanistan au mois de juin 1998. À la fin de 1999, Abou

---

1. Procédure judiciaire allemande, affaire Al-Tawhid, témoignage de Shadi Abdalla, 2002, archives de l'auteur.
2. Entretien avec Mohammed Al-Harahshah, neveu de Zarkaoui, 15 septembre 2004.
3. Rapport de synthèse du BKA (police criminelle allemande) sur Zarkaoui, 2004, archives de l'auteur.
4. Rapport de la Commission du 11 septembre, note 181 du chapitre 4. Mémorandum d'information du NSC.

Zubaydah, désormais responsable des opérations militaires d'Al-Qaida à Kaboul, rencontre donc le groupe des Jordaniens, dirigés par Abou Moussab Al-Zarkaoui.

Fort de son charisme révélé à Suwaqah et de sa connaissance du microcosme des milieux islamistes radicaux jordaniens, Zarkaoui s'impose comme le leader du groupe de Jordaniens qui l'ont rejoint en Afghanistan. Il y a là ses premiers compagnons au temps de Bayt Al-Imam, tels que Khaled Al-Aruri ou Abdel Hadi Daghlas, tous deux sortis de prison en 1999, mais aussi toutes sortes de futurs combattants. Bref, en quelques semaines, il reconstitue avec une habileté surprenante un groupe opérationnel, et intègre avec ses partisans l'organisation Al-Qaida.

Il s'installe alors dans une « maison d'hôte », susceptible d'accueillir ses partisans, dans le village de Logo, à quelques kilomètres à l'ouest de Kaboul, une zone traditionnellement placée sous le contrôle du leader extrémiste Gulbuddin Hekmatyar. Il partage cette habitation avec une quarantaine de Jordaniens, membres de son groupe[1].

Bien entendu, s'il s'adosse alors au groupe Al-Qaida, c'est d'abord pour bénéficier de ses infrastructures d'équipement et de son soutien logistique. Il peut ainsi envisager de lancer des opérations d'envergure. Celui qui a ouvert la porte de la structure de Ben Laden à ce groupe de Jordaniens est naturellement jordanien lui-même, Abou Zubaydah, le chef des opérations d'Al-Qaida.

À la fin de 1999 et au début de 2000, Abou Moussab Al-Zarkaoui s'affirme comme un membre important du dispositif mis en place par Oussama Ben Laden en Afghanistan. Dans le courant de l'année 2001, il prête d'ailleurs serment d'allégeance à Oussama Ben Laden[2]. Afin d'éviter tout

---

1. Procédure judiciaire allemande, affaire Al-Tawhid, témoignage de Shadi Abdalla, 2002, archives de l'auteur.
2. Réquisitoire définitif de non-lieu partiel, de renvoi devant le tribunal correctionnel et de maintien en détention provisoire, tribunal de grande instance de Paris, affaire Beghal et autres, 2004, archives de l'auteur.

conflit entre les factions dissidentes (notamment avec les groupes algériens GIA), les talibans exigeront, à partir du mois de mai 2001, que tous les responsables de camps d'entraînement désireux de poursuivre leurs activités prêtent également allégeance à leur régime.

Une fois l'allégeance proclamée envers Al-Qaida, Zarkaoui doit se conformer à la ligne idéologique fixée par Oussama Ben Laden. La pratique du serment d'allégeance permet à Oussama Ben Laden de contraindre les esprits rétifs mais surtout de regrouper les différents groupes « islamo-nationalistes » sous une même bannière. Le serment, tel qu'il a été écrit par Oussama Ben Laden lui-même, dit ceci :

« L'engagement de Dieu me revient, pour écouter et obéir à mes supérieurs, qui effectuent ce travail dans l'énergie, la difficulté et le don de soi, et pour que Dieu nous protège de sorte que les mots de Dieu soient les plus élevés, et que sa religion soit victorieuse[1]. »

Depuis sa création en 1988, l'organisation Al-Qaida fonctionne selon un système complexe de relations inter-individuelles. Chaque groupe (qu'il s'agisse des Jordaniens, des Égyptiens, des Algériens, des Tunisiens ou des Kurdes) présent en Afghanistan défend évidemment une idée singulière du djihad. Cette conception est d'ailleurs souvent liée à des projets d'action visant la destruction du régime politique du pays d'origine. Imposer à ces différents groupes la prestation d'un serment d'allégeance à Ben Laden revient à les unifier sous une même bannière et vise à éviter les conflits d'intérêts. Comme les autres chefs de combattants étrangers, Abou Doha pour les Algériens ou Abou Iyad pour les Tunisiens, Abou Moussab Al-Zarkaoui doit se ranger sous la bannière d'Al-Qaida. Il n'a pas le choix.

---

1. Government Evidentiary Proffer supporting the admissibility of coconspirator statements, US v. Enaam Arnaout, 02CR892, Northern District of Illinois, Eastern Division, 29 janvier 2003.

L'organisation terroriste comporte alors trois niveaux. À la tête de l'ensemble, on trouve bien sûr Oussama Ben Laden et son bras droit, l'Égyptien Ayman Al-Zawahiri. Autour d'eux, en un second cercle, évoluent des cadres opérationnels travaillant chacun à une mission spécifique (la sécurité, le renseignement, l'idéologie, la planification des opérations). Le troisième niveau de la hiérarchie est constitué de plusieurs centaines de membres opérationnels. Ceux-ci sont souvent passés par les camps d'entraînement afghans et animent des cellules terroristes autonomes dans des pays arabes ou occidentaux. Les groupes qu'ils forment sont néanmoins alignés idéologiquement sur les positions d'Al-Qaida.

Selon un document confidentiel des services de contre-terrorisme espagnols, l'UCIE (Unidad central de informacion exterior), Zarkaoui intègre, à partir de la fin de l'été de 1999, le deuxième cercle, celui des lieutenants opérationnels d'Oussama Ben Laden. Il n'est plus à cette époque un inconnu, ni un marginal. Zarkaoui est chargé de la planification des opérations du groupe[1] et, à ce titre, commande à plusieurs dizaines de militants.

L'ancien garde du corps de Ben Laden, Shadi Abdalla, déclarera aux services de renseignement allemands que l'ascension de Zarkaoui au sein de la hiérarchie d'Al-Qaida doit beaucoup à Abou Zubaydah. Selon lui, « Zarkaoui est un proche confident d'Abou Zubaydah, lui-même très proche d'Oussama Ben Laden ». Tous deux sont jordaniens et animés d'une haine viscérale contre le régime hachémite. Aux côtés de Zubaydah, Zarkaoui aura participé en 1999 à la préparation des fameux attentats du Millénaire, visant des intérêts occidentaux en Jordanie. Lors de cette première opération terroriste de niveau international, il aura gagné la confiance de l'état-major d'Al-Qaida, et celle d'Oussama Ben Laden en particulier.

---

1. Procédure espagnole n° 35/2001 concernant les activités d'Al-Qaida en Espagne, note de l'UCIE sur les « Arabes afghans », archives de l'auteur.

Plusieurs témoignages concordants signalent la présence de Zarkaoui à Kaboul au début de l'an 2000. Mais celui de Saïd Arif prend une signification toute particulière. Cet Algérien de 37 ans, détenu en Syrie depuis juillet 2003 pour son appartenance présumée à Al-Qaida, a en effet participé à plusieurs réunions de l'état-major du groupe tenues à Kaboul au début de l'an 2000. Or, dans le cadre d'une commission rogatoire avec la Syrie sur le dossier dit des « filières tchétchènes », les juges antiterroristes français ont pu consulter les confessions de Saïd Arif. Ce dernier se souvenait en particulier d'un déjeuner avec Ayman Al-Zawahiri et Abou Doha qui eut lieu à Kaboul en 2000. Abou Doha, de son vrai nom Rachid Boukhalfa, était né à Constantine, en Algérie, le 24 novembre 1969. C'était un vieux compagnon du leader salafiste Abou Qatada, basé à Londres et aujourd'hui en prison. Tous deux étaient les principaux responsables de la Maison des Algériens à Jala-labad. Cette structure avait notamment pour fonction de faciliter la venue et d'accueillir les combattants algériens venus rejoindre les rangs d'Al-Qaida. Or, Saïd Arif dit avoir discuté, à l'occasion de ce déjeuner, avec les membres du groupe Zarkaoui alors que ce dernier était en compagnie d'Abou Doha. La proximité des lieux rend la chose plausible, dans la mesure où la maison de Zarkaoui à Kaboul était située juste à côté de celle Zawahiri[1].

L'ombre de Maqdisi plane encore sur le parcours de Zarkaoui. Même si les deux hommes ont traversé une période de tensions et de conflits alors qu'ils étaient enfermés ensemble à la prison de Suwaqah, leurs destins semblent irrémédiablement liés. L'évolution de Zarkaoui au sein du groupe Al-Qaida est déterminée par plusieurs facteurs : sa force de caractère, son charisme mais également sa parfaite connaissance des réseaux jordaniens et ses liens

---

1. Procédure judiciaire allemande, affaire Al-Tawhid, témoignage de Shadi Abdalla, 2002, archives de l'auteur.

avec Abou Mohammed Al-Maqdisi. À l'issue des bombardements de la fin de 2001 en Afghanistan, de nombreux
documents ont été recueillis dans les ruines des « maisons
d'hôte » appartenant à Al-Qaida. Depuis son entrée en
action, en 1988, l'organisation tient à jour des registres très
rigoureux sur l'évolution de ses activités. Le nom d'Abou
Moussab Al-Zarkaoui apparaît dans cette documentation. Il
est toujours présenté comme « l'ami d'Al-Maqdisi », et les
jeunes recrues arrivant en Afghanistan sont orientées vers
lui[1].

Quelques mois après son arrivée en Afghanistan, Abou
Moussab Al-Zarkaoui occupe une fonction de cadre dirigeant au sein d'Al-Qaida. Il est alors proche des réseaux
algériens du GIA (Groupes islamiques armés) et tunisiens
(Front islamiste tunisien). Depuis 2000, les activistes de
nationalité tunisienne et membres d'Al-Qaida en Afghanistan sont dirigés par Seif Allah Ben Hassine, alias Abou
Iyad. Arrêté en 1993 par la police allemande, Abou Iyad
était en possession, lors de son interpellation, d'un passeport néerlandais falsifié. Il avait alors indiqué aux autorités
allemandes faire partie de l'organisation caritative saoudienne Al-Haramain, dont la plupart des bureaux à
l'étranger ont été désignés par le gouvernement américain et
par les Nations unies comme terroristes. Abou Iyad, qui
deviendra plus tard l'un des dirigeants du camp d'entraînement de Darunta, réputé produire et expérimenter des
armes chimiques, entreprend un rapprochement significatif,
à partir de 1999, avec Abou Qatada, considéré comme le
leader religieux d'Al-Qaida en Europe. Or, le nom d'Abou
Moussab Al-Zarkaoui figure dans l'une des lettres adressées
par Abou Iyad à Abou Qatada saisies en 2002. Dans sa
correspondance, Abou Iyad tient Abou Qatada informé de
l'évolution des activités d'Al-Qaida en Afghanistan. Et s'il

---

1. Registres internes à l'organisation Al-Qaida saisis en Afghanistan en 2001 dans
une maison d'hôte utilisée par Oussama Ben Laden, p. 9, archives de l'auteur.

critique ouvertement les décisions d'un dénommé Abou Walid sur la tenue des camps, il loue en revanche les résultats obtenus par Zarkaoui : « Un individu honnête, généreux, qui serait heureux de sacrifier pour vous son âme et ses biens. Il [Zarkaoui] est décidé avec son groupe à vous protéger contre toute attaque si vous décidez de venir[1]. »

Après avoir consacré quelques mois à convaincre Ben Laden de sa fiabilité, Zarkaoui développe son propre réseau grâce au soutien financier et matériel d'Al-Qaida puis finalement décide de s'écarter de Kaboul. Il choisit de se fixer à Herat, la troisième ville du pays, carrefour commercial important aux confins de l'Iran et du Turkménistan, diamétralement opposé à Kaboul sur la carte de l'Afghanistan.

En s'installant à Herat, Zarkaoui s'éloigne géographiquement de l'état-major d'Al-Qaida. Et cela suscite des doutes au plus haut niveau de l'organisation, d'autant que certains dignitaires le suspectent depuis quelques mois d'avoir été « retourné » par les services jordaniens lors de ses cinq années d'incarcération[2].

Zarkaoui est un franc-tireur, on le sait, et son autonomie inquiète la hiérarchie.

---

1. Réquisitoire définitif de non-lieu partiel, de renvoi devant le tribunal correctionnel et de maintien en détention provisoire, tribunal de grande instance de Paris, affaire Beghal et autres, 2004, archives de l'auteur.
2. « Zarqawi took familiar route into terrorism », art. cité.

Chapitre 3

Aux origines du réseau Zarkaoui

Au début de l'an 2000, Zarkaoui s'installe donc à Herat avec sa seconde femme d'origine palestinienne. Loin du quartier général d'Al-Qaida à Kandahar, le camp d'entraînement d'Herat grossit peu à peu, et accueille toujours plus de recrues arabes de 18 nationalités différentes, dont des Jordaniens et des Palestiniens. Le camp est situé en bordure de la frontière iranienne, près du poste de douane et du siège du gouverneur d'Herat, Abdel Manan Khawajazai, avec lequel Zarkaoui entretient de bonnes relations[1]. Il est alors dissimulé sous l'apparence d'une école religieuse[2] et regroupe une dizaine de baraquements. L'entrée du camp est pourvue d'une bannière à l'enseigne de Tawhid Wal Djihad (Unité et Djihad), qui deviendra le nom de l'organisation de Zarkaoui en Irak. Il s'entoure de proches pour diriger le camp d'Herat. Ses fidèles lieutenants qui constituent le cœur de son réseau sont Abdel Hadi Daghlas, Khaled Al-Aruri, Issam Yousif Al-Tamouni (alias Abou Hareth, décédé en Afghanistan en 2001),

---

1. Rapport de synthèse du BKA (police criminelle allemande) sur Zarkaoui, 2004, archives de l'auteur.
2. « Afghan envoy says Bin Laden masterminded US terrorist attacks », *Interfax*, 13 septembre 2001.

Abou Hamza et Azmi Abdel Fatah Youssef Al-Jayousi, alias Abou Ata[1].

Zarkaoui fait des allers et retours réguliers entre Herat et Kaboul pour le compte d'Al-Qaida. Herat est un site stratégique pour le groupe terroriste : la ville ouvre la voie vers le Kurdistan irakien, via l'Iran. À la faveur d'un rapprochement diplomatique entre l'Iran des mollahs et l'Afghanistan des talibans, la frontière entre les deux pays, dite d'« Islam Qila », s'est ouverte à nouveau, en novembre 1999[2]. L'accord de libre circulation est signé à Herat et clôt une période de vives tensions politiques entre les deux régimes qu'avait déclenchée l'assassinat de neuf diplomates iraniens un an plus tôt à Mazar-E-Sharif, en Afghanistan.

Toutefois, même si la frontière s'ouvre pour les échanges commerciaux et les flux de réfugiés afghans, la détente n'est qu'apparente entre Kaboul et Téhéran. Les deux régimes nourrissent des rancœurs mutuelles, et les redoutables services secrets iraniens de la Savak gardent un œil attentif sur les djihadistes basés de l'autre côté de la frontière, à Herat, donc. Le consulat d'Iran à Herat enregistre les mouvements des groupes liés à Al-Qaida, et notamment de celui de Zarkaoui. Le gouvernement iranien finance également une milice chiite anti-talibans dans le nord-est de l'Afghanistan[3]. Les activités de Zarkaoui pour le compte d'Al-Qaida ne sont donc pas inconnues des autorités iraniennes.

Ville ouverte sur l'Iran voisin, carrefour d'échanges et de commerce, enjeu stratégique, Herat offre à Zarkaoui une belle occasion d'étendre ses activités. En plein cœur de l'Asie centrale, la maîtrise de cette cité afghane permet de contrôler plusieurs routes du djihad, dont celle qui rejoint

---

1. Rapport de synthèse du BKA (police criminelle allemande) sur Zarkaoui, 2004, archives de l'auteur.
2. « Pakistan hails reopening of Afghan-Iran border », AFP, 22 novembre 1999.
3. « Iran opening eases choke hold of UN sanctions on Afghans », *Washington Post*, 22 décembre 1999.

le Caucase via le Turkménistan. En 1996 déjà, les autorités russes avaient souligné que certains rebelles tchétchènes s'entraînaient dans le camp de Ziaraj, localisé dans la province d'Herat[1]. Ville de passage des moudjahidin sunnites, la ville d'Herat est également empreinte d'une forte tradition chiite.

Quelques mois après l'arrivée de Zarkaoui, la tenue du camp d'entraînement, situé en dehors de la ville, est une réussite, et l'information remonte rapidement jusqu'à Oussama Ben Laden. Les recrues y apprennent le maniement des armes, des explosifs et des armes chimiques.

Convoqué par son état-major, Zarkaoui se rend à Kandahar dans le courant de l'année 2000. Il a besoin d'argent pour la poursuite de ses activités, et en particulier pour une action qui lui tient à cœur : il veut à tout prix commettre un attentat sur le sol israélien. Sa première tentative, en 1993, s'était soldée par un cuisant échec, on s'en souvient, et par son incarcération. Cette fois, il entend réussir l'opération.

Il obtient 35 000 dollars d'Al-Qaida pour organiser l'attentat, puis dépêche, peu après son voyage à Kandahar, deux de ses plus proches partisans pour mener cette mission suicide en Israël.

Les Jordaniens Firaz Sulaiman Ali Hijir et Ahmed Muhammed Mustafa seront arrêtés à Van, en Turquie, dans des conditions rocambolesques au mois de février 2002. Les deux hommes, accompagnés d'un Palestinien dénommé Ahmet Mahmoud, refusent d'obtempérer lors d'un contrôle de routine. Ils prennent la fuite et sont rattrapés par la police turque. Interrogés au quartier général de la sécurité de Van, ils avouent tous les trois leur objectif. Le plan consistait à commettre un attentat en Israël. Les trois hommes avaient conçu leur attentat en 1999 à Kandahar,

---

1. « FSB says Foreign mercenaries fought alongside chechen rebels », *Interfax*, 8 décembre 1996.

avant de faire route pour Israël, en passant par l'Iran puis la Turquie. Ils révéleront à la police au cours de leurs interrogatoires qu'ils avaient été condamnés par la justice jordanienne dans le cadre de l'affaire Bayt Al-Imam en 1994[1]. Les deux kamikazes envoyés par Zarkaoui, par ailleurs des voisins d'enfance du quartier Ma'ssoum à Zarka, échouent donc. L'opération terroriste élaborée par Zarkaoui se conclut une nouvelle fois par un fiasco[2].

Mais Zarkaoui persiste avec sérieux dans son travail d'encadrement. Il recrute bon nombre de Jordaniens, dont quelques-uns de ses anciens camarades de Bayt Al-Imam. En 2000, les Jordaniens entraînés par Zarkaoui constituent un groupe spécifique sur l'échiquier régional. Basés à Herat, ils sont mobiles, bien entraînés et peuvent aller et venir au Kurdistan irakien via l'Iran. À la différence des Algériens, qui se déchirent dans des luttes de pouvoir à Jalalabad, ou des Tunisiens du camp de Darunta, les Jordaniens sont à la fois les « éclaireurs » et les « missionnaires » de l'organisation Al-Qaida sur le nouveau front du Kurdistan irakien. Pour toutes ces raisons, Zarkaoui envisage très rapidement de prendre son indépendance idéologique – mais également opérationnelle.

Par le passé, Zarkaoui avait déjà pris soin de garder ses distances par rapport à Maqdisi. À présent, il tend à s'émanciper de la ligne politique imposée par Oussama Ben Laden lui-même et surtout par Ayman Al-Zawahiri. Cette volonté d'indépendance est renforcée par l'éloignement géographique du camp d'Herat et par les critiques récurrentes adressées par tant de djihadistes à l'endroit de Ben Laden. Le Saoudien a la réputation de vouloir construire son propre mythe au détriment de la cause commune pour l'avènement du califat, à tel point que

---

1. Procédure judiciaire allemande, affaire Al-Tawhid, enquête du BKA, 2002, archives de l'auteur.
2. « Suspects captured in Van, members of "Union of Imams" before Al-Qaida », *Anatolia*, 19 février 2002.

deux « factions étrangères » en Afghanistan lui sont réputées hostiles, et, parmi elles, celle de Zarkaoui[1]. Mais, durant l'année 2000, le soutien financier et politique de Ben Laden est encore indispensable à Zarkaoui, et il devra patienter encore quelques mois avant de pouvoir s'émanciper : ce n'est, en effet, que lorsqu'il fuira l'Afghanistan par l'Iran, puis par la Syrie, que Zarkaoui sera pris en charge financièrement par des partisans de ses réseaux en Europe et au Moyen-Orient.

En Europe, Zarkaoui s'appuie déjà sur deux importantes cellules de soutien, évoluant en Allemagne et en Italie. Au Moyen-Orient, il bénéficie de soutiens en Syrie et en Jordanie, parmi lesquels celui de Bilal Mansour Hiyari, un ressortissant jordanien qui sera accusé par la Cour de sûreté du royaume hachémite d'avoir participé au financement du groupe de Zarkaoui en Irak[2].

Pour l'heure, le camp d'Herat est un camp d'entraînement presque comme les autres. Mais Zarkaoui commence à s'y entourer de fidèles. Certains Jordaniens venus le rejoindre proviennent des camps de réfugiés palestiniens du Liban, et appartiennent à l'organisation terroriste Asbat Al-Ansar[3] (Ligue des Partisans). Créé au sein du camp de réfugiés palestiniens Ein al-Hilweh, au Liban, le groupe terroriste Asbat Al-Ansar est dirigé au début des années 1990 par Ahmad Abdul Karim as-Saadi (alias Abou Muhjin). Plusieurs attentats commis contre des intérêts occidentaux au Liban dans le courant des années 1990 portent la marque d'Asbat Al-Ansar. L'idéologie salafiste du groupe s'apparente aux préceptes imposés aux membres d'Al-Qaida ; elle est celle, aussi, de Zarkaoui.

Outre ces Jordaniens, la plupart de ses proches sont des Irakiens et des Palestiniens. Pour beaucoup, ces hommes

---

1. « Al-Tawhid », *Jane's Intelligence review*, 21 septembre 2004.
2. « Jordanian security court begins trial of suspected Al-Zarqawi "collaborator" », BBC, 16 septembre 2004.
3. Entretien avec le directeur d'un service de renseignement arabe, 8 juillet 2004.

sont trop jeunes pour avoir connu les années de djihad contre les Soviétiques.

Comme Ben Laden, Zarkaoui impose un serment d'allégeance aux nouveaux entrants. Sa forte personnalité scelle l'unité d'un groupe homogène et fiable. C'est ainsi que, peu après la mise en place du camp d'Herat, bien des partisans de Zarkaoui seront impliqués dans des attentats ou des projets d'attentats en Jordanie, en Irak et en Israël.

Cinq Jordaniens, en particulier, ont rejoint Zarkaoui dans le courant de l'année 1999. Certains d'entre eux viennent des zones de combat tchétchènes, d'autres directement de Jordanie pour renforcer les rangs d'Al-Qaida en Afghanistan. Le père de l'un d'eux, Nidal Arabiyat, a témoigné des conditions dans lesquelles son fils a rejoint Zarkaoui en 1999.

Nidal Arabiyat avait étudié jusqu'au collège avant de s'engager dans l'armée jordanienne pour deux ans. Après un accident de voiture, il se réfugia dans la religion et commença à lire de nombreux ouvrages sur le djihad. Il se mura bientôt dans le silence, restant seul des jours entiers, jusqu'au jour où il annonça à son père qu'il partait en pèlerinage à La Mecque. Son père pensa alors qu'il n'en reviendrait jamais. Après avoir combattu aux côtés de Zarkaoui et d'Oussama Ben Laden en Afghanistan, Nidal Arabiyat rejoignit l'Irak par l'Iran et le Kurdistan irakien. Ce lieutenant de Zarkaoui, spécialisé dans la conception de voitures piégées, a finalement été tué lors d'une opération américaine lancée au nord de Bagdad au mois de février 2004[1].

L'un des Jordaniens les plus déterminés vient pour sa part d'Al-Salt, une ville située à l'ouest d'Amman, que contrôlent les Frères musulmans. Il s'appelle Muammar Al-Jaghbir (alias Moammar Ahmed Youssef Al-Jaghbir). Compagnon d'armes de Zarkaoui, il sera finalement arrêté

---

1. «Al-Zarqawi's aide, terrorist Nidal Arabiyat, killed in North Baghdad operation», *Bagdad*, 24 février 2004.

en Irak, puis remis aux autorités jordaniennes en mai 2004. Il est accusé d'avoir participé à l'assassinat de Laurence Foley à Amman, en octobre 2002. Comme Zarkaoui, Al-Jaghbir sera condamné à mort par la justice jordanienne pour l'assassinat du diplomate américain ; comme Zarkaoui avant lui, il a bénéficié d'une amnistie en 2000 sous la pression des députés islamistes du gouvernorat de Balqa.

Un autre partenaire de Zarkaoui sera également arrêté à Bagdad à la même époque : il s'agit d'Ali Moustafa Youssef Siam, l'un des terroristes ayant participé à l'assassinat de Laurence Foley. En compagnie de Zarkaoui, Ali Moustafa Youssef Siam a également participé au projet d'assassinat d'Ali Berjak, le responsable au sein du GID des opérations contre-terroristes[1]. Au même titre que Zarkaoui, Ali Moustafa Youssef Siam avait bénéficié de l'amnistie royale.

Il y a là aussi Azmi Al-Jayousi, qui tente le 26 avril 2004 de faire exploser une charge chimique au cœur d'Amman, menaçant de tuer 80 000 personnes selon les autorités. Lors de ses confessions, retransmises en intégralité par la télévision jordanienne, Al-Jayousi expliquera comment tout avait commencé : « À Herat, j'ai commencé mon entraînement pour Abou Moussab. L'entraînement incluait le maniement d'explosifs de haut niveau et l'apprentissage des poisons. J'ai ensuite prêté serment d'allégeance à Abou Moussab Al-Zarkaoui et j'ai donné mon accord pour travailler pour lui sans poser de questions[2]. »

Un autre Jordanien originaire d'Al-Salt (ils sont une vingtaine dans ce cas, sur la cinquantaine de fidèles), Ra'id Khuraysat (alias Abou Abdel Rahman Al-Shami), devient rapidement un homme de main de Zarkaoui. Sur ordre de ce dernier, Abou Abdel Rahman Al-Shami et trois autres jeunes d'Al-Salt (Mahmoud Muhammad Al-Nusur, Mutasim Musa Abdallah Muhammad Al-Darikah et Ibrahim

---

1. « US forces hand criminal over to Jordan », UPI, 20 juillet 2004.
2. Déclaration d'Azmi Al-Jayousi à la télévision nationale jordanienne, avril 2004.

Khuraysat) quittent bientôt le camp d'Herat pour étendre le périmètre d'action du groupe au Kurdistan irakien[1]. Cette mission coordonnée par Zarkaoui, et en haut lieu par Oussama Ben Laden lui-même, a pour objectif de réorganiser la « résistance islamiste » au Kurdistan irakien.

Cette petite communauté de djihadistes implantée au Kurdistan irakien a pour vocation de réitérer l'expérience des talibans dans cette région et de préparer l'éventuel repli des terroristes d'Al-Qaida. Le 1er septembre 2001, Al-Shami et ses trois comparses participent à la création du groupe islamiste Jund Al-Islam, avant de livrer combat quelques semaines plus tard contre l'Union patriotique du Kurdistan de Jalal Talabani. Le groupe sera bientôt rebaptisé Ansar Al-Islam[2] et assurera le repli de Zarkaoui et de ses partisans après les bombardements américains en Afghanistan.

L'intérêt que porte Zarkaoui au Kurdistan irakien n'a rien pour surprendre. Il agit, en fait, pour le compte de l'organisation Al-Qaida qui planifie un redéploiement progressif de ses membres au Kurdistan en prévision de l'après-11 septembre. Dès l'an 2000, Oussama Ben Laden sait que les attentats du 11 septembre seront dévastateurs et que la réaction américaine sera à la hauteur des dégâts occasionnés. Prudent, Ben Laden a donc donné pour objectif à Zarkaoui et à ses partisans de noyauter la région du Kurdistan irakien.

Parastin, la principale agence de renseignement kurde, dépendant du Parti démocratique du Kurdistan (PDK) de Massoud Barzani, s'intéresse de longue date à Ansar Al-Islam. L'un des officiels de l'agence, Dana Ahmad Majid, insiste sur le fait que l'organisation terroriste est inséparable d'Al-Qaida : « Avant le 11 septembre, Al-Qaida avait pour plan de s'assurer d'une nouvelle base pour se retourner après

---

1. « Fourth Jordanian from Al-Salt "martyred" in Afghanistan », *Al-Dustur*, 24 octobre 2001.
2. Rapport de synthèse du BKA (police criminelle allemande) sur Zarkaoui, 2004, archives de l'auteur.

les attentats du 11 septembre, parce qu'ils [Al-Qaida] savaient très bien qu'ils seraient attaqués en Afghanistan après les attentats du 11 septembre, et qu'il faudrait trouver un autre territoire [...]. Ils [Al-Qaida] pensaient que le gouvernement kurde était suffisamment faible pour pouvoir imposer leur contrôle[1]. »

En 2000, Zarkaoui multiplie les déplacements entre Kaboul et Herat, tout en imposant progressivement son autorité sur la résistance islamique au Kurdistan irakien. Il contrôle la route qui passe par Mashhad, en Iran, et conduit aux montagnes kurdes. Zarkaoui prend également en main le camp d'entraînement de Sargat au Kurdistan irakien, identifié à plusieurs reprises comme un lieu de fabrication d'agents chimiques et de toxines biologiques. Les tests réalisés par l'armée américaine après les bombardements sur le Kurdistan irakien révéleront la présence d'agents neuro-toxiques très puissants, comme la toxine botulique ou la ricine, au sein du camp de Sargat[2].

Pour s'assurer le contrôle des factions islamistes au Kurdistan irakien, Zarkaoui fait appel à ses compagnons de la première heure, ceux qui avaient participé au groupe terroriste Bayt Al-Imam, et qui ont été relâchés, comme lui, en 1999, notamment ses anciens voisins de Zarka, Khaled Al-Aruri (alias Abou Ashraf) et Abdel Haadi Ahmad Mahmoud Daghlas (Abou Ubaydah). Les deux hommes vivent alors en Iran, à la frontière du Kurdistan irakien. Ils vont bientôt coordonner les opérations d'Ansar Al-Islam sous les ordres de leur chef, Abou Moussab Al-Zarkaoui. Le groupe d'une quinzaine d'hommes, en majorité des Jorda-niens, qu'ils dirigent, a été mis en place par Zarkaoui lui-même en Iran. Il s'agit maintenant pour eux d'aider Ansar Al-Islam à commettre des attentats en Jordanie et à lutter contre le Parti démocratique du Kurdistan. Dans le même

---

1. « Under the microscope », art. cité.
2. « Ricin at terror camp », *Daily Star*, 5 avril 2003.

temps, Ansar Al-Islam bénéficie de la capacité de mobilisation financière du fondateur de l'organisation, le mollah Krekar.

Pour les services jordaniens chargés de la lutte antiterroriste, le bilan est amer. L'amnistie royale de 1999 se révèle a posteriori une erreur lourde de conséquences. Un an seulement après avoir relâché Zarkaoui, Maqdisi, Aruri, Daghlas, Al-Jaghbir, Firaz Sulaiman Ali Hijir, Ahmed Muhammed Mustafa et les autres, le GID voit resurgir la menace du terrorisme islamiste, une menace d'autant plus directe que le groupe planifie l'assassinat d'officiers du GID[1] lui-même, notamment du responsable de la lutte antiterroriste, Ali Berjak.

Entre l'amnistie des membres de Bayt Al-Islam en mars 1999 et la reconstitution de l'organisation de Zarkaoui, une année seulement s'est écoulée. Entre-temps, Zarkaoui a renforcé ses appuis en Iran, en Afghanistan et au Kurdistan irakien. Les services jordaniens devront désormais faire face à une menace extrêmement grave, et surtout contrer une campagne d'attentats visant directement la Jordanie. Bref, les Frères musulmans jordaniens, qui, on s'en souvient, avaient mené une campagne de lobbying pressante au début de l'année 1999 pour obtenir la libération des islamistes, sont vraiment parvenus à leurs fins. Désormais, les terroristes, plus endurcis, sont libres… et en position de force.

En accord avec Al-Qaida, l'organisation Ansar Al-Islam sera finalement placée sous le contrôle d'un triumvirat : Abou Moussab Al-Zarkaoui en Afghanistan, Al-Shami au Kurdistan irakien, et le mollah Krekar, réfugié en Norvège à partir de 2002. Les membres opérationnels du groupe Ansar Al-Islam sont basés dans les montagnes du Kurdistan irakien, mais le réseau logistique du groupe se trouve en

---

1. «Jordan unveils group linked to Al-Qaida, Ansar Al-Islam», *Financial Times*, 13 septembre 2003.

Iran et est presque entièrement constitué de partisans de Zarkaoui[1].

Tout en installant son réseau dans le Kurdistan irakien en coordination avec Al-Qaida, Zarkaoui continue de diriger le camp d'entraînement d'Herat de manière autonome. Ce désir d'indépendance va se renforcer durant l'année 2001. La proximité de l'Iran et sa relation durable avec le groupe Ansar Al-Islam vont inciter Zarkaoui à étendre ses propres réseaux en Europe, notamment en Allemagne et en Grande-Bretagne. Ces cellules terroristes, qui seront appelées plus tard par les autorités judiciaires européennes *Tawhid* (« Unité »), ne constituent en fait qu'une extension des réseaux d'Ansar Al-Islam. L'organisation Tawhid, dont les membres sont majoritairement localisés en Allemagne et en Grande-Bretagne, aura une double fonction sous la direction de Zarkaoui : commettre des attentats sur le sol européen, mais également assurer un soutien logistique lors de sa fuite d'Afghanistan peu après l'opération « Liberté immuable ».

---

1. *Ibid.*

Chapitre 4

Un terroriste régional

Zarkaoui représente désormais une menace sérieuse, comme en témoignent plusieurs attentats et tentatives d'attentats organisés au Proche-Orient entre 1999 et 2004. Après son départ pour le Pakistan à l'été 1999, il organise une série d'opérations terroristes visant au premier chef le royaume jordanien, contre lequel il ne parvient pas à éteindre sa rancœur. Avant d'occuper une place de premier plan sur la scène terroriste internationale, Zarkaoui se fait ainsi une réputation de terroriste régional.

L'un des premiers attentats qu'il organise à sa sortie de prison vise des cibles touristiques en Jordanie. Même si le nom d'Ahmad Fadel Nazzal Al-Khalayleh ne figure pas sur la liste des personnes inculpées, telle qu'elle a été transmise au Comité sur le contre-terrorisme des Nations unies le 29 janvier 2002 par le gouvernement jordanien, la participation de Zarkaoui à cette opération a depuis lors été établie par la justice jordanienne. D'ailleurs, Zarkaoui a été condamné par contumace, le 11 février 2002, à quinze années de réclusion pour avoir pris part à ce projet d'attentats, connu sous le nom de *Millenium Plot* (ou « complot du Millénaire »).

Ce Millenium Plot a été entièrement conçu depuis l'Afghanistan par des Jordaniens œuvrant pour le compte d'Al-Qaida. Fraîchement débarqué des geôles jordaniennes, Zarkaoui n'exerce encore aucun pouvoir de coordination : ce rôle est alors dévolu au chef des opérations militaires d'Al-Qaida, le Jordanien Zayn Al-Abidin, alias Abou Zubaydah. Dans le courant de l'année 1999, ce dernier reçoit la visite en Afghanistan de deux Jordaniens déterminés à mener le djihad dans leur propre pays : Ahmad Al-Riyati et Ra'id Hijazi. Abou Zubaydah se déclare partant et prend en charge les deux hommes afin de les entraîner au maniement des explosifs dans les camps d'Al-Qaida. En novembre 1999, alors que Zarkaoui quitte prématurément le Pakistan pour l'Afghanistan, il rencontre à Kaboul les deux jeunes Jordaniens sur le conseil d'Abou Zubaydah. Zarkaoui est alors l'homme de confiance d'Abou Zubaydah, qui est lui-même l'un des principaux lieutenants d'Oussama Ben Laden[1].

Dès lors, Zarkaoui, en compagnie de son fidèle compagnon d'armes Khaled Al-Aruri, participe au projet d'attentats du Millénaire. Les cibles en sont, entre autres, l'hôtel Radisson SAS, au cœur d'Amman, le lieu où Jésus a été baptisé au bord du Jourdain, ou encore le pont du Roi-Hussein reliant la Jordanie à Israël[2]. Ces objectifs sont ambitieux et excèdent peut-être, par leur envergure, les capacités de ce groupe de Jordaniens dénués d'expérience en matière de terrorisme. Malgré le soutien financier d'Al-Qaida et l'assistance technique de Zarkaoui, la police jordanienne éventera rapidement le complot et condamnera ses responsables, dont Zarkaoui. Finalement, Abou Zubaydah sera capturé le 12 avril 2002 au Pakistan par les forces spéciales américaines. Condamné à mort par la justice jordanienne, il confirmera, lors de ses interrogatoires, l'implication d'Abou Moussab Al-Zarkaoui dans les tentatives d'attentats du Millénaire.

---

1. Réquisitoire définitif de non-lieu partiel, de renvoi devant le tribunal correctionnel et de maintien en détention provisoire, tribunal de grande instance de Paris, Beghal et autres, 2004, archives de l'auteur.
2. Royaume hachémite de Jordanie, Cour de sûreté, affaire du Millenium plot, 2000, archives de l'auteur.

À l'occasion du procès, la justice jordanienne établit la responsabilité des différents terroristes impliqués dans l'opération. C'est ainsi que le procureur militaire en charge de l'affaire, le colonel Fawas Al-Buqour, inculpe le chef militaire du réseau terroriste kurde Ansar Al-Islam, Najmuddin Faraj Ahmad, mieux connu sous le nom de mollah Krekar. Ce dernier a fourni une assistance à plusieurs des membres de la cellule chargée de la mise en œuvre des attentats, et notamment au principal accusé, le Jordanien Ahmad Mahmoud Saleh Al-Riyati. Faute d'accord d'extradition entre la Norvège, où le mollah Krekar s'est exilé, et la Jordanie, le leader d'Ansar Al-Islam est toujours libre.

Les quelque vingt-sept terroristes reconnus coupables du complot sont, pour certains, arrêtés en Syrie ou en Jordanie. Lors du verdict, le juge Tayel Raqad annonce que la peine de mort a été prononcée à l'encontre de l'un des principaux terroristes du groupe, Ra'id Hijazi, présent dans la salle. Hijazi s'écrie alors : « Dieu est grand », puis se retourne vers son juge en l'interpellant : « Où est la volonté de Dieu ? Pourquoi me condamnez-vous à mort ? Vous dirigez le pays contre les citoyens jordaniens. Sharon [Ariel Sharon] ne condamne pas les siens à mort. Pour quelques dinars, vous combattez vos propres concitoyens[1]. » Quant à Abou Moussab Al-Zarkaoui, il est condamné, pour la seconde fois, à quinze années de prison, cette fois par contumace. Ce complot du Millénaire révèle l'état d'esprit des militants extrémistes d'Al-Qaida, bien décidés à combattre un régime qu'ils jugent corrompu et collaborationniste.

Malgré cet échec, Zarkaoui poursuit ses sanglants desseins, plus décidé que jamais à frapper le régime israélien. Il décide de tenter à nouveau une opération suicide. Dès son arrivée en Afghanistan et son intégration à Al-Qaida, il planifie, on l'a déjà évoqué, une opération similaire à celle

---

1. « Military court sentences millennium terror plot defendant to death », Associated Press, 11 février 2002.

qui avait échoué en 1994, avec les mêmes partenaires, ses voisins du quartier Ma'ssoum de Zarka, Firaz Sulaiman, Ali Hijir et Ahmed Muhammed Mustafa. Les mêmes causes produisant les mêmes effets, les deux hommes sont arrêtés à Van, en Turquie, en février 2002, alors qu'ils s'apprêtaient à rallier Israël pour commettre ces attentats suicides…

Ces deux tentatives avortées ne découragent pas Zarkaoui qui, depuis la Syrie, coordonne une action ciblée en Jordanie dans le courant de l'année 2002. Il s'agit de frapper les intérêts américains en Jordanie, et plus précisément d'assassiner un diplomate américain au cœur d'Amman : Laurence Foley. L'opération nécessite un soutien logistique et une organisation complexe dont Zarkaoui devient le maître d'œuvre.

Zarkaoui prépare et coordonne l'assassinat du diplomate alors qu'il est en fuite en Syrie. Pour mener à bien cette opération, il réunit autour de lui plusieurs de ses propres partisans, ainsi que des membres du réseau Al-Qaida. Il s'agit de Salem Saad Salem Ben Suweid (alias Abou Abdallah), Yasser Fatih Ibrahim Freihat (alias Abou Firas, Abou Maaz), un Jordanien résidant à Rasifa, Mohammed Amin Ahmad Said Abou Said, un ressortissant libyen résidant lui aussi à Rasifa, Neaman Saleh Hussein El Harach, un ressortissant koweïtien résidant à Amman, Shaker Yussuf El Abassi (alias Abou Yussuf), un Palestinien résidant en Syrie, Mohammad Ahmad Tyoura (alias Abou Ouns), un ressortissant et résident syrien, Mohammed Issa Mohammed Daamas (alias Abou Oman), résidant à Rasifa, Muammar Ahmad Yussef El Jaghbir (alias Abou Muhammad), un Jordanien qui sera tué en Irak, Ahmad Hussein Assoun (alias Abou Hassan) et Mahmoud Abdelrahman Zaher (alias Abou Abdelrahman) deux ressortissants syriens en fuite, et, bien sûr, Abou Moussab Al-Zarkaoui[1].

Ce projet d'attentat contre le diplomate est construit à partir de la relation privilégiée qu'entretiennent Salem Saad Salem

---

1. Royaume hachémite de Jordanie, Cour de sûreté de l'État, décision n° 545/2003, affaire Laurence Foley, archives de l'auteur.

Ben Suweid et Abou Moussab Al-Zarkaoui. Vétéran d'Afghanistan, Suweid a rencontré Zarkaoui au camp d'entraînement de Sada, en Afghanistan, en 1989. Il avouera également avoir rencontré en Afghanistan Oussama Ben Laden, Ayman Al-Zawahiri et Abdallah Azzam. Compagnon de djihad de Zarkaoui, au début des années 1990, Suweid est volontaire pour mener avec lui une opération terroriste sur le sol jordanien. Zarkaoui dispose en effet du soutien logistique de l'organisation Al-Qaida, d'armes et de ressources financières.

Au sein des réseaux islamistes radicaux, Suweid a déjà la réputation d'être un professionnel. Sous mandat d'arrêt libyen pour sa participation à un groupe d'islamistes activistes, il se rend avec sa femme en Syrie, puis en Jordanie, en 1992. Il restera cinq ans sur le territoire jordanien. À cette occasion, il retrouvera régulièrement Zarkaoui à la mosquée Bilal de Oujan. Les deux hommes entretiendront une solide relation d'amitié jusqu'à l'incarcération de Zarkaoui à Suwaqah. Au mois d'août 1997, Suweid quitte la Jordanie pour retourner en Syrie. Il s'établit au Rif de Damas, puis fait des allers et retours réguliers vers la Jordanie, muni de faux passeports tunisiens.

Suweid consolide alors progressivement son propre groupe d'activistes, et rallie à lui Yasser Fatih Ibrahim Freihat, son futur complice lors de l'assassinat de Laurence Foley. Suweid et Freihat se sont rencontrés en Jordanie à la fin de 1999.

Mais Suweid se rapproche surtout du Syrien Mohammed Ahmed Tyoura, qui lui procure un faux passeport au nom d'Ali Lafi afin qu'il puisse quitter la Syrie. Suweid demande à Freihat, au mois d'avril 2002, à s'entraîner au maniement des armes et à la fabrication d'armes chimiques.

Freihat prend alors contact avec un Syrien dénommé Mohammed Ahmad Tyoura (alias Abou Ouns) pour suivre cet entraînement. Le lendemain, Tyoura conduit Freihat dans l'une des « casernes militaires[1] » (*sic*) de Damas. Freihat

---

1. Royaume hachémite de Jordanie, Cour de sûreté, décision n° 545/2003, affaire Laurence Foley, archives de l'auteur.

passera une semaine dans ce camp militaire syrien. Encadré par trois militaires, il s'entraîne au tir à la mitraillette, au pistolet, et à la fabrication de bombes au nitrate d'ammonium. Au cours de la même année 2002, d'autres membres du groupe de Zarkaoui s'entraîneront également dans des casernes militaires en Syrie. Tel est le cas de Mohammed Issa Mohammed Daamas ou encore celui du Koweïtien Neaman Saleh Hussein El Harach. Dans le cadre de ces entraînements, Freihat, Daamas et El Harach apprennent à se servir de fusils d'assaut M16, de grenades offensives et de la kalachnikov.

Une fois son entraînement terminé en Syrie, Freihat rejoint Suweid en Jordanie. Les deux hommes louent alors une maison discrète à Rasifa, dans la banlieue d'Amman, sur les conseils de Zarkaoui. En juin 2002, Suweid et Freihat sont rejoints à Rasifa par Tyoura, le Syrien. Leur maison sert également de cache pour dissimuler les cinq kalachnikovs et les autres armes nécessaires à l'opération. Depuis la Syrie voisine, Zarkaoui alimente financièrement la cellule dormante de Rasifa, en lui faisant verser des sommes de 1 000 dollars puis de 5 000 dollars.

Zarkaoui ordonne bientôt à ses deux fidèles lieutenants, Mohammed Issa Mohammed Daamas et Muammar Ahmad Yussef Al-Jaghbir, de faire revenir Suweid en Syrie afin d'organiser lui-même l'opération. À l'occasion de cette rencontre, Suweid se voit remettre par Zarkaoui, en juin 2002, un pistolet 7 mm, un silencieux et sept chargeurs. C'est ce pistolet qui servira à tuer Laurence Foley.

Les prévenus indiqueront que, durant l'été 2002, «Zarkaoui résidait en Syrie», alors que Colin Powell, le secrétaire d'État américain, le situera, entre le mois de mai et de juillet 2002, à l'hôpital Olympic de Bagdad, où il affirme qu'il aurait suivi un traitement médical[1].

---

1. «Principaux points de la présentation de Colin Powell», AFP, 5 février 2003.

Au mois de septembre 2002, pour vérifier que tout est en ordre, Zarkaoui entre lui-même clandestinement en Jordanie depuis la Syrie. Il passe quelques jours à Tarfa en compagnie de Suweid et de Daamas. L'opération prend forme. Zarkaoui remet 13 000 dollars à Suweid, et lui demande d'engager des recrues supplémentaires afin que l'assassinat soit couronné de succès. Zarkaoui promet alors à Suweid de lui faire parvenir depuis l'Irak des armes et des explosifs[1] et de livrer des missiles en vue d'une seconde opération.

Un mois plus tard, en octobre 2002, Zarkaoui fait, en effet, parvenir à Suweid, via deux intermédiaires, des sommes importantes depuis l'Irak – 10 000 puis 33 000 dollars. Ces sommes doivent permettre de financer une série d'opérations terroristes sur le territoire jordanien, dont l'assassinat de Laurence Foley. Elles parviennent aux terroristes par l'intermédiaire de la banque irakienne Rafidain, ou sont remises en mains propres par l'intermédiaire d'agents de Zarkaoui. C'est finalement plus de la moitié du financement de l'opération qui aura transité par cette banque, détenue à l'époque, par le gouvernement irakien[2].

À la demande de Zarkaoui, le groupe prépare simultanément une attaque contre les États-Unis. À cette fin, il surveille l'aéroport militaire de Marka, d'où décolleraient des appareils américains bombardant l'Afghanistan. Zarkaoui prévoit même d'organiser l'acheminement de missiles afin d'abattre un avion lors du décollage. Trop complexe, l'opération sera finalement abandonnée.

Le 28 octobre 2002, Laurence Foley, un diplomate américain âgé de 60 ans, rattaché à l'Agence américaine pour le développement international (USAID), est abattu

---

1. Royaume hachémite de Jordanie, Cour de sûreté, décision n° 545/2003, affaire Laurence Foley, archives de l'auteur.
2. « Saddam's bankers : "UN is no problem", a manager of Iraq's state-owned bank, Rafidain, says the international sanctions designed to prohibit transfers of money into the country », *The Gazette* (Montréal, Québec), 21 février 2003.

dans son garage de huit balles tirées à bout portant par Suweid. Dès les premières heures de l'enquête, le ministre jordanien de l'Information, Mohammed Adwane, évoque la piste terroriste. Cet attentat est le premier du genre dirigé contre un diplomate étranger travaillant en Jordanie.

Le ministre déclare : « Cet attentat, quels qu'en soient les motifs, est un attentat contre le pays et sa sécurité nationale. » Le GID ne tarde pas à retrouver le tireur, Suweid, mais aussi Freihat, qui l'attendait dans la voiture, et à identifier le commanditaire, Abou Moussab Al-Zarkaoui.

Lors de ses premiers interrogatoires au GID, Suweid déclarera avoir assassiné Laurence Foley « parce qu'il était une cible facile pour nous[1] ». Sur ordre de Zarkaoui, Freihat et lui avaient préalablement pris soin de suivre leur cible, d'étudier tous ses déplacements dans Amman. Bref, avant d'exécuter le diplomate américain, les terroristes avaient mené une consciencieuse enquête de terrain, une fine analyse d'environnement sur le modèle des opérations « Homo » menées par les services de renseignement classiques. Une fois la « cible neutralisée », Suweid avait appelé le lieutenant de Zarkaoui en Irak, Al-Jagbhir, afin de lui confirmer la « réussite de l'opération ».

Les moyens mis en œuvre par Zarkaoui et son équipe pour mener à bien l'assassinat semblent presque disproportionnés. Le professionnalisme dont ils ont fait preuve frappe les enquêteurs antiterroristes jordaniens. Jusqu'à présent, Abou Moussab Al-Zarkaoui n'avait participé qu'à des tentatives d'attentats. Après l'assassinat du diplomate américain, la menace qu'il représente est prise très au sérieux. Le 6 avril 2004, à l'issue de son procès par contumace, le neuvième accusé, « Ahmad Fadil Nazzal Al-Khalayleh, est condamné à mort par pendaison[2] ».

---

1. Royaume hachémite de Jordanie, Cour de sûreté, décision n° 545/2003, affaire Laurence Foley, archives de l'auteur.
2. Royaume hachémite de Jordanie, Cour de sûreté, décision n° 545/2003, affaire Laurence Foley, archives de l'auteur.

L'assassinat de Laurence Foley marque, en effet, un tournant dans le parcours de Zarkaoui. Il a prouvé qu'il était capable de coordonner une opération ciblée depuis l'étranger et de déstabiliser en profondeur son pays d'origine, la Jordanie. Mais la campagne de terreur lancée par Zarkaoui ne fait que commencer.

L'opération révèle le rôle encore méconnu de la Syrie dans le soutien aux réseaux de Zarkaoui. Selon les actes d'accusation jordaniens, Zarkaoui était en effet présent en Syrie du mois de mai au mois de septembre 2002. Il y aurait bénéficié d'un accès aux fameuses « casernes militaires » pour entraîner ses recrues, aurait disposé d'un passeport syrien et aurait pu se déplacer sans réelles difficultés depuis la Syrie vers la Jordanie et l'Irak. En outre, il ressort de l'enquête jordanienne que la quasi-intégralité de l'opération Foley a été planifiée depuis Damas par Zarkaoui et ses plus proches collaborateurs.

Ces accusations sont bien plus graves que celles qui ont jamais pu peser sur le régime de Saddam Hussein, mais elles ont, jusqu'à présent, été tues. La présence de Zarkaoui en Syrie est également attestée par au moins un service de renseignement occidental, qui a pu établir, sur la base d'écoutes téléphoniques, sa présence dans la banlieue de Damas à la même époque.

Mais ce n'est pas tout. Lorsqu'en septembre 2002 Zarkaoui retourne en Irak, il fait savoir à Suweid qu'il est joignable à Bagdad en cas de besoin. L'assassin de Foley déclare qu'il doit se présenter au restaurant Al-Ghouta, situé à quelques minutes à pied de l'hôtel Palestine à Bagdad, et donner le nom d'« Al-Khalayleh » pour que les propriétaires du restaurant le mettent en contact avec Zarkaoui[1]. Or, cet établissement huppé de la capitale irakienne est précisément tenu par des Syriens.

---

1. Royaume hachémite de Jordanie, Cour de sûreté, décision n° 545/2003, affaire Laurence Foley, archives de l'auteur.

Le hasard voudra que l'acteur Sean Penn, rédigeant son carnet de route à son retour de Bagdad[1], fasse de ces hommes d'affaires syriens, propriétaires du restaurant Al-Ghouta dans lequel il dîne, et de la présence de touristes iraniens, l'illustration de l'« ironie de la situation irakienne », où les États voisins placent tous leurs espoirs dans la chute du régime[2]. Une réalité de plus qui semble avoir échappé aux Américains, à moins qu'ils ne l'aient volontairement éludée.

À l'heure du dîner, le 26 avril 2004, en pleine guerre d'Irak, la télévision nationale jordanienne ouvre son journal du soir par un « programme spécial ». Les Jordaniens apprennent avec effroi que la mort les a frôlés de peu.

La terreur a un nom : Azmi Al-Jayousi. Le terroriste qui s'exprime face à la caméra est un homme au visage rond, un Jordanien quelconque, mais qui s'exprime avec facilité. Il décrit par le menu, à l'occasion de cette « confession télévisée » forcée, la façon dont il a organisé à Amman un attentat chimique qui aurait pu tuer 80 000 personnes. Le scénario s'apparente à celui de l'attentat mené contre Laurence Foley deux années plus tôt. Al-Jayousi a reçu ses ordres, des faux passeports et de l'argent d'Abou Moussab Al-Zarkaoui, dit-il. Cette fois-ci, les moyens engagés ainsi que les objectifs étaient différents : les cibles n'étaient autres que le bâtiment du Premier ministre, le quartier général des services de renseignement jordaniens (GID), et l'ambassade américaine d'Amman.

Pour mener à bien ces attaques, le groupe terroriste a produit 20 tonnes d'explosifs chimiques, un dispositif susceptible de tuer 80 000 personnes et d'en blesser 160 000. Les explosifs ont été conditionnés dans des containers, eux-mêmes soigneusement placés sur des camions. L'ensemble des opérations a été contrôlé depuis l'Irak par

---

1. Entretien avec Sean Penn, 5 décembre 2003.
2. Sean Penn, « Commentary », *San Francisco Chronicle*, 14 janvier 2004.

Zarkaoui, qui, en amont, a engagé les moyens financiers et humains nécessaires.

Le 20 avril 2004, peu avant la mise à exécution de l'opération, qui aurait été la plus vaste entreprise terroriste jamais menée à son terme, la police jordanienne interpelle le leader du groupe, Azmi Al-Jayousi. Les autres membres de l'organisation, Muwaffaq Adwan, Hassan Simsmiyyeh, Salah Marjehm et Ibrahim Abou Al-Kheir refusent de se rendre et sont tués lors de l'assaut donné par les forces de l'ordre jordaniennes.

Comme d'autres avant lui, Al-Jayousi avait rencontré Zarkaoui dans les camps d'entraînement d'Al-Qaida en Afghanistan. Comme d'autres encore, il avait suivi les entraînements aux explosifs dans le camp d'Herat. Il avait également prêté serment d'allégeance à Zarkaoui, promettant d'«obéir sans poser de questions, d'être toujours à ses côtés[1]». Après la chute des talibans, Al-Jayousi avait retrouvé Zarkaoui en Irak. Ce dernier lui avait fourni les moyens de constituer sa propre cellule en Jordanie, en sollicitant l'aide d'un de ses fidèles en Syrie, Khaled Darwish (alias Abou Al-Ghadiyyeh).

Peu après ses retrouvailles avec Zarkaoui en Irak, Al-Jayousi s'infiltrait en Jordanie en compagnie d'un proche du même Zarkaoui, Muwaffaq Adwan. Grâce aux fonds collectés par le groupe de soutien logistique en Syrie, il acheta progressivement tout le matériel nécessaire à la fabrication des armes chimiques. Par un système complexe de messagers, Zarkaoui fit parvenir une somme de 170 000 dollars au groupe en charge de l'opération. De nouvelles recrues se greffèrent alors sur le projet, comme Ahmad Samir, qui participa directement à la confection des explosifs près du pont de Ramtha. Al-Jayousi acheta enfin plusieurs véhicules nécessaires à l'opération, et finalement

---

1. Rapport de synthèse du BKA (police criminelle allemande) sur Zarkaoui, 2004, archives de l'auteur.

un camion jaune de marque Man, suffisamment volumineux pour percer les grilles du GID et exploser à l'intérieur de l'enceinte. Au total, l'opération aura coûté plus de 250 000 dollars et, selon les services de renseignement allemands, ces fonds auraient été acheminés depuis la Syrie[1].

Les hommes du groupe se seront contactés au moyen de cartes téléphoniques prépayées, et ils auront appliqué des mesures de sécurité draconiennes durant leurs communications. Une autre méthode plus fiable encore aura été utilisée par les terroristes : elle consiste à utiliser des messagers de confiance. Ils auront recruté ces derniers en Syrie, là où se trouve située la base logistique du réseau Zarkaoui.

Au fil des mois, certains des voisins du quartier Al-Barha, près d'Irbid, perçoivent un changement dans le comportement d'Al-Jayouzi. Ce dernier semble se tenir en retrait de la société, s'isoler. Bientôt, le groupe se relocalise plus près des cibles. Al-Jayousi règle les derniers détails de l'opération, tels que les lance-roquettes de type RPG, qui seront utilisés pour désintégrer les grilles le moment venu. Autour de lui, chacun est déterminé à aller jusqu'au bout et à s'écraser avec les explosifs sur les enceintes si celles-ci venaient à résister.

Lors des fameuses « confessions télévisées », l'un des terroristes arrêtés par la police, Hussein Sharif, déclarera aux Jordaniens, médusés devant leurs téléviseurs : « J'ai accepté de participer à cette opération parce que je pense que cela sert l'Islam. »

Cette fois-ci, Zarkaoui est devenu un enjeu majeur pour les services jordaniens.

---

1. Rapport de synthèse du BKA (police criminelle allemande) sur Zarkaoui, 2004, archives de l'auteur.

Chapitre 5

La fuite

Le 11 septembre 2001, à 10 h 28, les tours du World Trade Center s'effondrent sur elles-mêmes, faisant 2 823 victimes. Al-Qaida commet, sur le sol américain, le plus important attentat terroriste de l'histoire. Le monde ne trouve pas les mots, le gouvernement américain non plus. Une coalition se forme autour des États-Unis, et l'opération *Enduring Freedom* (« Liberté immuable ») débute à l'automne 2001 dans les montagnes afghanes.

La coalition internationale entreprend une série de bombardements en Afghanistan, suivie sur le terrain d'opérations antiterroristes. Sur le plan opérationnel, ces représailles sont un demi-succès. Même si l'opération « Liberté immuable » atteint et déstabilise l'organisation Al-Qaida, le premier noyau du groupe, Oussama Ben Laden et Ayman Al-Zawahiri échappent aux 30 000 militaires américains ainsi qu'aux 350 appareils de combat déployés sur la zone. Mais un élément tout aussi incontrôlable échappe aux forces américaines postées en Afghanistan : Abou Moussab Al-Zarkaoui.

Après le 11 septembre 2001, rien n'est plus pareil pour les militants du groupe Al-Qaida. Ils sont désormais poursuivis par toutes les polices du monde, ainsi que par l'armée américaine. En représailles aux attentats, la coalition bombarde les repères, les camps d'entraînement ainsi que les caches du groupe. Des jours durant, les montagnes de Tora-Bora sont pilonnées par les bombardiers américains. Les talibans et les hauts dignitaires d'Al-Qaida organisent alors leur fuite et s'échappent, pour la plupart d'entre eux, par le Pakistan et les régions tribales du Waziristan. Durant l'offensive, une réunion s'est tenue à Kandahar rassemblant Zarkaoui, Abou Zubaydah, Saif Al-Adel et Ramzi Binalshibh, qui a coordonné la cellule terroriste de Hambourg. Durant ses interrogatoires, Abou Zubaydah a indiqué qu'au cours de cette réunion, Zarkaoui a fait part de sa volonté d'exfiltrer d'Afghanistan un groupe de 12 à 15 combattants afin qu'ils rejoignent l'Irak. Il a ajouté que la maison de Kandahar où ils s'étaient retrouvés a été atteinte par un missile américain. Pris sous les décombres, Zarkaoui s'en serait sorti avec quelques blessures légères[1].

Pris au piège par les frappes américaines, Zarkaoui est touché. Le 12 novembre 2001, l'un des chefs de son réseau en Iran, Abou Ali, évoque (à l'occasion d'une conversation téléphonique interceptée) la mauvaise santé d'Habib (« amour »), alias Zarkaoui. Le 12 décembre 2001, l'un des partisans de Zarkaoui, dénommé Aschraff Emad, qui a déjà fui l'Afghanistan par l'Iran, raconte que Zarkaoui n'a pas encore été exfiltré d'Afghanistan, qu'il est légèrement blessé aux jambes et à l'estomac, mais qu'il peut marcher[2]. Zarkaoui confirme à son groupe de partisans basé en Iran les pertes américaines en Afghanistan. Au début du mois de novembre 2001, il dénombre 80 « cochons » [soldats] et 4 « papillons » [hélicoptères][3].

---

1. Rapport de synthèse du BKA (police criminelle allemande) sur Zarkaoui, 2004, archives de l'auteur.
2. Procédure judiciaire allemande, affaire Al-Tawhid, enquête du BKA, 2002, archives de l'auteur.
3. *Ibid.*

L'exfiltration de Zarkaoui est organisée par l'Iran, alors que les autres dirigeants entreprennent de fuir par l'ouest de l'Afghanistan. Depuis la fin de 1999, la fameuse cellule de soutien logistique Tawhid est fréquemment sollicitée pour intervenir entre l'Iran et l'Allemagne. Acquise à la cause de Zarkaoui, elle met tout en œuvre pour le transférer, au moins provisoirement, sur le territoire iranien.

L'un des membres de la cellule allemande, Abou Ayyub, achète, quelques jours après les attentats du 11 septembre, un téléphone satellite destiné à Zarkaoui. Les membres de la cellule Tawhid en Allemagne font bientôt parvenir à Zarkaoui tout le nécessaire pour la survie en milieu hostile : faux passeports, équipement de vision nocturne et une radio. Il doit maintenant rejoindre au plus vite Téhéran afin de se faire soigner, et surtout échapper aux opérations anti-terroristes de la coalition.

Zarkaoui décide de rejoindre l'Iran par l'extrême sud du pays, par la ville de Zahedan. Le passage par Birjand et la route frontière de Qisla Islam, à la sortie d'Herat, est exclu : les autorités iraniennes guettent les membres d'Al-Qaida qui quittent l'Afghanistan par Herat. Or, depuis l'installation du camp d'entraînement à Herat, les activités de Zarkaoui sont connues de la sécurité iranienne. La Savak sait également que son groupe contrôle la route de Mashhad, en Iran, et l'utilise pour transférer des djihadistes au Kurdistan irakien…

Zarkaoui finalise les derniers détails de sa fuite. Il fait transférer 40 000 dollars de Téhéran vers l'Allemagne afin d'acheter les faux passeports nécessaires au passage de la frontière.

Les écoutes téléphoniques de la police allemande révèlent le nouveau visage de Zarkaoui. Son discours s'est sensible-ment adouci à l'endroit de ceux qui assurent sa survie. Il cherche véritablement à se faire Habib (« amour »).

Avec l'aide de quelques partisans, Zarkaoui part pour l'Iran le 12 décembre 2001. Une semaine plus tard, il passe la frontière du sud et s'arrête à Zahedan[1]. Il appelle l'Allemagne pour prévenir que tout est en ordre. Juste le temps de se reposer, et Zarkaoui repart pour Téhéran. Quelques jours plus tard, le 5 janvier 2002, il arrive à Mashhad, en Iran.

Il est bientôt pris en charge par son groupe de partisans, qui le conduisent chez un médecin. Zarkaoui récupère rapidement. À partir de la mi-janvier 2002, lors des conversations avec Abou Ali, responsable de la cellule Tawhid en Allemagne, Zarkaoui confirme qu'il est « rétabli ».

Il résidera en Iran jusqu'au 4 avril 2002. Il utilise la ligne téléphonique fixe à Téhéran d'un individu nommé Rachid Haroun. Il utilise également des téléphones satellitaires et portables, et prend la précaution de détruire toute trace de ses appels. Il se sent épié, surveillé. Il fait part de ses craintes à ses « frères » allemands, alors que le BKA écoute ses conversations. Zarkaoui explique que beaucoup de ses partisans figurent sur des listes de suspects, et il craint pour sa propre situation.

Le 10 janvier 2002, Zarkaoui annonce à Abou Ali, qui se trouve toujours en Allemagne, qu'il a besoin d'un nouveau téléphone mobile arabe, de chaussures à lacets légères de taille 42,5, de bottes de taille 43, et d'une veste chaude en cuir à longues manches. C'est qu'il s'apprête à passer les montagnes du Kurdistan irakien. Sur le plan financier, la situation de Zarkaoui s'améliore. Le 2 avril 2004, il indique à la cellule allemande que « Dieu tout-puissant l'a mis dans une situation financière favorable[2] ». Zarkaoui peut désormais couvrir les frais de sa fuite et s'assurer de la trentaine de passeports qui ont été acheminés depuis l'Allemagne vers Téhéran. Ces passeports lui sont destinés ainsi qu'à ses partisans provisoirement installés avec lui en Iran.

Mais le 23 avril 2002, la cellule allemande tombe. L'intégralité du groupe Tawhid est démantelée par le BKA.

---

1. *Ibid.*
2. Procédure judiciaire allemande, affaire Al-Tawhid, enquête du BKA, 2002, archives de l'auteur.

La cellule allemande qui a assisté Zarkaoui durant sa fuite iranienne s'articule autour du ressortissant irakien Yasser Hassan (alias Mohammed Abou Dhess, Abou Ali), né le 1er février 1966 à Hasmija, en Irak. Cette cellule inclut également le Jordanien d'origine palestinienne Aschraf Al-Dagma, né le 28 avril 1969, le Jordanien Ismail Shalabi, né le 27 septembre 1976, l'Irakien Zidan Emad Abdelhadie (alias Imad), né à Alhamza en Irak, le Koweïtien Oussama Ahmad, né le 4 mai 1974 à Hawali, au Koweït, l'Irakien Thaer Mansour (alias Ousman) et l'Égyptien Sayed Agami Mohawal, né le 25 février 1964 au Caire.

Tawhid est identifiée par la police allemande au moment même des attentats du 11 septembre 2001, juste avant que Zarkaoui ne s'échappe en Iran. Le leader du groupe, Abou Ali, rencontre Zarkaoui lors de son passage par l'Iran et traite avec lui du détail opérationnel de plusieurs opérations terroristes en Europe, notamment en Allemagne. À l'occasion de cette rencontre, Zarkaoui refuse qu'Abou Ali se porte volontaire pour une mission kamikaze en Allemagne. En tout état de cause, il a encore besoin de lui pour subsister en Iran…

La stratégie de Zarkaoui et des combattants qui l'entourent consiste à se répartir en deux groupes, qui, depuis l'Iran, partiront dans deux directions différentes. La majeure partie du groupe doit aller combattre dans les montagnes du Kurdistan irakien auprès d'Ansar Al-Islam. Les autres devront rejoindre Tawhid, afin de préparer des attentats contre des « cibles juives » en Allemagne. Durant ses conversations avec Abou Ali, auquel il expose ses projets, Zarkaoui annonce que ses « frères » sont sous surveillance des services iraniens.

Zarkaoui commence seulement à réorganiser ses activités en Iran lorsqu'il est arrêté en compagnie de ses « frères » par les services de sécurité iraniens. Peu d'informations ont filtré sur les conditions de cette arrestation et sur l'incarcération qui s'ensuit. L'ancien garde du corps d'Oussama Ben Laden, Shadi Abdalla, confirmera, lors de l'enquête sur la cellule allemande, que Zarkaoui a bien été détenu pour une courte période dans les prisons iraniennes[1]. Shadi Abdalla indiquera, à cette occasion, à la police allemande que Zarkaoui avait bénéficié de la protection du régime iranien. Cette information sera corroborée lors d'une visite d'officiels jordaniens durant l'été 2003 en Iran. À cette occasion, les autorités jorda-niennes obtiennent, en effet, confirmation que Zarkaoui a été détenu dans les prisons iraniennes au cours du prin-temps 2002, et qu'il a été relâché en raison de la validité de son passeport syrien. C'est d'ailleurs depuis la Syrie, on s'en souvient, que Zarkaoui coordonnera et financera l'assassinat du diplomate américain Laurence Foley en Jordanie.

En 2002, précisément, les autorités américaines mettent en garde le régime iranien pour sa politique jugée trop laxiste à l'égard des membres d'Al-Qaida en fuite : suivant l'exemple de Zarkaoui, un nombre important de djiha-distes trouve alors un refuge provisoire en Iran. Pour faire bonne figure, l'Iran expulse plusieurs membres présumés d'Al-Qaida, parmi lesquels Umar Jamil Al-Khalayleh, le neveu d'Abou Moussab Al-Zarkaoui. Cette expulsion fait suite à une vague d'arrestations conduite par la police iranienne en février et mars 2002, période durant laquelle Zarkaoui est lui-même arrêté. Quelque 150 membres d'Al-Qaida sont alors détenus, dont, selon plusieurs sources, l'Égyptien Saif Al-Adel, ancien colonel des forces spéciales égyptiennes, haut dignitaire de l'organisation terroriste. Se trouverait également en Iran le propre fils d'Oussama Ben Laden, Saad Ben Laden. À plusieurs reprises, le royaume d'Arabie saoudite a tenté, en vain, d'obtenir son extradition.

---

1. Procédure judiciaire allemande, affaire Al-Tawhid, témoignage de Shadi Abdalla, 2002, archives de l'auteur.

Quelques semaines après son arrestation, Zarkaoui sort donc des prisons iraniennes. Aussitôt libéré, il part pour la Syrie via l'Irak. On signale sa présence à Bagdad en mai 2002, où il suit un traitement médical à l'hôpital Olympique. Selon les informations du gouvernement américain, Zarkaoui serait resté près de deux mois à Bagdad avant de rejoindre la Syrie.

Si l'on en croit les documents judiciaires établis par les autorités jordaniennes dans le cadre de l'affaire Foley, la présence de Zarkaoui est signalée en Syrie du mois de mai au mois de septembre 2002, alors qu'il prépare avec son équipe l'assassinat de Laurence Foley, le 28 octobre 2002. Un service de renseignement européen ayant eu à enquêter sur une série d'appels téléphoniques passés par Zarkaoui en Europe attestera la présence du terroriste sur le sol syrien durant l'été 2002.

Lors de son séjour en Syrie, Zarkaoui règle en personne les derniers détails de l'assassinat en se rendant clandestinement sur le territoire jordanien, alors qu'il est condamné à quinze ans de prison pour sa participation aux attentats du Millénaire. La première femme de Zarkaoui, Oum Mohammed, expliquera plus avoir retrouvé un jour son mari, en pleine conversation secrète, dans la maison de l'assassin de Laurence Foley.

Le bref passage de Zarkaoui sur le sol irakien en 2002 marque le début d'une ère nouvelle, celle de la guerre d'Irak. L'intervention, devant le Conseil de sécurité des Nations unies, du secrétaire d'État américain, Colin Powell, en date du 5 février 2003, fait de Zarkaoui le chaînon manquant entre Al-Qaida et le régime de Saddam Hussein. Mais ces informations sont parsemées d'erreurs factuelles[1]. Présenté par le secrétaire d'État comme un Palestinien, Zarkaoui est en fait jordanien. Censé se trouver en Irak à

---

1. Discours de Colin Powell devant le Conseil de sécurité de l'ONU, 5 février 2003.

l'invitation de Saddam Hussein, il est en Syrie à l'époque. Mais il est vrai que la menace qu'il représente est sérieuse : la suite des événements le confirmera.

La répétition de ses opérations sur le sol irakien et dans l'ensemble du Moyen-Orient fait désormais de lui le terroriste le plus recherché de la planète, à égalité avec Oussama Ben Laden[1].

---

1. Le gouvernement américain offrira, le 1er juillet 2004, la même récompense pour la capture d'Oussama Ben Laden et celle d'Abou Moussab Al-Zarkaoui, soit 25 millions de dollars.

III

L'IRAK DE ZARKAOUI

*Aiguisez vos épées et brûlez la terre
sous les pieds des envahisseurs !*

Message d'Abou Moussab Al-Zarkaoui,
6 avril 2004

Chapitre 1

L'Irak terroriste : du mythe à la réalité

« L'Irak héberge aujourd'hui un réseau terroriste meurtrier dirigé par Abou Moussab Al-Zarkaoui, associé et collaborateur d'Oussama Ben Laden[1]. » Par ces quelques mots, Colin Powell, lors de son réquisitoire prononcé devant le Conseil de sécurité des Nations unies le 5 février 2003, entendait démontrer l'existence de relations solides entre l'Irak et l'organisation d'Oussama Ben Laden et justifier une action militaire contre le régime de Saddam Hussein. La présence supposée de Zarkaoui sur le sol irakien constituait alors un élément essentiel de l'argumentation américaine.

Ainsi le vieux dogme du terrorisme d'État refaisait-il surface. En 2002, interrogé par la Commission des forces armées du Sénat américain, le directeur de la CIA de l'époque, George Tenet, avait déjà déclaré que « ce serait une erreur d'écarter l'hypothèse du terrorisme d'État, iranien ou irakien[2] » dans l'enquête sur les attentats du 11 septembre. Ce propos témoignerait d'un manque de clairvoyance certain de l'agence de renseignement s'il n'avait servi, en réalité, à légitimer politiquement l'offensive américaine.

---

1. « Principaux points de la présentation de Colin Powell », AFP, 5 février 2003.
2. Intervention de George Tenet, directeur de la CIA, devant la Commission sénatoriale des forces armées, Congrès des États-Unis, 19 mars 2002.

Car Ben Laden incarne précisément le contraire du terroriste d'État, lui qui s'est affranchi depuis des années des frontières nationales. Cette analyse sera d'ailleurs défendue par la CIA elle-même quelques mois après la déclaration de Tenet : en septembre 2002, dans un rapport intitulé « Le soutien irakien au terrorisme », l'agence indiquait que, selon un dirigeant d'Al-Qaida, Abou Zubaydah, il aurait été « extrêmement improbable » qu'Oussama Ben Laden passât une alliance avec l'Irak[1]. Khaled Cheikh Mohammed, qui a planifié les attentats du 11 septembre, apporta la même réponse après son arrestation. Ben Laden n'en est pas resté à une opposition purement idéologique. Au cours des années 1990, il a édicté une fatwa appelant à la rébellion contre Saddam Hussein et appelant de ses vœux son assassinat[2].

Les plus récentes investigations et procédures judiciaires lancées de par le monde contre les réseaux d'Al-Qaida révèlent que Ben Laden et Saddam Hussein n'ont jamais conclu d'alliance de moyens et d'objectifs en vue de mener une lutte terroriste commune. L'idée selon laquelle Al-Qaida serait l'émanation du terrorisme d'État irakien est donc fausse. En revanche, ces enquêtes montrent clairement que l'antagonisme idéologique et religieux qui oppose les deux parties s'est souvent atténué face à la logique des intérêts communs. En bref, le réseau de Ben Laden et le régime de Saddam Hussein n'ont tissé que des relations épisodiques et opportunistes, au gré des circonstances et de leurs engagements du moment.

Ces liens sont d'abord interpersonnels. On sait qu'à l'initiative du chef d'Al-Qaida des rendez-vous sont organisés à plusieurs reprises et suivant le même schéma : plusieurs ambassadeurs irakiens ont successivement

---

1. Report on the US intelligence community's prewar intelligence assessments on Iraq, Select Committee on Intelligence, US Senate, 7 juillet 2004.
2. Témoignage de Dezcallar de Mazattedo, ancien directeur du Centre national du renseignement espagnol, commission d'enquête sur les attentats du 11 mars 2004, chambre des députés espagnole, 19 juillet 2004, archives de l'auteur.

rencontré Ben Laden, ainsi que des membres actifs de son réseau.

Les premiers contacts sont noués au Soudan en 1991 et en 1996. Selon l'ancien directeur du programme nucléaire irakien, Khidir Hamza, Ben Laden rend, en ces années-là, de fréquentes visites à l'ambassade d'Irak à Khartoum[1]. En décembre 1998, selon la même source, il aurait rencontré Farouk Hijazi, ambassadeur irakien en Turquie et ancien chef des opérations spéciales des services de renseignement irakiens (Mukhabarat). L'entretien aurait eu lieu à Kandahar, en Afghanistan. Après les attentats du 11 septembre 2001, le diplomate sera expulsé de Turquie en raison de sa proximité avec des groupes terroristes[2]. D'après Vincent Cannistraro, un ancien responsable de la lutte anti-terroriste à la CIA, cette information a été confirmée par « plusieurs rapports des services de renseignement ». L'entourage d'Oussama Ben Laden l'aurait lui-même ébruitée[3].

De nombreux contacts ont par ailleurs été établis entre des émissaires irakiens et des membres actifs du groupe terroriste, comme Mohammed Atta, dont il est désormais avéré qu'il a rencontré un diplomate irakien en République tchèque au mois d'avril 2001. Le chef opérationnel du commando suicide du 11 septembre s'est rendu au moins à deux reprises à Prague. Selon le Service américain de l'immigration et de la naturalisation (INS), quand Mohammed Atta est entré pour la première fois aux États-Unis, le 3 juin 2000, il débarquait à l'aéroport de Newark, dans le New Jersey, d'un vol en provenance de Prague[4].

Le 8 avril 2001, il a rendez-vous à l'ambassade irakienne à Prague avec Ahmed Khalil Ibrahim Samir Al-Ani, le

---

1. Testimony of Dr Khidhir Hamza, hearings to examine threats, responses, and regional considerations surrounding Iraq, Committee on Foreign Relations, United States Senate, 31 juillet et 1er août 2002.
2. *Ibid.*
3. National Public Radio, 18 février 1999.
4. « The Immigration and Naturalization Service's contacts with two September 11 terrorists », Office of the Inspector General, US Department of Justice, 20 mai 2002.

second consul, qui appartient également aux services de renseignement extérieurs irakiens. Le représentant permanent de la République tchèque à l'ONU, Hynek Kmonicek, et le ministre tchèque de l'Intérieur, Stanislav Gross, confirmeront l'information[1]. Le 19 avril 2001, le diplomate est déclaré *persona non grata* en raison d'« activités incompatibles avec son statut de diplomate », puis il est expulsé par les autorités tchèques une semaine plus tard [2].

Par ailleurs, la commission d'enquête conjointe du Congrès des États-Unis sur les attentats du 11 septembre 2001 a établi qu'en février 1999 « la communauté du renseignement avait obtenu des informations selon lesquelles l'Irak avait formé un pilote en vue de missions suicides contre les forces britanniques et américaines dans le golfe Persique[3] » au cours de la première guerre d'Irak, un procédé qui rappelle le *modus operandi* des attentats du 11 septembre 2001.

D'autres éléments, sans grande valeur conclusive il est vrai, ont également révélé des relations épisodiques entre certains membres d'Al-Qaida et des officiels irakiens. Ainsi, Jose Luis Galan Gonzalez, alias Youssef Galan, membre du réseau de Ben Laden en Espagne, reçut à son domicile, le 26 juin 2001, une invitation de l'ambassadeur irakien à Madrid afin de fêter l'anniversaire de la révolution irakienne le 17 juillet 2001[4]. Youssef Galan[5] est l'un des rares terroristes d'origine espagnole à avoir été interpellé après le 11 septembre 2001 dans le cadre de l'enquête du juge Baltasar Garzon sur Al-Qaida. Son nom est revenu sur le devant de la scène après les attentats du 11 mars 2004. Avant de se convertir à l'Islam et de rejoindre un camp d'entraînement militaire en Indonésie, Youssef Galan

---

1. « UN Envoy confirms terrorist meeting », *Prague Post*, 5 juin 2002.
2. Associated Press, 26 avil 2001.
3. Testimony of Eleanor Hill, Staff Director, Joint Inquiry Committee, Hearings on the 911 failures, Joint House and Senate Select Intelligence Committee hearings, 18 septembre 2002.
4. Procédure espagnole n° 35/2001, concernant les activités d'Al-Qaida en Espagne, archives de l'auteur.
5. Arrêté en avril 2002 en Espagne, Youssef Galan est, en décembre 2004, en détention préventive.

avait en effet appartenu quelque temps à l'organisation basque Euskadi Ta Askatasuna (ETA).

La convergence d'intérêts la plus marquée entre Al-Qaida et l'Irak apparaît quand on se penche sur le réseau économique et financier constitué par Ben Laden lorsqu'il s'était installé au Soudan en 1991, avec la bienveillance du leader religieux Hassan Al-Turabi. L'industrie chimique, notamment, favorisa ce rapprochement dans la mesure où, à l'époque, l'Irak collaborait avec le Soudan pour développer son arsenal et tentait de tirer parti de la présence d'organisations terroristes dans le pays. D'anciens membres d'Al-Qaida, témoignant en 2001 lors du procès des responsables des attentats de 1998 dirigés contre les ambassades américaines de Dar es-Salaam et Nairobi, ont ainsi révélé que certaines entreprises possédées par Oussama Ben Laden étaient alors dirigées par des Irakiens et employaient du personnel issu de ce pays. Ainsi, plusieurs ingénieurs irakiens travaillaient jusqu'en 1998 pour la société de construction Al-Hijrah, propriété d'Oussama Ben Laden. Au cours du même procès, on a appris que le responsable de la société était un ingénieur irakien, Abou Ibrahim Al-Iraqi[1], et pas moins de neuf autres Irakiens ont été identifiés comme des membres affiliés à Al-Qaida au Soudan.

Parallèlement, les contacts se multiplient entre les dirigeants de l'usine de production chimique Al-Shifa, appartenant également à Ben Laden, et le responsable irakien du programme d'armes chimiques, ou encore avec Emad al-Ani, l'un des directeurs de la société irakienne Samarra Drug Industries, qui, selon les Américains, contribua au développement d'armes chimiques[2]. À l'époque, des traces d'un composant du gaz VX, dont la formule fut exclusive-

---

1. USA v. UBL, trial transcript, 26 février 2001, testimony of L'Houssaine Kherchtou.
2. *New York Times*, 4 octobre 1998.

ment utilisée par l'Irak, ont également été retrouvées dans un échantillon prélevé par la CIA dans l'usine Al-Shifa.

Des sources américaines indiquèrent alors « qu'en dépit des dénégations soudanaises les preuves impliquant l'usine Al-Shifa dans la fabrication d'armes chimiques sont claires et convaincantes[1] » et qu'elles disposaient d'informations selon lesquelles « le Soudan a cherché l'aide d'autres pays pour développer ses capacités en armes chimiques, principalement de l'Irak[2] ». L'usine fut finalement détruite par les forces américaines, le 20 août 1998, dans le cadre des représailles menées à la suite des attentats contre les ambassades de Nairobi et de Dar es-Salaam[3].

L'Irak et Al-Qaida partageaient en outre la même hostilité à l'égard des États-Unis. Dans sa déclaration de guerre contre les États-Unis et l'Occident en date du 23 août 1996, intitulée « Message d'Oussama Ben Laden à ses frères musulmans dans le monde et spécialement dans la péninsule arabique », le leader d'Al-Qaida s'engage sans détour aux côtés du peuple irakien : « Les enfants de l'Irak sont nos enfants [...] notre sang a coulé en Irak[4]. » De même, dans une interview accordée en 1996, Ben Laden déclare que « tuer des écoliers irakiens est assimilable à une croisade contre l'Islam[5] », et il affirme, la même année, que son réseau couvre désormais treize pays, dont l'Irak[6].

Par ailleurs, le 13 février 2001, au cours du procès des auteurs des attentats contre les ambassades américaines en Afrique, un ancien membre d'Al-Qaida apportera un témoignage éclairant sur la position du groupe terroriste à l'égard de l'Irak. Quand l'accusation lui demanda si la posi-

---

1. Remarks by the under secretary of State for political affairs at the Middle-East Institute, Washington, DC., US Department of State Dispatch, novembre 1998.
2. Statement of James Foley, State Department Spokesman, Associated Press, 26 août 1998.
3. Sandy Berger, National Security Advisor, Press Briefing, 26 février 1999.
4. UBL declaration of war, 23 août 1996.
5. Robert Fisk interview, *The Independent*, 6 décembre 1996.
6. *Sunday Times*, 16 septembre 2001.

tion d'Al-Qaida était bien de considérer que, si suffisamment d'Américains étaient tués, les États-Unis cesseraient de bombarder l'Irak, il répondit : « Oui, c'est la conviction d'Al-Qaida[1]. »

Du côté irakien, certaines déclarations ont pu, en outre, laisser penser que le régime de Saddam Hussein n'était pas étranger aux attentats du 11 septembre 2001. Ainsi, le jour même, la chaîne officielle irakienne commenta en ces termes les attentats contre le World Trade Center et le Pentagone : « Le cow-boy américain récolte les fruits de ses crimes contre l'humanité. C'est un jour maudit dans l'histoire de l'Amérique, qui goûte l'amère défaite de ses crimes et de son rejet de la volonté des peuples de mener une vie libre et décente. Les explosions de masse sur le centre du pouvoir américain, en particulier le Pentagone, sont un coup douloureux porté aux politiciens américains pour qu'ils cessent leur illégitime hégémonie et leurs tentatives pour imposer leurs règles aux peuples. Ce n'est pas une coïncidence si le World Trade Center a été détruit lors de missions suicides [...]. Ces opérations expriment le rejet de la politique insouciante des Américains. Ces événements sont les fruits du nouvel ordre américain[2]. »

De même, un poème récité en présence de Saddam Hussein, le 3 décembre 2001, dans une séquence télévisée, célèbre « le triomphe sur l'injustice » par la mort de « 6 000 infidèles » et proclame que « Ben Laden n'y est pour rien », mais que c'est le fait de « la chance du président Saddam ».

Au-delà des discours, il est un fait qui n'est plus discuté depuis la fin de l'année 2001 : l'Irak est apparu comme une zone de repli stratégique pour les militants de l'organisation

---

1. USA v. UBL, trial transcript, 13 février 2001, testimony of Jamal Ahmed Mohammed Al-Fadl.
2. Testimony for the US Congress presented by Dr Amatzia Baram, 24 septembre 2002 (translations from FBIS).

pursued *overthrow* *parting*

terroriste pourchassés en Afghanistan, avant de devenir une base opérationnelle après le renversement du régime du raïs.

L'éclairage le plus troublant sur ces récentes relations entre l'Irak et Al-Qaida provient des organisations islamistes kurdes Jund Al-Islam et Ansar Al-Islam (la seconde a succédé à la première). En attesteraient les déclarations de son principal dirigeant, le mollah Krekar, réfugié, on l'a dit, en Norvège, et qui déclarait, en 2002, considérer Ben Laden comme la «tête de l'Islam». Sans compter le rôle que joue dans ce mouvement un membre fort actif d'Al-Qaida : Abou Moussab Al-Zarkaoui.

L'examen détaillé des relations entre l'Irak et Al-Qaida révèle certes plus que de simples contacts épisodiques. Ces deux acteurs de la scène moyen-orientale, outre leur haine commune des États-Unis, ont su faire converger ponctuellement leurs intérêts. Mais ces faits, nous le répétons, s'ils ont pu constituer de sérieux motifs d'inquiétude pour la communauté internationale, ne démontrent aucune alliance structurelle et durable entre les deux camps, aucune coalition contre-nature entre la dictature de Saddam Hussein et la mouvance meurtrière de Ben Laden.

Chapitre 2

Des talibans au Kurdistan

Après le renversement du régime des talibans, principal protecteur d'Al-Qaida, Oussama Ben Laden et ses principaux lieutenants, conscients qu'ils ne sauraient résister bien longtemps à une opération militaire de cette ampleur, mettent en œuvre la reconstitution de leur réseau hors de l'Afghanistan. Outre le Pakistan, fief des moudjahidin arabes venus combattre en Afghanistan au cours des années 1980, le Kurdistan irakien s'impose comme base arrière susceptible de constituer un second front pour les combattants d'Al-Qaida.

Les mouvements islamistes y sont morcelés, tiraillés par des querelles de chefs depuis des décennies. L'histoire du mouvement islamiste au Kurdistan trouve son origine en 1924, quand ce territoire est conquis par les armées de Mustafa Kemal Atatürk. La volonté de préserver les racines islamiques du Kurdistan favorise l'émergence, à partir de 1952, d'organisations peu structurées sous l'influence des Frères musulmans. Puis le mouvement salafiste s'implante dans la région à la fin des années 1960, soutenu par des capitaux saoudiens. Mais ce n'est qu'à la fin des années 1970 qu'un courant djihadiste salafiste prend vraiment forme, favorisé par l'interdiction des Frères musulmans en 1971[1].

1. «Ansar Al-Islam, Ansar Al-Sunnah Army, Abu-Mus'ab Al-Zarqawi, and Abou-Hafs Brigades», *Al-Basrah*, 14 mars 2004.

La vie politique au Kurdistan s'organise autour de deux mouvements inspirés l'un par l'Iran, l'autre par la Turquie, et tous deux fondés dans les années 1960 : il s'agit du Parti démocratique du Kurdistan (PDK), créé en 1961 par Mollah Mustafa Barzani, le père de son actuel dirigeant, Massoud Barzani, soutenu par la Turquie, et de l'Union patriotique du Kurdistan (UPK), de Jalal Talabani, soutenue par l'Iran et fondée en 1965.

Une partie du Kurdistan bénéficie d'un statut d'auto-nomie depuis la loi irakiennne de 1974 instituant le Conseil législatif du Kurdistan irakien. En 1991, à la suite de la première guerre du Golfe, une « zone de protection » pour les Kurdes a été créée, conférant un statut de quasi-indépendance à cette région, laquelle dispose d'un gouvernement autonome.

Dans les années 1970, la région se trouve bouleversée par deux événements majeurs : la révolution iranienne et l'occu-pation de l'Afghanistan par les forces soviétiques. C'est dans ce contexte, en 1980, que naît le premier groupe islamiste armé du Kurdistan, l'Armée islamique du Kurdistan, puis le deuxième, l'Association du djihad islamique. Les deux groupes fusionneront en 1987 au sein du Mouvement isla-mique du Kurdistan irakien, dirigé par un Irakien, Othman Abdul Aziz. Ce mouvement connaîtra de nombreuses dissi-dences, notamment celle du groupe Al-Nahda (Renais-sance), en 1992, ou de l'Union islamique, inspirée des Frères musulmans en 1994.

En 1999, Othman Abdul Aziz fédère la mouvance isla-miste kurde dans une nouvelle organisation, le Mouvement de l'unité islamique. La réconciliation de la mouvance isla-miste ne dure que deux années. Dès le début de 2001, plusieurs groupes dissidents émergent. Certains sont influencés et soutenus par des pays étrangers. Le groupe Al-Tawhid Al-Islami (Unification islamique) est ainsi créé en avril 2001, puis le groupe Quwwat Suran entre à son tour en dissidence au cours de l'été 2001.

C'est alors qu'intervient Abou Moussab Al-Zarkaoui. Après s'être vu confier par Ben Laden la responsabilité du camp d'Herat en 2000, il met sur pied, on l'a dit, une filière d'immigration afin d'y faire venir ses recrues jordaniennes. Cette filière passe par l'Irak et l'Iran, notamment par Mashhad, à l'est du pays. Il s'impose ainsi rapidement comme un intermédiaire obligé dans la région.

En 2003, un événement éclaire la genèse de l'alliance nouée par Zarkaoui avec les groupes islamistes du Kurdistan. Les Américains arrêtent, en effet, dans le Kurdistan irakien, un Jordanien âgé de 34 ans, membre du réseau de Zarkaoui. Remis aux autorités de son pays, Ahmad Mahmud Salih Al-Riyati livre des informations cruciales au GID. Il permet, en effet, d'établir que, dès la fin de 1999, Zarkaoui avait proposé à plusieurs terroristes venus de Jordanie, et qui avaient, pour la plupart, appartenu aux groupes Jaysh Mohammed et Bayt Al-Imam, ainsi qu'aux Irakiens se revendiquant du mollah Krekar, de s'entraîner dans les camps d'entraînement d'Al-Qaida en Afghanistan. En quelques mois s'était ainsi formé un groupe cosmopolite constitué d'Irakiens, de Jordaniens, de combattants afghans ou tchétchènes vivant entre le Kurdistan irakien, l'Iran et l'Afghanistan. Les membres de ce réseau avaient entre 17 et 43 ans[1]. Ce réseau disposait non seulement du soutien logistique et financier d'Al-Qaida et de l'assise territoriale fournie par les islamistes du Kurdistan, mais bientôt des réseaux de soutien que contrôlait Zarkaoui jusqu'en Europe. Quoi qu'il en soit, au mois de juillet 2001, plusieurs centaines d'islamistes kurdes se rendirent en Afghanistan et s'entraînèrent militairement dans le camp contrôlé par Zarkaoui, à Herat, non loin de la frontière iranienne.

⋅ Une réunion décisive eut lieu au mois d'août 2001 à Téhéran entre les principaux lieutenants de Zarkaoui. Il y avait là Al-Riyati, Khaled Al-Aruri et Abdel Hadi Daghlas,

---

1. «Jordan unveils group linked to Al-Qa'ida, Ansar al-Islam», *Al-Ra'y*, 13 septembre 2003.

accompagnés d'islamistes irakiens proches du mollah Krekar. Al-Aruri et Daghlas avaient fait leurs premières armes aux côtés de Zarkaoui en Jordanie, où ils avaient été condamnés, avec leur chef, dans le cadre de l'affaire Bayt Al-Imam, en 1996.

Ils convinrent alors, au nom de Zarkaoui, d'établir leur base au Kurdistan de manière permanente et d'ouvrir leurs propres camps d'entraînement dans cette zone afin de faciliter le retour des Arabes afghans ainsi que le recrutement de Jordaniens. Ils envisagèrent aussi d'entraîner des membres du réseau au maniement des armes chimiques et bactériologiques.

Jund Al-Islam (Les Soldats de l'Islam) fut fondé le 1er septembre 2001 à Tawilah, en Irak, par Abou Abdullah Al-Shafii, de son vrai nom Warya Salih Abdallah, un vétéran irakien de l'Afghanistan et de la Tchétchénie. La formation de ce groupe de combattants ne doit rien au hasard. Al-Shafii aurait reçu l'assentiment d'Oussama Ben Laden lui-même, selon un communiqué de l'organisation en date de septembre 2001.

Jund Al-Islam est né de la fusion de deux groupes islamistes du Kurdistan, tous deux issus du Mouvement islamique du Kurdistan irakien, le groupe Al-Tawhid, une organisation fondée par Al-Shafii, et Quwwat Suran Al-Tawhid (ou Unité de tous les croyants), qui était jusqu'alors connue comme une organisation d'origine sunnite jordanienne présente en Palestine.

Jund Al-Islam aurait reçu 300 000 dollars d'Oussama Ben Laden à cette époque[1]. L'argent aurait été transmis à l'organisation par l'intermédiaire de deux membres d'Al-Qaida installés à l'époque à Londres, Abou Moussab Al-Suri et Abou Basir, de son vrai nom Shaykh Abd Al-Munim Mustafa Abou Halimah. Ce Jordanien a publié plusieurs ouvrages, qui sont devenus une source juridique de premier

---

1. « Paper says Bin-Ladin sets up "Jund al-Islam" group in Iraq's Kurdistan », *Al-Sharq Al-Awsat*, 28 septembre 2001.

ordre pour les fondamentalistes, comme *La Loi sur la légalité de s'emparer des possessions polythéistes*, *Lois sur l'expiation* et *Idole*. Il est aussi l'auteur des *Bonnes Réponses aux questions des étrangers au Kurdistan*[1].

Abou Basir, avec les cheiks sunnites Al-Maqdisi et Abou Qatada, est l'un des principaux idéologues de la culture du djihad. Ils constituent à eux trois la référence religieuse des principaux mouvements fondamentalistes dans le monde.

L'autre intermédiaire n'est pas un inconnu. Abou Moussab Al-Suri, de son vrai nom Mustafa Setmariam Nasar, est né en 1958 à Alep, en Syrie. Naturalisé espagnol, il demeure durant plusieurs années en Espagne, où il entretient des contacts réguliers avec les membres de la cellule locale d'Al-Qaida, dont le chef, Abou Dahdah, ancien rédacteur en chef de la revue du GIA *Al-Ansar*, et membre de la confrérie des Frères musulmans, s'établit à Londres en 1995, où il devient l'assistant d'Abou Qatada, une autre figure déjà croisée d'Al-Qaida et des réseaux Zarkaoui. En 1997, il s'installe avec sa famille en Afghanistan, où il dirige un camp d'entraînement contrôlé par Ben Laden. Il est alors mandaté par celui-ci pour centraliser les informations disponibles sur l'uranium enrichi et en obtenir des échantillons[2]. Selon les services de renseignement espagnols, Al-Suri aurait rendu visite à l'un des membres de la cellule terroriste de Hambourg en 1996. Il aurait également rencontré Oussama Ben Laden en compagnie de Mohammed Bahaiah, principal courrier de l'organisation en Espagne et beau-frère de l'un de ses responsables. Selon les services de renseignement italiens, Abou Moussab Al-Suri aurait rejoint l'Irak après la chute du régime des talibans en Afghanistan et participerait depuis à la « résistance » aux côtés d'Abou Moussab Al-Zarkaoui[3].

---

1. *Ibid.*
2. Procédure US contre Oussama Ben Laden, témoignage de Jamal Ahmed Mohammed Al-Fadl, 13 février 2001.
3. Procédure espagnole 35/2001, concernant les activités d'Al-Qaida en Espagne, archives de l'auteur.

Le premier communiqué de l'organisation Jund Al-Islam est reçu le 10 septembre 2001 par le journal arabe *Al-Sharq Al-Awsat*, édité à Londres. Le groupe annonce qu'il « s'est consacré depuis des années à l'entraînement militaire » et que « le temps est venu de déclarer le djihad contre les groupes et partis existants au Kurdistan irakien et de les combattre pour s'assurer qu'ils ne s'emparent pas des zones sous contrôle islamiste ». Le communiqué ajoute que le groupe a pris contact avec « plusieurs personnalités islamiques à l'étranger avant de déclarer le djihad[1] ».

Jund Al-Islam est basé au Kurdistan, autour des villages de Tawilah et Biyara, une région de l'Irak surnommée le « Tora-Bora du Kurdistan » et située à la frontière.

L'organisation regroupe essentiellement des Arabes afghans ayant rejoint Al-Qaida au cours des années 1990. Elle apparaît, en fait, dès ses débuts, comme une excroissance du mouvement taliban. Ces « talibans kurdes » adhèrent en effet pleinement aux idéaux de leurs camarades afghans.

Leur principal objectif est de « mettre en œuvre la loi islamique dans la vie quotidienne » en « détruisant les lois des démocrates et des conformistes ou toute autre loi des infidèles[2] ». Jund Al-Islam en appelle à une application stricte de la doctrine wahhabite en vigueur en Arabie saoudite.

À la fin de l'année 2001, le comité islamique de Jund Al-Islam a dressé une liste de règles à suivre. On y lit pêle-mêle : « les femmes doivent porter le voile lorsqu'elles sortent à l'extérieur, et il leur est interdit de voyager seules vers une autre ville » ; « les photographies de femmes sont interdites partout, dans les magasins, les centres-villes, les voitures... » ; « il est interdit d'écouter de la musique et des chansons, il est interdit d'importer et de vendre des instru-

---

1. « New Kurdish fundamentalist group declares "jihad" against secular parties », *Al-Sharq Al-Awsat*, 11 septembre 2001.
2. http://www.geocities.com/kordestaan/jundalislamenglish11.htm.

ments de musique»; «les biens non islamiques comme la télévision et les chaînes satellites sont interdits»[1].

Jund Al-Islam ne fait pas mystère de son alliance avec les djihadistes arabes ni du soutien dont le groupe a bénéficié. Son porte-parole déclare ainsi en 2001 : «Nous nous sommes alliés à nos frères moudjahidin. Nous nous sommes formés à la religion et au maniement des armes, et nous sommes convenus que la solution était de porter à nouveau le drapeau du djihad», avant d'ajouter : «Grâce à nos frères moudjahidin, nous avons entraîné nos enfants à l'art de la guerre[2].» Le groupe lance même un journal dont le titre en dit long : *L'Appel au djihad au Kurdistan*.

La plupart des attaques revendiquées par Jund Al-Islam contre l'UPK, à partir du mois de septembre 2001, sont conduites par des «Arabes afghans» ayant combattu en Afghanistan. Les forces de Jund Al-Islam, environ 500 hommes en armes, auraient été rejointes par au moins 50 membres d'Al-Qaida dès le mois de septembre 2001[3].

Le groupe ne cache pas non plus son affiliation à Al-Qaida. Dans un appel adressé aux moudjahidin du monde pour mener le djihad au Kurdistan, il indique par exemple : «Jund Al-Islam a terminé sa préparation au maniement des armes et des communications. Durant cette période, nous avons profité des idées et de l'expérience de différents intellectuels et chefs militaires. Avec l'aide d'Allah, nous avons achevé notre formation militaire, intellectuelle et religieuse. Nous sommes maintenant prêts à défendre l'Islam et les musulmans contre les gouverneurs conservateurs et leurs maîtres juifs et chrétiens. Ce combat est dirigé contre eux selon le vœu d'Allah. Et ce combat se poursuivra jusqu'à ce que l'Islam

---

1. http://www.geocities.com/kordestaan/jundalislamenglish9.htm.
2. http://www.geocities.com/kordestaan/jundalislamenglish1.htm.
3. «Iraqi Kurdistan : Kurdish leaders cited on activities of Jund Al-Islam movement», *Al-Majallah*, 10 février 2002.

devienne la loi commune et que les ennemis de l'Islam soient punis par nos mains[1]. »

Le groupe islamiste se dit « accompagné par le seigneur d'Oussama [Ben Laden] » et « ami de ceux qui sont proches de l'Islam et ennemi de ceux qui s'opposent à Allah ». Jund Al-Islam revendique officiellement des relations avec « l'Iran, l'Irak et Oussama Ben Laden », qui sont les « ennemis des Américains[2] ».

Personne, pourtant, ne semble prêter attention à ce petit groupe de talibans du Kurdistan, minimisant leurs succès militaires et leur potentiel politique. Le mollah Abdul Aziz, qui a repris le flambeau islamiste de son père Othman Abdul Aziz à sa mort, en 1999, n'en démord pas : « Nous pensons que ce mouvement et les idées qu'il véhicule n'ont pas d'avenir au Kurdistan [...]. Ses membres sont très peu nombreux [...] et composés de jeunes voyous. » Jalal Talabani, leader de l'UPK, partage cet avis : « Le mouvement ne trouvera aucune assise au Kurdistan irakien pour mener le combat politique[3]. »

Loin du jeu politique du Kurdistan, Jund Al-Islam se distingue des autres forces en présence par son engagement militaire et surprend par la vigueur de son discours religieux et ses victoires militaires. Certains responsables du Mouvement islamique du Kurdistan irakien ne tardent pas à en prendre conscience. À l'initiative d'un chef militaire encore peu connu, Faraj Ahmad Najmuddin, alias mollah Krekar, ancien disciple d'Abdallah Azzam au Pakistan, le mentor d'Oussama Ben Laden[4], la dissidence s'organise, et Jund Al-Islam devient le principal pôle d'attraction des islamistes du Kurdistan irakien à l'automne 2001.

---

1. http://www.geocities.com/kordestaan/jundalislamenglish2.htm.
2. http://www.geocities.com/kordestaan/jundalislamenglish10.htm.
3. « Iraqi Kurdistan : Kurdish leaders cited on activities of Jund Al-Islam movement », *art. cité*.
4. « Iraq : US regime change efforts and post-Saddam governance », Congressional Research Service, 25 novembre 2003.

Chapitre 3

Chef de guerre au Kurdistan

Né en 1956 à Suleymanie, au Kurdistan irakien, mollah Krekar a étudié la sociologie à Téhéran durant deux années, puis s'est établi en 1985 à Karachi pour devenir professeur de jurisprudence et d'histoire islamique à l'université d'études islamiques de la ville. Il y restera jusqu'en 1988. Marié à une ancienne communiste convertie à l'Islam, ses quatre enfants empruntent leurs noms aux livres de Sayyed Qutb, le père spirituel des Frères musulmans égyptiens[1].

Ce colosse barbu aux allures de Raspoutine est décrit par ceux qui l'ont fréquenté en Irak comme un «homme assoiffé de pouvoir», délivrant des ordres brutaux à ses hommes. Excellent orateur, un chef kurde dit de lui que, lors de ses prêches pour la prière du vendredi, «il pouvait faire pleurer tout son auditoire[2]».

À partir de 1988, Mollah Krekar aurait établi à Peshawar un centre d'hébergement pour les combattants kurdes prêts à partir sur le front afghan[3] et aurait été formé militairement dans un camp d'entraînement contrôlé par Al-Qaida

1. «Iraq : Ansar Al-Islam leader views US war, denies Norwegian charges», *Al-Sharq Al-Awsat*, 25 avril 2003.
2. RFI, 20 et 29 septembre 2002.
3. Jason Burke, *Al-Qaeda : Casting a Shadow of Terror*, Londres, I. B. Tauris, 2004, p. 201.

en Afghanistan[1]. Mollah Krekar n'a jamais confirmé ce dernier point, mais a admis avoir rencontré Ben Laden au cours d'une visite effectuée à la frontière afghane en 1988[2].

En juin 1988, il rejoint le Mouvement islamique du Kurdistan irakien (MIK). Il est nommé en 1992 chef de sa branche militaire, avant de devenir responsable de la planification et du développement du groupe en 1995. Il établit alors plusieurs camps d'entraînement militaires au Kurdistan, ainsi qu'une « académie militaire », afin d'encadrer les nouvelles recrues. Il développe parallèlement des réseaux de soutien au MIK en Europe, multipliant les campagnes de récolte de fonds aux Pays-Bas, en Norvège, en Grande-Bretagne et en Allemagne[3].

L'homme, qui se présente volontiers comme un intellectuel (voire un poète) musulman, et qui a en effet publié plus d'une vingtaine d'ouvrages, apparaît alors comme un véritable chef militaire, dirigeant lui-même l'entraînement des islamistes kurdes la kalachnikov en bandoulière.

Ne pouvant se résoudre à l'accord de paix que signent, en 1997, le MIK et l'Union patriotique du Kurdistan de Jalal Talabani, mollah Krekar décide de fonder la même année, en marge du MIK, l'Union islamique du Kurdistan, basée à Irbil, une ville située dans la zone contrôlée par le Parti démocratique du Kurdistan de Massoud Barzani, allié de l'Iran. Il s'établira par la suite dans le village de Golpe, proche de la ville de Khurmal[4]. Mollah Krekar conserve cependant des liens étroits avec le MIK et se refusera toujours à condamner ce mouvement.

Au mois d'octobre 2001, d'intenses négociations sont menées entre les différents groupes islamistes du Kurdistan pour parvenir à l'union avec Jund Al-Islam. Elles achoppent

---

1. « The enemy of my enemy : the odd link between Ansar Al-Islam, Iraq and Iran », Institut canadien d'études stratégiques, avril 2003.
2. Interview de mollah Krekar, *Al-Sharq Al-Awsat*, 21 février 2003.
3. Interview de mollah Krekar, *Nidal Ül Islam*, septembre 1997.
4. « Iraq : Kurdish islamist leader explains split », *Hawlati*, 10 juin 2001.

généralement sur la répartition des postes et la délicate question du leadership. Jund Al-Islam est en position de force. Une alliance avec la Jamaa Islamiyah échoue à cette époque, en raison des exigences de Jund Al-Islam : le groupe veut obtenir des garanties concernant la sécurité de ses combattants arabes afghans originaires de l'étranger et refuse de déléguer les responsabilités militaires à d'autres qu'à des combattants afghans[1].

Mollah Krekar affirme, dès le mois de novembre 2001, sa sympathie pour le groupe Jund Al-Islam, dont il qualifie les membres de «vrais moudjahidin». Dans un discours prononcé devant ses partisans, il rend également hommage à Oussama Ben Laden, et ne cache plus son souhait de voir se former une grande alliance des partis djihadistes au Kurdistan[2]. Le MIK affirme alors publiquement sa crainte que Jund Al-Islam ne tente de réaliser à son profit l'unité impossible des mouvements islamistes[3]. En décembre 2001, mollah Krekar décide de faire alliance avec le principal mouvement d'Arabes afghans du Kurdistan, Jund Al-Islam, qui s'impose désormais comme la principale force militaire islamiste dans la région.

C'est ainsi qu'émerge à la fin de l'année 2001 un groupe hétéroclite, produit de la fusion entre Jund Al-Islam et des mouvements dissidents du MIK. Cette organisation est dominée par des chefs militaires venus d'Afghanistan, mais son idéologie est influencée autant par le courant salafiste que par les Frères musulmans. Rien ne distinguait en effet l'idéologie des deux groupes, Jund et Ansar, au point que leurs sites Internet étaient pratiquement identiques en 2001 et que mollah Krekar nommait alternativement les deux

---

1. «Talks to unite Al-Jama'ah al-Islamiyah, Jund al-Islam in Northern Iraq fail», *Al-Sharq Al-Awsat*, 19 octobre 2001.
2. «Iraq : Kurdish Islamic groups agree on the dissolution of armed fundamentalists», BBC, 28 novembre 2001.
3. «Iraq : Kurdish Islamic group wins over previously neutral groups», *Hawlati*, 16 septembre 2001.

organisations lorsqu'il évoquait les convictions doctrinales d'Ansar Al-Islam (les Partisans de l'Islam), la nouvelle organisation[1]. Un document, signé par mollah Krekar et daté du 3 septembre 2002, est saisi par la police néerlandaise la même année dans les valises du chef d'Ansar Al-Islam, arrêté à Amsterdam. Dans ce texte, il revient sur la naissance et la finalité de son organisation : « [Ansar Al-Islam] n'est ni régional, ni ethnique […] il se fonde sur les lois de l'Islam et prépare au djihad. […] Il a pour but le retour du califat et y travaille dans 76 régions de 56 nations[2]. »

À l'instar de Jund Al-Islam, Ansar Al-Islam se réfère dans sa propagande aux Frères musulmans, notamment à Hassan Al-Banna, le fondateur de la confrérie, et à Youssef Al-Qardaoui, l'un de ses leaders religieux. Le mouvement se réfère également à Oussama Ben Laden et à Abdallah Azzam, mentor de Ben Laden assassiné en 1989. Ansar Al-Islam diffuse aussi les écrits du « Professeur » Omar Abdel Rahman, condamné à la prison à vie aux États-Unis pour sa participation aux premiers attentats contre le World Trade Center en 1993, ainsi que ceux du Jordanien Abou Mohammed Al-Maqdisi, le mentor, on s'en souvient, d'Abou Moussab Al-Zarkaoui[3].

Le 10 décembre 2001, mollah Krekar prend la tête d'Ansar Al-Islam et de ses trois composantes djihadistes, Jund Al-Islam, le Hamas kurde et le mouvement Al-Tawhid. L'organisation se compose d'un émir (mollah Krekar) assisté de deux adjoints, d'un comité militaire, d'un conseil religieux, d'un tribunal islamique et d'un conseil de sécurité. Ansar Al-Islam se dote bientôt de plusieurs camps d'entraînement dans la région de Biyara, à Sargat et à Khurmal, notamment des camps destinés aux enfants, où l'on conjugue enseignement religieux et militaire.

---

1. Interview de mollah Krekar, *Al-Sharq Al-Awsat*, 21 février 2003.
2. Tribunal ordinaire de Milan, Guido Salvini, n° 5236/02 R.G.N.R., « Ordonnance d'application de la mesure de détention préventive », 21 novembre 2003, archives de l'auteur.
3. www.cihad.net, site Internet turc d'Ansar Al-Islam.

L'organisation recourt à la guérilla pour combattre des organisations traditionnelles du Kurdistan. Ses cadres usent rarement des outils de communication modernes, leur préférant les messagers humains.

Ansar Al-Islam a revendiqué de nombreuses actions contre son principal rival, l'Union patriotique du Kurdistan (UPK) de Jalal Talabani, notamment la tentative d'attentat contre le Premier ministre kurde, Barham Salih, membre de l'UPK, en avril 2002, ou les combats violents de décembre 2002 autour d'Halabjah, qui firent plus de 100 morts dans les rangs de l'UPK. Ces actions culminèrent avec la destruction du quartier général de l'UPK, le 2 février 2004, et une attaque suicide faisant plus de 100 victimes. Mais, en cette fin 2001, l'essentiel de l'action d'Ansar Al-Islam est consacré à rassembler les forces djihadistes qui fuient l'Afghanistan.

Dès 1997, mollah Krekar ne fait plus mystère de ses amitiés djihadistes. Lors d'une interview, il déclare qu'il est « impératif de soutenir les mouvements djihadistes de par le monde, même s'ils ne nous soutiennent pas[1]. » Lui-même recrutera bien au-delà des frontières irakiennes ; ses combattants proviennent du Maroc, de Palestine et de Jordanie. Ils sont entraînés par Al-Qaida en Afghanistan, et le contact avec Zarkaoui n'est assuré que par l'un de ses lieutenants, Abou Abdulrahman Al-Shami, ce Jordanien qui sera finalement tué à la fin de l'année 2002, lors de combats avec l'UPK[2].

Le financement de l'organisation provient de plusieurs sources. Outre les contributions initiales d'Oussama Ben Laden destinées à l'époque à la formation de Jund Al-Islam[3], le groupe de mollah Krekar peut compter sur les fonds

---

1. Interview de mollah Krekar, *Nidal Ul Islam*, art. cité.
2. «Al-Tawhid», *Jane's Intelligence Review*, 21 septembre 2004.
3. CIA analytic report, «Ansar al-Islam : Al-Qa'ida's Ally in Northeastern Iraq», CTC 2003-40011CX, 1er février 2003, rapport de la Commission d'enquête sur le 11 septembre.

réunis au Pakistan et en Europe à l'occasion des campagnes en faveur de la cause islamiste au Kurdistan, menées notamment dans les mosquées britanniques et allemandes. L'aide financière est également relayée par un certain nombre d'organisations caritatives du Golfe, comme l'Assemblée mondiale des jeunes musulmans (World Assembly of Muslim Youth), fondée en Arabie saoudite, et très vite suspectée d'entretenir des liens avec des organisations terroristes. Une autre organisation saoudienne, l'Organisation du secours islamique mondial (International Islamic Relief Organization), branche de la Ligue islamique mondiale (Muslim World League) fondée par les Frères musulmans, et plus particulièrement par le propre fils d'Hassan Al-Banna, Said Ramadan, est l'un des soutiens les plus actifs des islamistes kurdes. L'IIRO aurait bâti plus de dix mosquées au Kurdistan au cours des cinq dernières années et, selon mollah Sadeeq, l'ancien responsable financier du Mouvement islamique du Kurdistan, il aurait, depuis 1994, versé 20 millions de dollars aux islamistes kurdes[1].

Mais Jund Al-Islam et son successeur Ansar Al-Islam ont également développé un embryon d'économie locale, notamment un réseau d'importation de carburant et de ciment provenant d'Iran et revendu sur le marché irakien. Les djihadistes perçoivent également des taxes sur les marchandises transitant par le territoire frontalier qu'ils contrôlent[2].

Ces ressources importantes font d'Ansar Al-Islam un mouvement qui, sans jouir d'une véritable reconnaissance de la part des pays voisins, pèse lourdement sur l'échiquier militaire et politique régional.

Les liens de mollah Krekar avec Al-Qaida et ses dirigeants sont également connus de longue date. En l'an 2000, il déclare ainsi à un quotidien kurde que Ben Laden représente

---

1. Voir le site Internet d'Ansar Al-Islam, www.ayobi.com.
2. *Hawlati*, 28 octobre 2001.

«la couronne sur la nation islamique[1]». Selon le témoignage d'un ancien membre du réseau terroriste Ansar Al-Islam, recueilli par un service de renseignement européen, mollah Krekar a également rencontré Ayman Al-Zawahiri à Téhéran en l'an 2000[2]. En 2002, il avouait, par ailleurs, avoir rencontré Oussama Ben Laden et Ayman Al-Zawahiri en Afghanistan, expliquant qu'il avait dans le passé « rencontré plusieurs penseurs musulmans comme Oussama Ben Laden et son adjoint Ayman Al-Zawahiri, qui sont de vrais musulmans croyants[3]». En 2003, il affirmera qu'Oussama Ben Laden est «un homme généreux, qui a voué sa vie et son argent à l'enseignement d'Allah[4]». Ces informations sont confirmées par des sources judiciaires italiennes selon lesquelles mollah Krekar a « avoué aux autorités norvégiennes que, durant ses séjours au Pakistan, il a rencontré Oussama Ben Laden, Abdallah Azzam et Ayman Al-Zawahiri[5] ». Ansar Al-Islam aurait même accueilli Oussama Ben Laden le 1er novembre 2001 pour l'enregistrement d'un message diffusé par la chaîne Al-Jazira[6].

Lors d'une interview accordée au quotidien saoudien *Al-Sharq Al-Awsat* en 2003, mollah Krekar raconta sa première rencontre avec le leader d'Al-Qaida au milieu de l'année 1988. «La réunion a eu lieu dans une villa d'Hayatabad près de Peshawar. La villa appartenait à un prince saoudien, et Oussama Ben Laden était accompagné de sept dignitaires saoudiens. » À en croire mollah Krekar, ce dernier n'a réalisé qu'après une heure de réunion que la personne qui lui parlait d'une voix «douce» n'était autre que Ben Laden.

---

1. «Threat of war : mountain camps : militant Kurds training al-Qaida fighters : extremists suspected of testing chemical weapons and links to Iraq», *The Guardian*, 23 août 2002.

2. Entretien avec un responsable européen de la lutte antiterroriste, 2004.

3. *UPI*, 25 septembre 2002.

4. *Der Spiegel*, 10 février 2003.

5. Tribunal ordinaire de Milan, Guido Salvini, n° 5236/02 R.G.N.R., «Ordonnance d'application de la mesure de détention préventive», 21 novembre 2003, archives de l'auteur.

6. *EFE*, 1er novembre, 2001.

L'objet de la rencontre aurait été d'« obtenir des fonds en faveur des familles de victimes des bombardements chimiques irakiens sur la ville d'Halabjah en mars 1988[1] ». Il aurait remis au prince saoudien présent un album de photographies des bombardements sur Halabjah.

Il aurait également tenté de convaincre le cheik Abdallah Azzam de rallier la cause kurde et de réunir de l'argent en faveur des victimes d'Halabjah. Selon ses dires, Abdallah Azzam aurait en effet essayé de lever des fonds dans les pays du Golfe, en vain, en raison de la popularité de Saddam Hussein dans les pays arabes à cette époque.

En dépit de ces déclarations successives, mollah Krekar affirme en 2002 que ses liens avec Al-Qaida sont « totalement infondés[2] ».

Selon les services de renseignement jordaniens, en 2002, au Kurdistan, Abou Moussab Al-Zarkaoui rencontre personnellement mollah Krekar et Abou Abdullah Al-Shafii, le fondateur de Jund Al-Islam, et désormais l'adjoint du premier. Les deux responsables d'Ansar Al-Islam scellent, à cette occasion, leur alliance et décident de mettre en commun leurs moyens, notamment des armes et des explosifs. Participaient également à cette réunion plusieurs Jordaniens membres du réseau Zarkaoui, dont Isaf Abdallah Al-Nusur, Shihadah Naji Shihadah Al-Kilani, Muhammad Ratib Ibrahim Qutayshat, Mundhir Abd Al-Latif Youssef Shamma et Umar Izz Al-Din Isam Al-Utaybi.

À partir de l'automne 2002, les partisans de Zarkaoui ont ainsi accès à l'arsenal et aux principales bases militaires d'Ansar Al-Islam. Dans un texte signé de sa main et daté du 3 septembre 2002, mollah Krekar dresse l'inventaire de l'arsenal dont dispose Ansar Al-Islam : « Nous possédons un

---

1. « Mulla Kraykar : I met Ben Ladin at a luxurious villa in arab afghans' quarter in 1988 », *Al-Sharq Al-Awsat*, 1er mars 2003.

2. « Iraqi Kurdistan : Ansar al-Islam group denies links to Al-Qa'ida, Iraqi regime », *Al-Sharq Al-Awsat*, 29 septembre 2002.

canon de 155 mm, 1 000 bombes environ de production iranienne que nous avons achetées à bas prix ainsi que d'autres bombes récupérées après le dernier conflit entre l'Irak et l'Iran. [...] Nous avons également construit des tunnels et des caves pour nous protéger d'éventuels raids aériens [...] au cas où il y aurait des attaques de la coalition américano-britannique[1] ». Les hommes de Zarkaoui s'entraînent en particulier au camp de Khurmal, situé à la frontière iranienne dans le district d'Halabjah, qui sera la même année transformé en camp d'expérimentation et de production d'armes chimiques[2]. L'entraînement militaire des hommes de Zarkaoui est assuré par le Jordanien Ahmad Mahmud Salih Al-Riyati, qui sera arrêté en mars 2003 par les forces américaines avant d'être livré aux autorités jordaniennes[3]. Abdel Hadi Daghlas est chargé de l'encadrement du laboratoire chimique de Khurmal[4].

À la fin de 2002, Zarkaoui et ses partisans se déplacent continuellement entre Bagdad et la zone frontalière avec l'Iran. Intriguées, les autorités irakiennes finissent par arrêter trois lieutenants de Zarkaoui entre la fin 2002 et le début de l'année 2003[5], pour n'en relâcher qu'un seul avant le début de l'offensive américaine.

En dépit de sa proximité avec les chefs historiques d'Al-Qaida, mollah Krekar voit bientôt son organisation submergée par les Arabes afghans. Les camps d'entraînement de l'organisation sont placés progressivement sous le contrôle des

---

1. Tribunal ordinaire de Milan, Guido Salvini, n° 5236/02 R.G.N.R., « Ordonnance d'application de la mesure de détention préventive », 21 novembre 2003, archives de l'auteur.

2. Lors d'un interrogatoire, un membre de la cellule italienne d'Ansar Al-Islam confirmera que le camp de Khurmal était destiné aux moudjahiddin volontaires. Tribunal ordinaire de Milan, Guido Salvini, n° 5236/02 R.G.N.R. « Ordonnance d'application de la mesure de détention préventive », 21 novembre 2003, archives de l'auteur.

3. «Jordan unveils group linked to Al-Qa'ida, Ansar al-Islam», *Al-Ra'y*, 13 septembre 2003.

4. Rapport de synthèse du BKA (police criminelle allemande) sur Zarkaoui, 2004, archives de l'auteur.

5. «CIA review finds no evidence Saddam had ties to Islamic terrorists», *Knight Ridder*, 5 octobre 2004.

hommes de Zarkaoui, et ses commandants militaires sont remplacés par des combattants afghans. Ansar Al-Islam se dénature progressivement. Son chef, le mollah Krekar, avait demandé l'asile politique à la Norvège, qui le lui avait accordé en 1991, dans le cadre d'un contingent de réfugiés de l'ONU. Le 6 septembre 2002, il est arrêté à Téhéran par les autorités iraniennes et expulsé six jours plus tard vers les Pays-Bas. Arrivé à Amsterdam le 13 septembre, il est arrêté par les autorités néerlandaises[1]. Celles-ci reçoivent le jour même une demande d'entraide judiciaire de la Jordanie, car un mandat d'arrêt contre mollah Krekar y avait été délivré pour « conspiration en vue de donner la mort[2]». Le chef d'Ansar Al-Islam était aussi accusé d'avoir violé la législation jordanienne sur les stupéfiants[3]. Cette demande n'a pas été exécutée puisque mollah Krekar est incarcéré aux Pays-Bas jusqu'au 13 janvier 2003, date à laquelle il est finalement expulsé vers la Norvège. Il y est à nouveau interrogé et détenu pendant plusieurs mois avant d'être remis en liberté[4].

Lors du transit forcé du mollah Krekar aux Pays-Bas, la police néerlandaise a saisi un agenda et un répertoire téléphonique établissant la relation du mollah avec Zarkaoui, dont le numéro de téléphone satellite apparaissait dans les documents saisis sous le nom de « Rashid »[5].

Dès la fin de l'année 2001, l'organisation Ansar Al-Islam est contrôlée dans les faits par Zarkaoui, qui lui procure l'essentiel de ses moyens financiers et militaires, mais aussi recrues et encadrement.

---

1. Tribunal ordinaire de Milan, Guido Salvini, n° 5236/02 R.G.N.R., « Ordonnance d'application de la mesure de détention préventive », 21 novembre 2003, archives de l'auteur.

2. Département de la sécurité publique, Jordanie, document 10/31/C/8846, archives de l'auteur.

3. Tribunal ordinaire de Milan, Guido Salvini, n° 5236/02 R.G.N.R., « Ordonnance d'application de la mesure de détention préventive », 21 novembre 2003, archives de l'auteur.

4. *Ibid.*

5. *Ibid.*

En février 2003, mollah Krekar sera finalement destitué par les quatorze membres du conseil religieux d'Ansar Al-Islam. Ce conseil, dirigé par Abou Abdullah Al-Shafii, déclare alors qu'il s'est écarté de la « loyauté djihadiste », de l'idéologie et des méthodes du groupe[1]. Le même mois, Ansar Al-Islam est officiellement qualifié d'entité terroriste par les États-Unis[2].

Mollah Krekar, s'il conteste aujourd'hui tout lien avec le terrorisme, n'a pas pour autant renoncé au djihad. Interrogé en novembre 2003 sur son éventuel retour en Irak, il déclare ainsi que le djihad est « un devoir religieux », et qu'il préférerait « porter une kalachnikov plutôt que de devenir insignifiant[3] » dans son refuge norvégien.

Quoi qu'il en soit, à la veille de l'offensive américaine en Irak, Ansar Al-Islam comptait plus de 600 combattants arabes venus d'Afghanistan et placés sous la direction d'Abou Moussab Al-Zarkaoui.

---

1. « Ansar Al-Islam reportedly dismisses mollah Krekar as group leader », *Al-Sharq Al-Awsat*, 23 août 2003.

2. Déclaration du département du Trésor concernant la désignation d'Ansar Al-Islam, 20 février 2003.

3. *Hawlati*, 12 novembre 2003.

Chapitre 4

Le trouble jeu de l'Iran

Le 23 mars 2003, l'offensive de la coalition contre Ansar Al-Islam est lancée. Les avions bombardent ses principaux bastions à Biyara et dans les villages environnants de la vallée d'Halabjah. Les frappes aériennes précèdent le déploiement d'une centaine de membres des forces spéciales américaines et de près de 10 000 combattants kurdes. Selon l'exécutif kurde, cette attaque aura fait 180 morts dans les rangs d'Ansar Al-Islam, sans compter 150 prisonniers.

La plupart des membres d'Ansar Al-Islam se réfugient alors en Iran ou dans le « Triangle sunnite », au nord-ouest de Bagdad. Ses principaux dirigeants, Abou Abdullah Al-Shafii, Ayoub Afghani et Abou Wael sont ainsi identifiés en juin 2003 dans la ville frontière de Sanandaj[1].

Kaywan Qader, recruté par Ansar Al-Islam à cette époque, pour un salaire mensuel de 22 dollars, raconte : « Après le déclenchement de l'offensive américaine en Irak, nous avons fui en Iran où nous sommes restés près d'un mois[2]. »

La sollicitude iranienne à l'égard des islamistes sunnites du Kurdistan trouve son origine dans la lutte de pouvoir

---

1. « Ansar al-Islam bolsters European network », *Jane's Intelligence Review,* 21 septembre 2004.
2. *Al-Sharq Al-Awsat,* 18 mars 2004.

pour le contrôle de cette partie de l'Irak, devenue depuis plusieurs années hors d'accès du pouvoir central baasiste.

Le soutien accordé par l'Iran à l'UPK n'est pas exclusif, et Téhéran joue également, de manière certes plus feutrée, la carte islamiste. Cette façon de faire lui confère des avantages régionaux évidents. En premier lieu, l'Iran est confronté à deux conflits régionaux qui se déroulent à ses frontières, d'un côté l'Afghanistan en guerre (et qui le restera, jusqu'à la stabilisation du régime taliban à partir de 1996), de l'autre le Kurdistan. Or, à partir de 1999, les islamistes djihadistes, sous l'impulsion d'Oussama Ben Laden et des talibans, décident d'exporter leur combat sur le front kurde. Téhéran opte pour une neutralité bienveillante. En deuxième lieu, l'Iran est soucieux de garder un œil sur ces islamistes sunnites qui tiennent principalement leur soutien du régime saoudien. Enfin, les islamistes, en entrant en lutte contre le régime baasiste, apportent à l'UPK ce qui lui manque cruellement, à savoir une véritable force militaire entraînée et équipée, dirigée par des chefs de guerre aguerris par leur expérience afghane.

L'Iran tente bien vite d'imposer un modus vivendi entre les différentes factions islamistes d'une part, et l'UPK d'autre part. Il offre ainsi sa médiation en de nombreuses occasions, et n'hésite pas à recevoir les délégations officielles d'Ansar Al-Islam, notamment mollah Krekar, qui a lui-même vécu en Iran avant de s'engager au sein de différents mouvements djihadistes.

Certains sont même allés jusqu'à voir dans Ansar Al-Islam un mouvement instrumentalisé par le régime iranien. Si cette hypothèse reste non vérifiée à ce jour, il n'en reste pas moins que plusieurs faits troublants viennent à l'appui de cette analyse. Ainsi, le mouvement Jund Al-Islam avait adopté comme langue officielle le persan, et publiait ses communiqués en langue persane[1].

---

1. Communiqués de Jund Al-Islam, archives de l'auteur.

1- Zarkaoui en famille, devant sa mère
   (Coll. particulière).

2- Les parents (Coll. particulière).

3- Photo de classe (Coll. particulière).

4- Posant avant son départ pour l'Afghanistan en 1989
   (Coll. particulière).

5- Dessin exécuté par Zarkaoui pour sa mère
   alors qu'il est en prison en Jordanie (© Gamma).

6- Photos d'identités (DR).

7- Lors d'une cérémonie en Afghanistan en 1991 (DR).

8- Avant le départ pour l'Afghanistan (Coll. particulière).

9/10- En prison en Jordanie (Coll. particulière).

11- Avis de recherche (DR).

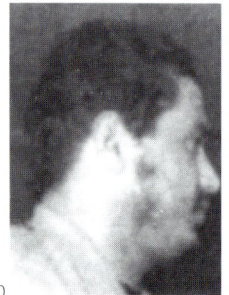

12

13

14

12- Prison de Suwaqah, où Zarkaoui a passé
cinq années, de 1994 à 1999 (Coll. particulière).

13- Camp de réfugiés palestiniens de Zarka
et mosquée Al-Falah (Coll. particulière).

14- Vue du cimetière en contrebas de la maison
où a grandi Zarkaoui (Coll. particulière).

15- Maison familale dans le quartier Al-Ramzi
de Zarka (Coll. particulière).

16

17

18

16- Mollah Krekar, fondateur d'Ansar Al-Islam (DR).

17- Issam Mohammed Taher Al-Barqaoui, alias Abou Mohammed Al-Maqdisi (DR).

18- Mohammed Al-Khalayeh, frère de Zarkaoui (Coll. particulière).

19- Saleh Al-Hami, beau-frère de Zarkaoui (© Lynsey Addario/Corbis).

20- Mustafa Setmariam Nasar alias Abou Moussad Al-Suri, bras droit de Zarkaoui en Irak (Coll. particulière).

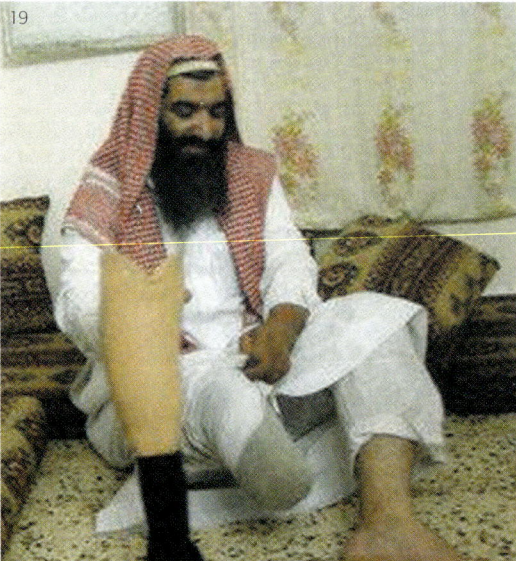

19

20

1- Logo de Jund Al-Islam (DR).

2- Logo d'Ansar Al-Islam (DR).

3- Logo de Tawhid Wal Djihad (DR).

4- Camp de Khurmal, dans le Kurdistan irakien (DR).

5- Combattants d'Ansar Al-Islam dans un camp d'entraînement (DR).

6- Avant l'exécution de Nicholas Berg (DR).

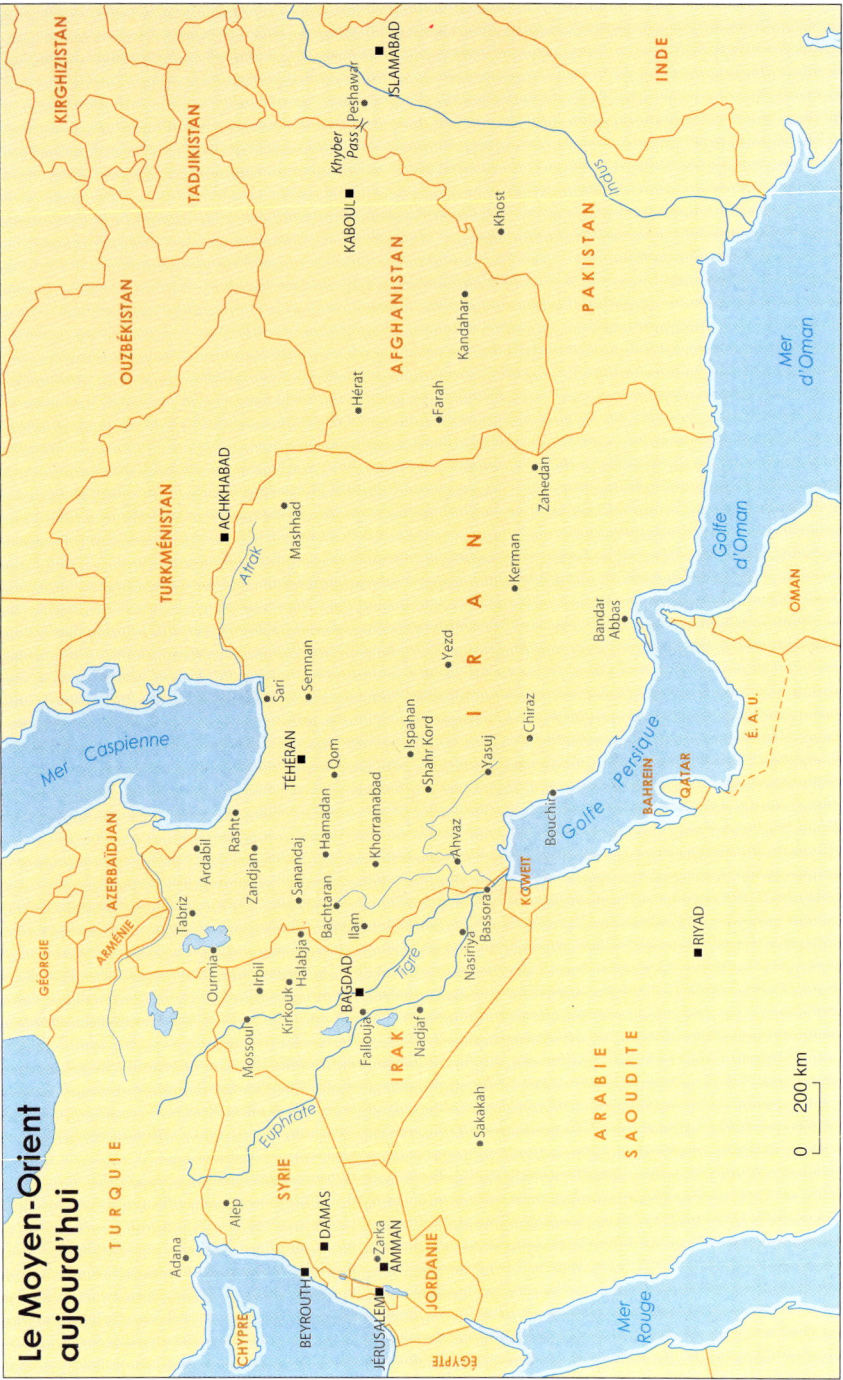

Le Moyen-Orient aujourd'hui

KIRGHIZISTAN

TADJIKISTAN

OUZBÉKISTAN

INDE

ISLAMABAD

Khyber Pass • Peshawar

AFGHANISTAN

KABOUL

• Khost

PAKISTAN

Indus

TURKMÉNISTAN

ACHKHABAD

• Hérat

• Farah

• Kandahar

Atrak

• Mashhad

I R A N

• Zahedan

Golfe d'Oman

Mer d'Oman

OMAN

Mer Caspienne

• Sari

• Semnan

TÉHÉRAN

• Kerman

Bandar Abbas

• Yezd

• Qom

• Ispahan

• Shahr Kord

AZERBAÏDJAN

• Rasht

• Hamadan

• Yasuj

• Chiraz

E. A. U.

ARMÉNIE

Ardabil

• Sanandaj

• Khorramabad

Bouchir •

Golfe Persique

QATAR

BAHREIN

• Zandjan

• Ahvaz

GÉORGIE

Tabriz •

• Bachtaran

Tigre

• Ilam

• Nasiriyà

• Bassora

KOWEIT

Ourmia •

• Irbil

• Halabja

BAGDAD

• Najaf

RIYAD

• Kirkouk

• Mossoul

• Fallouja

I R A K

• Sakakah

ARABIE SAOUDITE

Euphrate

SYRIE

• Adana

• Alep

TURQUIE

DAMAS

• Zarka

AMMAN

JORDANIE

CHYPRE

BEYROUTH

JÉRUSALEM

ÉGYPTE

Mer Rouge

0   200 km

Le Kurdistan irakien

TURQUIE

SYRIE

IRAN

Lac d'Ourmia

IRAK

- Mossoul
- Salah ad Din
- Irbil
- As Sulaymaniyah
- Kirkouk
- Khurmal
- Sargat
- Golpe
- Biyara
- Halabjah
- Tawilah
- Khanaqin

Tigre

Lac Thartha

Euphrate

0   50   100 km

•••••• Limite de la région autonome du Kurdistan irakien

Le triangle sunnite

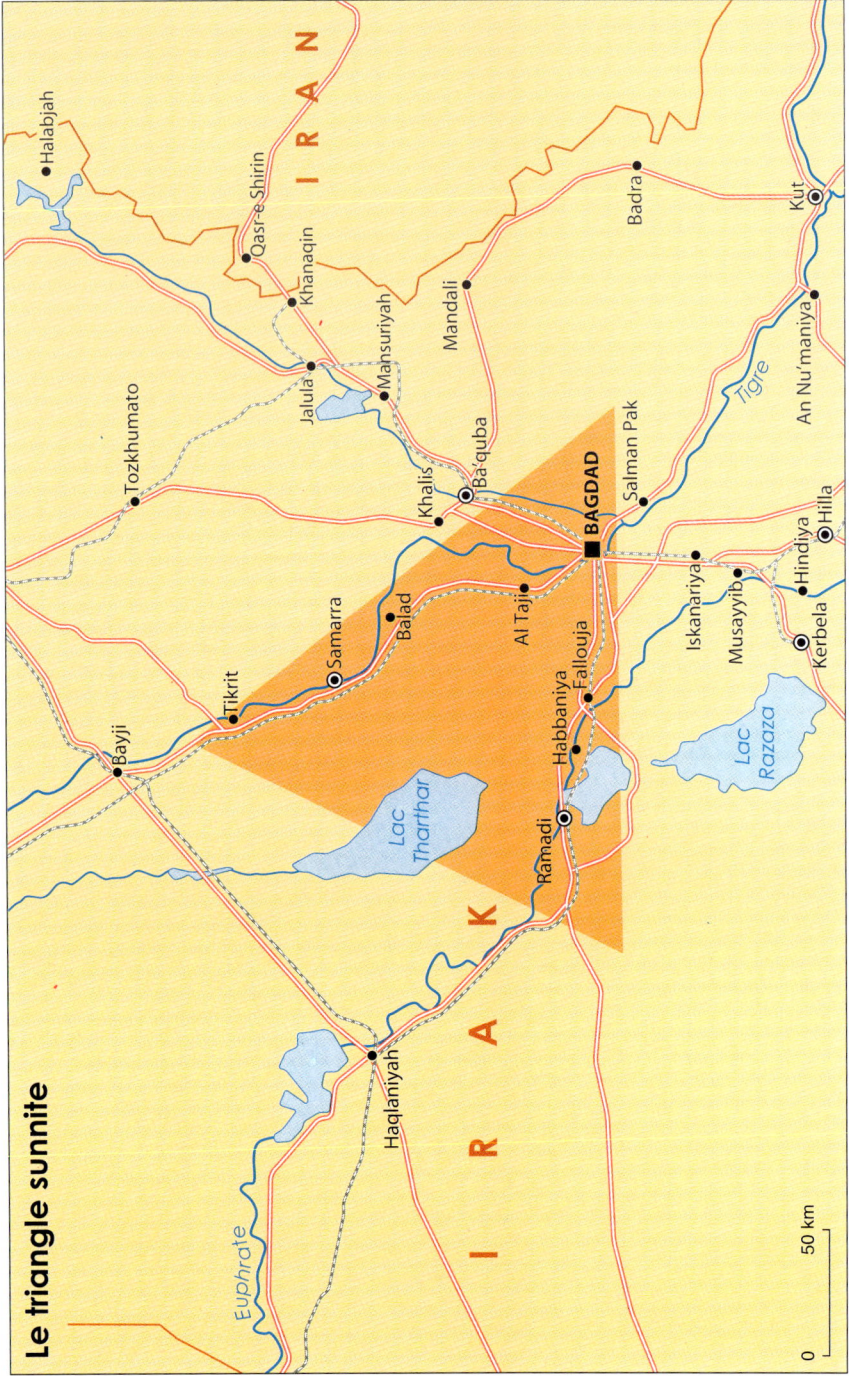

BAGDAD

IRAN

IRAK

Halabjah

Qasr-e Shirin

Khanaqin

Tozkhumato

Jalula

Mansuriyah

Mandali

Badra

Kut

Khalis

Ba'quba

Tigre

An Nu'maniya

Salman Pak

Samarra

Balad

Al Taji

Tikrit

Iskanariya

Musayyib

Hindiya

Hilla

Bayji

Falllouja

Habbaniya

Kerbela

Lac
Razaza

Ramadi

Lac
Tharthar

Haqlaniyah

Euphrate

50 km

0

Téhéran, de son côté, se défend de tout soutien à Ansar Al-Islam, et a même refusé officiellement l'entrée de son territoire aux blessés du groupe à la suite des bombardements américains de mars 2003. Mais ce revirement public est récent et coïncide avec la fermeté affichée par Washington à l'endroit du régime iranien.

À partir de 1991, le choix stratégique de l'Iran, consistant à privilégier son emprise territoriale sur le Kurdistan au détriment de la logique diplomatique, a conduit le pays à ne plus se contenter d'offrir un transit temporaire ou une aide clandestine aux islamistes, mais à devenir un véritable sanctuaire, sinon une base arrière pour certains réseaux terroristes.

La Commission d'enquête indépendante sur le 11 septembre a mis en évidence, sur la foi des interrogatoires de plusieurs responsables d'Al-Qaida, dont Tawfiq bin Attash, l'aspiration du régime iranien à se rapprocher d'Oussama Ben Laden à la suite de l'attentat contre l'USS Cole en octobre 2000. La commission indique, à cet égard, que l'Iran « facilitait les déplacements des membres d'Al-Qaida transitant par le pays depuis ou vers l'Afghanistan ». Les agents des douanes « auraient reçu des instructions pour ne pas apposer de visa sur le passeport lui-même » mais sur un formulaire annexe, afin de ne laisser aucune trace de passage par l'Iran. Cette mesure bénéficiait en premier lieu aux membres saoudiens du réseau terroriste[1].

La commission en conclut qu'il existe «des preuves solides indiquant que l'Iran a facilité le transit de membres d'Al-Qaida à partir de l'Afghanistan ou vers ce pays, y compris plusieurs futurs terroristes du 11 septembre». Et, en effet, huit à dix terroristes impliqués dans les attentats du

---

1. Intelligence report, interrogation of Khallad, 12 septembre 2003 ; CIA analytic report, «Iran and al-Qa'ida : ties forged in islamic extremism», CTC 2004-40009HCX, mars 2004, pp. 6-12, Commission d'enquête sur le 11 septembre.

11 septembre sont passés par l'Iran entre le mois d'octobre 2000 et le mois de février 2001[1].

Au début de l'année 2002, quelques semaines après le déclenchement des opérations militaires contre l'Afghanistan, le secrétaire américain à la Défense, Donald Rumsfeld, indiqua que l'Iran avait toléré la présence sur son sol de membres d'Al-Qaida et de talibans. Le porte-parole du ministère iranien des Affaires étrangères, Hamid Reza Asefi, réagit en affirmant que l'Iran avait « extradé vers leur pays d'origine tous les étrangers liés ou suspectés de liens avec Al-Qaida[2] ».

Pourtant, le 1er septembre 2003, les autorités jordaniennes firent officiellement savoir que l'Iran avait opposé un refus à la demande d'extradition d'Abou Moussab Al-Zarkaoui, détenu temporairement par les autorités de Téhéran en 2002 lors de sa fuite vers le Kurdistan irakien. Le motif invoqué par l'Iran aurait été que, Zarkaoui étant en possession d'un passeport syrien, il ne pouvait être expulsé vers la Jordanie[3]. Pour faciliter ses déplacements, Zarkaoui dispose de nombreux faux passeports, notamment britannique, libanais, jordanien, iranien et yéménite[4].

Selon les services de renseignement allemands, on l'a dit, après avoir été blessé lors de l'offensive américaine en Afghanistan, Zarkaoui a trouvé refuge à Mashhad, en Iran, le 5 janvier 2002, pour y recevoir des soins. Zarkaoui restera en Iran jusqu'en avril 2002 d'où il coordonnera le repli des membres de son réseau au Kurdistan. Il se serait ensuite rendu à Téhéran, puis à Zahedan, au sud du pays. Sa détention par les autorités iraniennes n'aura été que de

---

1. Intelligence report, analysis of Hezbollah, Iran, and 9/11, 20 décembre 2001 ; Intelligence report, interrogation of Binalshibh, 16 juillet 2004 ; Commission d'enquête sur le 11 septembre.
2. IRNA, 22 juin 2002.
3. «Iran reportedly rejects jordanian demand to hand over Al-Zarqawi», *Al-Sharq Al-Awsat*, 2 septembre 2003.
4. Rapport de synthèse du BKA (police criminelle allemande) sur Zarkaoui, 2004, archives de l'auteur.

courte durée. Il confirmera à l'un de ses correspondants en Allemagne que plusieurs de ses « frères » ont été arrêtés à Téhéran, mais son propre adjoint précisera que Zarkaoui avait été pendant toute cette période « sous la protection du régime iranien et du groupe d'Hekmatyar[1] ». *confessions*

Par ailleurs, sur la base des aveux du Jordanien Ahmad Mahmud Salih Al-Riyati, arrêté par les forces de la coalition au mois de mars 2003[2] le GID jordanien a pu confirmer qu'en 2003, la quasi-intégralité des dirigeants du réseau Zarkaoui se trouvaient en Iran.

En 2003, les États-Unis accusent l'Iran de façon plus directe et plus précise. Donald Rumsfeld indique notamment que l'Iran « héberge plusieurs hauts dirigeants d'Al-Qaida ». Sous la pression américaine, l'Iran devra reconnaître, en juillet 2003, que de nombreux membres du réseau terroriste avaient été arrêtés et que certains avaient été extradés vers leur pays d'origine. Le ministre du Renseignement, Ali Yunesi, précisera : « Nous détenons beaucoup d'autres membres plus ou moins importants du réseau terroriste d'Oussama Ben Laden[3]. »

Plusieurs sources ont fait état de la présence en Iran de Saif Al-Adel, l'un des chefs d'Al-Qaida, et de Saad Ben Laden, l'un des fils d'Oussama Ben Laden, qui aurait été protégé par une unité militaire iranienne. Le gouvernement iranien a vivement récusé ces accusations, tout en reconnaissant qu'il était impossible de contrôler l'intégralité des 1 900 kilomètres de frontières qui séparent le Pakistan et l'Iran de l'Afghanistan, et en avouant que « certains éléments d'Al-Qaida [pouvaient] avoir pénétré en Iran[4] ».

---

1. Procédure judiciaire allemande, affaire Al-Tawhid, enquête du BKA, 2002, archives de l'auteur.
2. « Jordan unveils group linked to Al-Qa'ida, Ansar al-Islam », art. cité.
3. « Minister says Iran holding senior members of Al-Qa'ida "terror" network », AFP, 23 juillet 2003.
4. « Iran denies harboring Al-Qa'ida, challenges foreign intelligence services », AFP, 14 octobre 2003.

Au mois d'octobre 2003, l'Iran soumit au Comité des sanctions de l'ONU une liste de 225 suspects arrêtés et extradés depuis l'offensive américaine en Afghanistan, mais dont aucun ne figurait sur la liste des personnes désignées comme terroristes et recherchées par l'ONU. Le gouvernement iranien soulignait qu'en moins de deux ans plus de 2 300 personnes avaient tenté de pénétrer illégalement en Iran avant d'être reconduites à la frontière pakistanaise[1]. Plus tard, au début de l'année 2004, le gouvernement iranien manifesta sa volonté de traduire en justice plusieurs membres d'Al-Qaida, en dépit de demandes d'extradition les concernant, présentées par plusieurs pays – dont les États-Unis[2]. L'administrateur provisoire en Irak, Paul Bremer, évoqua, quant à lui, en mai 2004, certaines activités « troublantes » de la part de l'Iran en Irak.

L'Iran, situé à la croisée des conflits régionaux, est pris au piège des concessions qu'il a lui-même consenties aux islamistes d'Afghanistan et du Kurdistan.

À la veille de l'offensive américaine en Irak, c'est ainsi vers Téhéran que se tournent les djihadistes décidés à combattre l'ennemi américain. La quasi-totalité du réseau Zarkaoui se trouve alors en Iran, comme le confessera l'un de ses lieutenants.[3]

---

1. « Iran reports to UNSC Committee on efforts to block Al-Qa'ida, Taliban », IRNA, 28 octobre 2003.
2. « Iran to put on trial 12 al-Qaeda suspects », *Iran News*, 25 juin 2004.
3. « Jordan unveils group linked to Al-Qa'ida, Ansar Al-Islam », art. cité.

Chapitre 5

Tawhid Wal Djihad

L'offensive américaine contre l'Irak, en mars 2003, marque un tournant pour les mouvements islamistes du Kurdistan, qui dévoilent, à cette occasion leurs intentions et leur vraie nature. En juin, le conseil religieux d'Ansar Al-Islam publie un communiqué appelant « tous les volontaires à rejoindre les rangs d'Ansar Al-Islam pour combattre les Américains ». Dans le même texte, l'organisation prévient qu'elle utilisera les « armes de la guérilla urbaine » et qu'elle « affrontera les infidèles américains en vue de les détruire dans tout l'Irak », précisant que « les zones d'entrée et de sortie du territoire ont été sécurisées pour assurer l'approvisionnement des combattants[1] ». Ansar Al-Islam lance également un appel aux dons, le « nerf du djihad » selon ses propres termes : l'organisation vient de subir les bombardements américains et elle a « perdu son équipement » et a « besoin d'acheter des armes » et de quoi nourrir les « moudjahidin » obligés de fuir le Kurdistan avec leurs familles.

Mollah Krekar affirme, en août, qu'il n'y a aucune différence entre « l'occupation américaine de l'Irak et

---

1. «Ansar al-Islam group threatens to fight Americans, seculars in Iraq», *Al-Sharq Al-Awsat*, 13 juin 2003.

l'occupation soviétique de l'Afghanistan en 1979 »,
précisant qu'il ne fait « aucun doute sur la participation de
membres d'Al-Qaida à l'entraînement et à l'organisation
des djihadistes du Kurdistan »[1].

Dès le début de l'offensive américaine en Irak, Ansar
Al-Islam étend sa présence sur le sol irakien.

En juin 2003, une nouvelle organisation surgit, Ansar
Al-Sunna. Elle est dirigée par Abou Abdullah Hasan Ben
Mahmoud, le propre frère d'Abou Abdallah Al-Shami,
l'un des lieutenants de Zarkaoui tué en décembre 2001 au
Kurdistan[2]. Le groupe se présente comme « dissident »
d'Ansar Al-Islam, mais se réfère toujours au groupe fondé
par mollah Krekar.

Au mois de septembre 2003, Ansar Al-Sunna affirme
dans un communiqué que « le djihad en Irak est devenu
un devoir pour tout musulman[3] ». Ansar Al-Sunna appel-
lera par la suite à « la victoire contre les États-Unis » et
revendiquera plusieurs attaques contre les forces de la
coalition, notamment l'attentat suicide dirigé contre
l'ambassade de Turquie le 14 octobre 2003 et l'assassinat
de plusieurs membres des services de renseignement espagnols le 29 novembre de la même année.

Ansar Al-Islam participe pleinement à la contre-offen-
sive islamiste, comme en témoigne la publication sur son
site Internet du texte des brigades Abou Hafs Al-Masri,
revendiquant les attentats de Madrid du 11 mars 2004.
Ansar Al-Islam a d'ailleurs consacré une page de son site,
sous le titre « les fronts de la croisade », à ces événements,
présentant notamment plusieurs photographies des attentats. Une vidéocassette de menaces retrouvée plus tard
dans les décombres de l'appartement occupé par plusieurs
membres du réseau terroriste de Madrid porte, en outre, la

---

1. LBC Sat Television Transcript, 10 août 2003.
2. « *Hawlati* reveals the secret of Arbil explosions », *Hawlati*, 11 avril 2004.
3. « Ansar Al-Islam », *Al-Maqrizi Center for Historical Studies*, 14 mars 2004.

marque d'Ansar Al-Qaida, signe du rapprochement opéré par les deux organisations.

Défaite par l'offensive américaine massive lancée au Kurdistan en mars 2003, Ansar Al-Islam, bien qu'elle ait perdu environ un tiers de ses effectifs, se reconstitue en Irak et reprend rapidement ses opérations. Le 5 septembre, le groupe indique que ses membres sont parvenus à se « réfugier dans les pays voisins » (une référence implicite à l'Iran), où ils se sont réorganisés « avec l'appui de nos frères qui sont le prolongement normal de notre action », afin de se redéployer sur l'ensemble du territoire irakien[1].

Les tensions entre les différentes forces armées au Kurdistan s'exacerbent à cette occasion. Abou Abdallah Al-Shafii, qui a succédé au mollah Krekar à la tête d'Ansar Al-Islam au mois de février 2003, s'en prend violemment dans un communiqué à Jalal Talabani, le secrétaire général de l'UPK, dont les forces ont participé, aux côtés des Américains, à l'offensive menée contre les bastions d'Ansar Al-Islam au mois de mars. Il dénonce également certains groupes islamiques kurdes, accusés de s'être comportés en « traîtres » au cours de l'offensive.

Ansar Al-Islam tente, depuis plusieurs semaines, de rassembler sous sa bannière les mouvements djihadistes présents en Irak. Al-Shafii précise que l'action d'Ansar Al-Islam, longtemps confinée « à une terre étroite et limitée, s'étend désormais du nord au sud de l'Irak, de l'est à l'ouest de ses frontières », affirmant qu'il existe « un consensus entre les moudjahidin combattant dans le pays pour rejoindre notre bannière ». Al-Shafii indique également que le groupe pourrait changer de nom en fonction des alliances qu'il serait susceptible de nouer avec d'autres factions. Il précise que ce nom pourrait être prochaine-

---

1. *Al-Hayat*, 5 septembre 2003.

ment dévoilé. Il revendique par ailleurs une action suicide contre les forces américaines, sans en préciser les détails.

Al-Shafii demande enfin « qu'aucun religieux musulman ne délivre de fatwas interdisant les opérations menées contre les Américains ». Il se réfère à une fatwa émise quelques mois plus tôt par l'une des références religieuses d'Ansar Al-Islam, et surtout de Zarkaoui, le Jordanien Abou Mohammed Al-Maqdisi.

Au mois d'avril 2003, Maqdisi a pris de la distance par rapport à la résistance djihadiste en Irak, et a condamné l'envoi d'« Arabes afghans » sur le sol irakien[1].

Rompant de manière surprenante avec ses écrits antérieurs, Al-Maqdisi critique le sacrifice de jeunes musulmans à des guerres « auxquelles nous sommes étrangers » et déclare qu'il est « interdit à un musulman de sacrifier sa vie pour vaincre dans une guerre entre deux infidèles [les Américains et le régime de Saddam Hussein] », appelant à cesser l'« holocauste » des vies jetées en pâture sur le champ de bataille. Maqdisi interroge ainsi les musulmans : « De quel Irak parlez-vous ? De l'Irak baasiste de Saddam Hussein […], celui qui a tué nos religieux […], celui qui a exterminé les musulmans à Halabjah avec des gaz chimiques ? […] Où étiez-vous chaque fois que les États-Unis ont soutenu Israël contre nos frères musulmans de Palestine ? […] Où étiez-vous lorsque les avions des croisés ont bombardé Kaboul, Gardiz, Herat et Kandahar ? »

Maqdisi est à cette époque en prison en Jordanie, et tout porte à croire que la rédaction de ce texte lui aurait été inspirée par le GID, au moment où les Américains entament leur offensive contre le régime irakien, alors qu'il était prêt, dix ans auparavant, à utiliser toutes les armes, y compris chimiques, contre le régime jordanien et les intérêts américains.

---

1. « Islamists cited on US-Iraqi-Syrian "deal," "suicide elements" in Iraq », *Al-Sharq Al-Awsat*, 13 avril 2003.

Un autre texte, rédigé par Maqdisi dans la prison jordanienne de Kafkafa en 2004, révèle une autre facette du
personnage, sans doute plus authentique que la précédente.
Maqdisi n'hésite pas à critiquer certains choix opérationnels
de Zarkaoui : « Parfois ses décisions n'étaient pas les bonnes
car Zarkaoui choisissait des personnes sans expérience du
djihad[1] ». Mais il soutient son combat en Irak : « J'ajoute avec
franchise que je suis aux côtés de mon frère Zarkaoui contre
tous ses ennemis. [...] Ce que je sais sur Zarkaoui, c'est qu'il
est prêt à donner son âme, son sang, son argent, sa vie pour
aider ses frères. [...] Que Dieu le préserve et le renforce dans
le droit chemin, qu'il lui permette ainsi qu'à ceux qui sont
avec lui d'aider Al-Tawhid[2]. »

Dès la fin du mois de mars 2003, Ansar Al-Islam
affiche déjà sur son site Internet des images de cadavres de
militaires américains et de corps mutilés issues d'une
cassette de propagande diffusée par un organe proche
d'Al-Qaida.

Thabit Ben Qays, le nouveau porte-parole d'Al-Qaida,
appelle, le 24 mars, les musulmans à « participer au djihad
contre les Américains en Irak », tout en refusant de
s'exprimer à propos des bombardements américains sur les
bases d'Ansar Al-Islam au Kurdistan irakien : « Je n'ai pas
l'intention de rendre service aux Américains, pour les
besoins de la propagande qui n'aura nécessairement qu'un
bénéfice limité sur les actions que mènent avec succès les
moudjahidin contre les forces de l'arrogance[3]. » Le
message n'en est pas moins clair, et sera rediffusé *in extenso*
sur le site Internet d'Ansar Al-Islam.

C'est finalement le 15 avril 2004 qu'Ansar Al-Islam
entre officiellement dans la résistance armée contre les

---

1. Message intitulé « Conseil de cheik Maqdisi à Abou Moussab Al-Zarkaoui »,
2004, archives de l'auteur.
2. *Ibid.*
3. « New Al-Qaida spokesman expect "gloomy fate" for US "crusade" on Iraq », *Al-
Sharq Al-Awsat*, 24 mars 2003.

États-Unis par un communiqué[1] appelant les Irakiens à répondre à l'occupant américain par le djihad et à combattre la « bande de traîtres et de criminels » par la voie du martyre et des « opérations héroïques » qui demeureront dans l'histoire comme « une leçon éloquente et profonde » pour tous ceux qui voudraient s'en prendre à l'Islam et aux musulmans. Dans le même communiqué, l'organisation revendique plusieurs attentats, contre un avion de l'armée, contre le convoi de Paul Bremer et contre le général Abizaid.

Le texte conclut par la menace de recourir à « toutes les armes à notre disposition, qu'elles soient conventionnelles, chimiques, nucléaires ou bactériologiques » contre l'ennemi américain, et lance cet avertissement : « Vous vous apprêtez à vivre des jours plus sombres que le 11 septembre 2001. »

Comme s'il était besoin d'être plus clair encore, le porte-parole d'Ansar Al-Islam ajoute : « Nous soutenons fermement les héros qui entreprennent des missions difficiles, comme les membres de l'organisation Al-Qaida, sous la responsabilité du vénérable et courageux compagnon, le porte-drapeau du djihad, le valeureux Oussama Ben Laden ». Ansar Al-Islam sera le nouvel instrument de la terreur.

Dès l'automne 2003, plusieurs faits attestent le rapprochement opéré par Zarkaoui entre ses propres réseaux et ceux d'Ansar Al-Islam. Les forces américaines arrêtent ainsi Husan Al-Yemeni, un adjoint de Zarkaoui, alors qu'il représente Ansar Al-Islam pour la ville de Fallouja. Le 22 janvier 2004, les soldats kurdes capturent un autre de ses membres au Kurdistan, Hasan Guhl, un Pakistanais vétéran de l'Afghanistan, proche d'Oussama Ben Laden et de Khaled Cheikh Mohammed, le planificateur des atten-

---

1. www.cihad.net, site Internet turc d'Ansar Al-Islam.

tats du 11 septembre 2001. Les Américains interpellent également, à Mossoul, en octobre 2003, Aso Hawleri, alias Asad Muhammed Hasan, numéro 3 d'Ansar Al-Islam et proche de Zarkaoui. Le 30 mai 2004, Umar Bayzani, planificateur d'attaques contre les forces américaines en Irak, est également pris[1].

Au mois de mai 2004, les mouvements sunnites extrémistes en Irak luttent désormais pour leur survie. Ansar Al-Islam, Ansar Al-Sunna, Salafiya Jihahidiya, les brigades Abou Hafs Al-Masri sont autant de prétendants au rôle de catalyseur des groupes djihadistes. Comme il l'avait fait au Kurdistan, Zarkaoui joue alors sur la division et le morcellement de ces groupes pour s'imposer comme un fédérateur.

Zarkaoui choisit de frapper un grand coup pour convaincre les différentes factions de le rallier. Le 9 avril 2004, un Américain de 26 ans est enlevé à l'ouest de Bagdad. Le 11 mai 2004, il est exécuté par Zarkaoui. La mort de Nicholas Berg sera le funeste acte fondateur de cette « union djihadiste » conçue par Zarkaoui. La vidéo de l'assassinat est diffusée sur un site Internet d'Ansar Al-Islam sous le titre « Cheik Abou Moussab Zarkaoui abat un infidèle américain ». Dans une mise en scène qui sera maintes fois répétée depuis lors, Zarkaoui et ses complices se tiennent masqués derrière un otage agenouillé et ligoté, vêtu d'une tunique orange, à l'instar de celle que portent les prisonniers retenus à Guantanamo. Zarkaoui ou l'un de ses complices lit alors un texte fustigeant l'ennemi américain et appelant les musulmans à rallier les rangs de la résistance en Irak. Lui qui n'a jusqu'alors jamais fait la guerre ailleurs qu'à Zarka déclare : « Vous êtes lassés par les joutes oratoires et les débats publics [...]. Voilà qu'est venu le temps de faire le djihad et de brandir l'épée que nous a envoyée le prophète ». Évoquant la « vengeance », il

---

1. « Ansar Al-Islam bolsters european network », *Jane's Intelligence Review*, 21 septembre 2004.

conclut en ces termes : « Vous verrez vos frères combattants suspendre la tête de cet infidèle sous l'un des ponts de Bagdad, afin que nul n'oublie la manière dont nous traitons les infidèles. Qu'il soit le témoin de l'honneur des musulmans[1]. » Puis, dans une mise en scène d'une sauvagerie extrême, l'otage est décapité. C'est le début d'une longue série d'exécutions d'otages.

Deux jours plus tard, le groupe Al-Jamaa Al-Salafiya, dirigé par Abou Dajanah Al-Iraqi, annonce sa fusion avec le groupe que vient de fonder Zarkaoui : Tawhid (Unité) et djihad (Guerre sainte), ou Tawhid Wal Djihad.

Les deux groupes conviennent, le 13 mai 2004, dans un communiqué conjoint signé par Zarkaoui et Al-Iraqi, que « la dispersion est une faiblesse et que l'unité, au-delà de son obligation légale, est un devoir imposé par les circonstances. [...] les guerriers du djihad et les chevaliers de l'Islam [...] ont besoin d'être unis à l'ombre des épées et dans la poussière des batailles ». Les deux organisations affirment que « leur base est Tawhid (Unité), leur voie le salafisme sunnite et leur moyen le djihad ». Zarkaoui est adoubé par les membres d'Al-Jamaa Al-Salafiya, qui reconnaissent en lui « leur chef au sein du groupe Tawhid Wal Djihad »[2]. Empruntant au vocabulaire politique américain, l'alliance est qualifiée de « ticket » pour la victoire du djihad.

Ansar Al-Sunna, quant à elle, conduira plusieurs opérations conjointes avec le groupe de Zarkaoui à partir du mois de novembre[3]. Ansar Al-Islam n'aura même pas besoin de formaliser la mise à disposition de ses moyens au profit de Zarkaoui. Abou Abdallah Al-Shafii, dont le nom a été signalé, en Afghanistan, dans un registre retrouvé dans un camp d'entraînement alors qu'il est réputé diriger

---

1. « Cheik Abou Moussab Zarkaoui abat un infidèle américain », déclaration à la nation, enregistrement vidéo, 11 mai 2004, archives de l'auteur.
2. « Unification des moudjahidin salafistes et de Al-Tawhid Wa Al-djihad », communiqué, 13 mai 2004.
3. Communiqué d'Ansar Al-Sunna, 10 novembre 2004, archives de l'auteur.

la « Brigade islamique du Kurdistan irakien », a prêté allégeance à Oussama Ben Laden[1].

Ce n'est d'ailleurs pas un hasard si Zarkaoui a emprunté le nom de son nouveau mouvement au groupe Tawhid que dirigeait Al-Shafii avant de fonder Jund Al-Islam puis Ansar Al-Islam avec mollah Krekar. Mais il est vrai qu'il semble surtout que ce choix soit un hommage rendu par Zarkaoui à son mentor. L'appellation existe en effet depuis déjà quatre ans : Maqdisi, qui avait semblé prendre ses distances avec le combat de Zarkaoui un an plus tôt, avait intitulé son site Internet : « Tawhid Wal Djihad[2] ».

Quoi qu'il en soit, en mai 2004, Zarkaoui a fondé, sous l'égide de Tawhid Wal Djihad, une véritable « coalition » de mouvements djihadistes, dont certains continueront d'agir sous leur nom d'origine, mais qui sont depuis lors tous contrôlés par Zarkaoui. Il s'agit principalement d'Ansar Al-Islam, Ansar Al-Sunna, Jaysh Mohammed, Al Jamaa Salafiya, Takfir Wal Hijra et Jund Al-Sham.

---

1. Registres internes à l'organisation Al-Qaida saisis en Afghanistan dans une maison d'hôtes utilisée par Ben Laden, p. 9, archives de l'auteur.
2. http//www.almaqdese.com.

Chapitre 6

La terreur

Zarkaoui n'est pas un grand stratège. Il s'impose donc par la force brute face à l'«envahisseur» américain. Sa coalition n'offre pas de véritable cohérence, sinon celle de la barbarie, et le groupe n'a aucune perspective politique. Il résulte de la réunion hétéroclite d'«Arabes afghans» ayant fui l'Afghanistan, de Jordaniens revanchards et de criminels frustrés de ne pas avoir pu combattre en Afghanistan, en Bosnie et en Tchétchénie.

Les références religieuses de Tawhid Wal Djihad se limitent aux principaux inspirateurs des extrémistes musulmans, de Sayyed Qutb, l'ancien leader religieux des Frères musulmans, à Abou Qatada et à Abdallah Azzam, mentor d'Oussama Ben Laden. L'organisation affirme un goût prononcé pour la martyrologie, et se réfère constamment aux «martyrs» que sont Abou Hafs Al-Masri (nom de l'un des groupes djihadistes actifs en Irak), alias Mohammed Atef, le chef militaire d'Al-Qaida, tué lors de l'offensive américaine en Afghanistan, ou Abdel Aziz Al-Muqrin, un responsable d'Al-Qaida en Arabie saoudite tué par les services de sécurité saoudiens en juin 2004.

Selon une étude réalisée par les services de renseignement irakiens en 2004[1], le groupe Tawhid Wal Djihad se

---

1. Summary of Intelligence Report on Abou Moussab Al-Zarqawi, autorité provisoire irakienne, 23 septembre 2004, archives de l'auteur.

compose de 1 000 à 1 500 combattants originaires d'Irak et d'autres pays musulmans. L'armée américaine évalue le nombre de « résistants » actifs en Irak entre 8 000 et 12 000 islamistes, près de 20 000 si l'on inclut les sympathisants[1]. L'organisation de Zarkaoui compte notamment plusieurs spécialistes des explosifs, des missiles et des armes chimiques.

Zarkaoui s'est entouré d'un cercle très réduit de proches et fidèles collaborateurs, parmi lesquels :

• *Abou Anas Al-Shami, alias Omar Yousef Jumah*
C'est l'un des plus proches. Ce religieux jordanien, né à Amman en 1969, a été un disciple d'Abou Mohammed Al-Maqdisi, comme Zarkaoui. Al-Shami a grandi en Arabie saoudite où sa famille avait émigré. Il est diplômé de l'université de La Mecque en 1990 avant de s'installer au Koweït. Après la première guerre du Golfe, en 1991, Al-Shami revient en Jordanie où il devient imam dans une mosquée puis dirige le centre Imam Al-Bukhari à Marka. Au milieu des années 1990, il se rend en Bosnie-Herzégovine, officiellement comme missionnaire. À son retour en Jordanie, il participe à la fondation du mouvement islamiste Jamaat Al-Sunnah Wal Kitab. Sa mosquée est fermée par les autorités jordaniennes. En 2003, il est détenu quelques jours par la police jordanienne en raison de ses activités, puis annonce son départ vers l'Arabie saoudite. Il se rend en réalité en Irak où il est désigné leader religieux de Tawhid Wal Djihad. En avril 2004, il publie sur Internet le récit des batailles qui font rage avec les Américains dans le triangle sunnite, sous le titre « La bataille de Fallouja ». « Le conseil religieux s'est réuni à la demande de notre chef Abou Moussab Al-Zarkaoui [...] pour évaluer la situation. Après une année de combats, le djihad n'avait toujours pas émergé, nos caches étaient découvertes, plusieurs leaders arrêtés. Nous devions changer de stratégie sur le plan

---

1. « Estimates by US see more rebels with more funds », *New York Times*, 22 octobre 2004.

opérationnel, alors nous avons décidé de faire de Fallouja un refuge sûr et une place imprenable». Le 28 juillet 2004, un message audio diffusé par Tawhid Wal Djihad est attribué à Al-Shami. Poussant à son paroxysme la stratégie du chaos prônée par Zarkaoui, il déclare que «si les infidèles prennent des musulmans comme protecteurs et que ces musulmans refusent de les combattre, alors il est permis de tuer ces musulmans». Ainsi attaque-t-il les chiites «qui ont fait alliance avec les infidèles». Son nom est apparu durant le procès d'un Jordanien, Bilal Mansour Mahmoud Al-Hiyari, poursuivi pour avoir financé Al-Qaida sous la forme de dons caritatifs. Al-Shami l'aurait convaincu de lever des fonds en faveur de la résistance irakienne en mars 2003. Hiyari se serait rendu en Irak où Zarkaoui lui aurait proposé de récolter des fonds en sa faveur. Abou Anas Al-Shami a été tué le 20 septembre 2004 par les forces de la coalition en Irak[1].

• *Khaled Mustafa Khalifah Al-Aruri, alias Abou Al-Qassam et Abou Ashraf*

Ce Jordanien de 37 ans est sans doute le plus vieil ami de Zarkaoui dont il a épousé la sœur. Ils furent inculpés puis incarcérés ensemble en Jordanie dans le cadre du démantèlement du groupe terroriste Bayt Al-Imam en 1994. Il l'a suivi en Afghanistan, en Iran, puis au Kurdistan. Il est l'homme des missions spéciales de Zarkaoui, en Irak et à l'étranger.

• *Abdel Haadi Ahmad Mahmoud Daghlas, alias Abou Ubaydah ou Abou Muhammad Al-Sham*

Daghlas a également participé en 1994 à la fondation de Bayt Al-Imam en Jordanie avec Zarkaoui. Il était l'un des deux kamikazes choisis par Zarkaoui pour conduire des opérations terroristes en Israël, mais il fut arrêté par les autorités jordaniennes en 1994. Il a animé le camp d'Hérat en Afghanistan avant de suivre Zarkaoui dans sa fuite. Le

---

1. «The State security court begins the trial of a collaborator with Al-Zarkaoui», *Al-Ra'y*, 16 septembre 2004 ; «Killing of Abou-Anas al-Shami was a strong blow to Al-Zarqawi's group», *Al-Sharq Al-Awsat*, 24 septembre 2004.

12 septembre 2004, Tawhid Wal Djihad a publié un communiqué annonçant sa mort en Irak.

• *Nidal Mohammad Al-Arab, alias Abou Hamza Mohammad*

Ce Jordanien a rejoint les camps afghans en 1999. Devenu expert en explosifs, il a coordonné la préparation de la plupart des attentats à la voiture piégée revendiqués par l'organisation. Il a été tué par les forces américaines en 2003.

• *Abou Mohammed Al-Lubnani*

Lubnani est un ancien soldat libanais et un spécialiste des explosifs. Il a longtemps vécu au Danemark avant de s'établir en Irak en 2003.

•*Abou Ali Al-Iraqi*

Un spécialiste des missiles ayant servi dans l'armée irakienne.

•*Hassan Ibrahim*

Coordinateur de la propagande du groupe, assisté de deux collaborateurs.

Outre ce noyau de proches, une dizaine de Jordaniens d'une trentaine d'années en moyenne font également partie des cadres supérieurs de l'organisation Tawhid Wal Djihad, le premier cercle de Zarkaoui, notamment Muwaffaq Ali Ahmad Al-Adwan, alias Abou Omar et Abou Anas Al-Jafarii ; Jamal Rifat Ratib Al-Utaybi, alias Abou Abdallah et Jamal Awayis ; Salah Al-Din Muhammad Tahir Al-Utaybi, alias Abdel Aziz Al-Anzi et Abou Djihad ; Muhammad Ismail Nayif Al-Safadi, alias Abou Al-Harith ; Sari Muhammad Hasan Shihab, alias Abou Safar et Suhayb ; Maadh Issaf Abdallah Al-Nusur, alias Abou Al-Qaqa ; Shihadah Naji Shihadah Al-Kilani, alias Izz Al-Din ; Muhammad Ratib Ibrahim Qutayshat, alias Khaid ; Mundhir Abdel Latif Youssef Shamma, alias Abou Al-Harith et Mundhir Al-Tammuni ; enfin Omar Izz Al-Din Issam Al-Utaybi, alias Al-Battar et Zakariya Omar Al-Barqaoui.

Tawhid Wal Djihad est organisé en «cercles concentriques» autonomes et les communications avec le premier cercle de Zarkaoui transitent par de nombreux intermédiaires, rendant extrêmement difficile sa localisation et *a fortiori* son infiltration. Il n'est d'ailleurs pas improbable que Zarkaoui dirige les actions du groupe à partir d'un État étranger, comme l'Iran ou la Syrie, où il a été localisé à plusieurs reprises après le déclenchement de l'offensive américaine sur l'Irak.

La principale zone d'activité de Tawhid Wal Djihad, le «triangle sunnite», a été divisée en neufs commandements opérationnels autonomes. La ville de Fallouja, qui sert de quartier général au mouvement, compte 500 combattants placés sous le commandement d'Abou Nawras Al-Faluji. Le secteur de Bagdad compte 50 combattants dirigés Omar Bazyani, récemment capturé par les forces américaines. La région nord est dirigée par Hussain Salim. La province d'Anbaar compte 60 combattants dirigés par Abou Azzam Abdallah. Le commandant de la ville de Mossoul est Abou Talha, qui supervise 400 combattants. Les services de renseignement irakiens estiment en outre que 50 combattants de Tawhid Wal Djihad seraient présents dans la ville de Samarra, 80 dans la province de Diyala et 150 dans la ville d'Al-Qaim, proche de la frontière syrienne. Chaque commandement local ou provincial est subdivisé en détachements, comme c'est le cas à Fallouja.

Dans sa lettre datée de 2004 et rédigée en prison, Maqdisi donne quelques recommandations à Zarkaoui pour mener à bien son combat en Irak : « Je conseille aussi de prendre un groupe islamique avec un commandement irakien qui connaît son peuple et sait lui parler[1] ». Il semble que Zarkaoui ait suivi ces conseils, car à Fallouja, à la fin du mois de novembre 2004, l'un de ses derniers lieutenants

---

1. Message intitulé « Conseil du cheik Maqdisi à Abou Moussab Al-Zarkaoui », 2004, archives de l'auteur.

encore présent dans la ville lors de l'offensive américaine était Omar Hadid, un Irakien, ancien membre de la garde spéciale de Saddam Hussein[1].

Selon les services de renseignement américains, les « résistants » en Irak auraient accès à des financements « illimités » provenant essentiellement de deux sources, des donateurs saoudiens et des organisations caritatives islamiques. Les fonds transitent principalement par la Syrie[2]. Le groupe de Zarkaoui dispose également de ses propres réseaux de financement. Ainsi, en 2004, les services jordaniens arrêtent un Jordanien recruté par Zarkaoui pour lever des fonds dans les mosquées pour son organisation en Irak. L'argent collecté par Bilal Mansur Al-Hiyari parvenait à Zarkaoui par l'intermédiaire de plusieurs messagers à travers la Syrie. Al-Hiyari a même reconnu avoir récolté 3 000 dollars afin d'acheter une voiture de marque Opel qui sera livrée à Zarkaoui alors qu'il se trouve Irak[3].

Zarkaoui tente activement depuis le mois de janvier 2004 de rallier à la cause de la « résistance » des combattants musulmans. Le 5 janvier 2004, dans un message audio d'une heure diffusé sur différents supports, il lance un appel aux musulmans pour rejoindre le djihad en Irak, citant les plus illustres fondamentalistes religieux[4].

Les opérations du groupe ont commencé après le 5 avril 2004, lorsque l'armée américaine lance sa première offensive contre la ville de Fallouja. Dès le 9 avril, un premier Américain est pris en otage puis exécuté. Suivront d'autres otages américains, sud-coréens et turcs à partir du mois de juin.

---

1. « Un lieutenant de Zarkaoui à la tête des rebelles à Fallouja », AFP, 19 novembre 2004.
2. « Estimates by US see more rebels with more funds », art. cité.
3. « Jordanian security court begins trial of suspected Al-Zarqawi collaborator », *Al-Ra'y*, 16 septembre 2004.
4. « Al-Qa'ida's Abou-Mus'ab Al-Zarqawi deplores muslims' "renunciation" of djihad », *FBIS Report*, 6 janvier 2004.

Le 6 avril 2004, au lendemain de l'offensive américaine sur la ville de Fallouja, Zarkaoui publie un long texte expliquant qu'il lutte contre les Américains et leurs « collaborateurs », notamment les Kurdes de l'UPK et les chiites. Zarkaoui revendique plusieurs actions, notamment l'attentat contre le siège de l'ONU à Bagdad, des attaques contre les forces de la coalition à Kerbala, Nasiriyah et Bagdad. Il cite également des actions contre les services de renseignement américains[1].

L'offensive du groupe de Zarkaoui contre les « collaborateurs » des Américains culmine le 23 octobre 2004 avec l'assassinat de cinquante recrues irakiennes de la garde nationale qui quittaient un camp d'entraînement proche de Kirkouk. L'action sera revendiquée le lendemain même par Zarkaoui, qui affirmera que son groupe a tué des « corrompus » et qu'il est parvenu à « voler deux véhicules et les salaires que les soldats venaient de recevoir de leurs maîtres[2] ».

Zarkaoui sait qu'il gagnera cette guerre en mobilisant avant tout les opinions publiques occidentales contre l'occupation. Les cibles civiles deviennent alors l'objectif premier de l'organisation.

---

1. « Text of Al-Zarqawi message threatening more attacks », *FBIS Report*, 6 avril 2004.
2. Communiqué du groupe Zarkaoui, 14 octobre 2004, archives de l'auteur.

Chapitre 7

La stratégie des otages

17 septembre 2004, deux Libanais, Charbel, 31 ans, et Aram, 47 ans, importateur de ciment, approchent en voiture du bastion sunnite de Fallouja, situé à 50 kilomètres à l'ouest de Bagdad. Ils aperçoivent un barrage qu'ils attribuent à la police irakienne. Mais ils comprennent vite que les hommes cagoulés et armés qui leur font signe de s'arrêter n'appartiennent pas aux forces régulières. Et puis une bannière flotte au sommet d'un mat de fortune : on y voit une kalachnikov et un avant-bras pointés vers le ciel reposant sur un Coran qui domine le globe terrestre, et puis cette inscription sans équivoque sur fond noir : Tawhid Wal Djihad.

Arrêtés, ils sont sommés de présenter leurs papiers. Parce qu'ils sont étrangers, les hommes de Zarkaoui les informent qu'ils vont être interrogés. On leur bande les yeux avec un bout de tissu tenu par un fil de fer, avant de les conduire en voiture dans une maison. Là, les ravisseurs, toujours masqués, leur fournissent des vêtements traditionnels, dont les fameux pantalons bouffants que portent les islamistes wahhabites. Leur patron, demeuré à Bagdad, tente de les joindre sur leur téléphone portable. C'est un Irakien qui lui répond et il raccroche aussitôt. Il comprend que ses deux employés viennent d'être enlevés.

L'interrogatoire dure cinq jours. Les ravisseurs cherchent à établir si les deux Libanais collaborent d'une manière ou d'une autre avec les Américains. Ils doivent rendre des comptes dans les moindres détails sur leur histoire, la société qui les emploie, la nationalité des employés étrangers, les clients en Irak, les zones de livraison… Les otages parleront d'une véritable « guerre des nerfs », avec privations et maintien en éveil. « On devinait les heures de la journée grâce à l'appel à la prière » lancé depuis les mosquées, se souvient Aram[1].

Lorsqu'ils sont autorisés à ôter leurs bandeaux, ils se retrouvent confrontés à des ravisseurs masqués. Ils assureront qu'ils pouvaient se doucher tous les jours et manger à leur faim. Ils disposaient même de matelas, d'oreillers et d'un ventilateur.

Après ces cinq jours, ils sont transférés dans une seconde maison où ils ne sont plus seuls. Commence alors une attente interminable, ponctuée par les cris d'Irakiens torturés dans les chambres voisines ou les voix d'otages étrangers. Ils se souviendront notamment d'un Égyptien moins chanceux qui finira par être exécuté.

Après s'être assurés qu'ils travaillaient bien pour l'Irak et non pour les Américains, leurs ravisseurs décident de les relâcher, et leur proposent même un repas d'adieu. Mais le dénouement de leur calvaire sera retardé en raison d'un raid américain sur la ville de Fallouja. Le 12 octobre 2004, les forces américaines détruisent en effet plusieurs sites utilisés par le réseau Zarkaoui, dont la maison où ils sont retenus en otages. Ils passeront deux heures sous les décombres, jambe brisée pour l'un, bassin fracturé pour l'autre. Selon ces deux Libanais, cinq combattants ont été tués durant le raid et leurs compagnons les ont enterrés le jour même sans passer par la morgue de l'hôpital.

---

1. « Deux Libanais sortent vivants de la tanière de Zarkaoui », AFP, 14 octobre 2004.

Les deux otages libanais sont finalement libérés le lendemain, au terme de vingt-sept jours de détention et après une brève hospitalisation à Fallouja[1]. Il est probable qu'une rançon a été payée au groupe par l'employeur des deux hommes. La politique du pire, initiée en avril 2004 par le groupe de Zarkaoui en Irak, se solde rarement par un tel dénouement.

Un autre otage libanais, Mohammed Ra'd, retenu à la même époque, affirme quant à lui avoir été détenu dans une pièce sombre dont le sol était taché de sang séché. Il raconte qu'un Irakien aiguisait un couteau à l'aide d'une grosse pierre devant sa cellule, et qu'un jour il est venu l'en extraire pour lui « montrer quelque chose qui servira de leçon à tous les Libanais qui tentent de coopérer avec l'armée américaine[2] ». Deux voitures sont alors arrivées aux abords de la maison dans laquelle il était retenu. Un otage égyptien a été extrait du coffre de l'une d'elles. Vêtu de ses seuls sous-vêtements, son corps entier était devenu bleu à force d'être frappé. Ils ont installé Mohammed Ra'd dans une pièce attenante, derrière un cameraman, un gardien à ses côtés. Ils ont revêtu l'Égyptien d'une tunique avant de le faire s'agenouiller.

L'un des ravisseurs lui raconta brièvement l'histoire de cet Égyptien. C'était la seconde fois qu'il était enlevé : la première il avait détruit publiquement des CD de propagande dans la ville de Fallouja ; cette fois, il était accusé de fournir des femmes aux soldats américains.

Les ravisseurs ont ensuite lié les mains de l'Égyptien dans son dos et lui ont demandé de décliner son identité, ses origines, son adresse, son activité. Après s'être exécuté, il a voulu s'excuser pour ses actes. Un homme a alors fait signe au « boucher » demeuré derrière l'otage. Celui-ci lui a

---

1. « Deux Libanais sortent vivants de la tanière de Zarkaoui », art. cité ; « Les deux Libanais libérés en Irak avaient été enlevés par Tawhid Wal Djihad », AFP, 13 octobre 2004.
2. Al-Arabiya TV, Émirats arabes unis, 10 octobre 2004.

attrapé la langue et l'a coupée avant de déclarer que l'heure des excuses était passée. Il lui a alors bourré la bouche de coton. Puis le « boucher » a lu un texte en forme de condamnation, l'otage sur le sol, l'un des ravisseurs lui tenant les pieds. Ils l'ont alors décapité[1].

En octobre 2004, l'état-major américain rendait Zarkaoui responsable de la mort de 675 Irakiens et de 40 étrangers, ainsi que de plus de 2 000 blessés depuis le début de l'offensive de la coalition[2].

Dès le mois de janvier 2004, dans une lettre qui lui est attribuée, Zarkaoui revendique l'essentiel des actions menées contre les forces de la coalition : « Nous avons été la clé de toutes les opérations suicides qui ont eu lieu, excepté dans le nord. Par la grâce de Dieu, j'ai mené 25 opérations jusqu'à présent, notamment contre [...] les Américains et leurs soldats, et les forces de la coalition[3]. »

L'ensemble des groupes rebelles islamistes actifs en Irak ont kidnappé, au cours de l'année 2004, plus de 150 étrangers, parmi lesquels des Américains, des Britanniques, des Libanais, des Jordaniens, des Égyptiens, de Turcs, des Népalais, des Sud-Coréens, des Pakistanais, des Italiens, des Bulgares et des Français.

Tout a commencé, on l'a dit, avec l'enlèvement, le 9 avril 2004, de Nicholas Berg, cet homme d'affaires américain âgé de 26 ans. Cet enlèvement, revendiqué par le groupe de Zarkaoui, suscite aussitôt une indignation dans le monde entier. Mais il n'en inaugure pas moins une vague de prises d'otages en Irak initiée par les principaux groupes de « résistants » islamistes. Le Bataillon Vert revendique ainsi une action similaire quelques jours plus tard, suivi par

---

1. *Ibid.*
2. « Wanted rebel vows loyalty to bin Laden, web sites say », *New York Times*, 18 octobre 2004.
3. Extrait de la lettre d'Abou Moussab Al-Zarkaoui, autorité provisoire en Irak, 23 janvier 2004.

l'Armée islamique en Irak, le groupe Ansar Al-Sunna et les brigades Abou Bakr Al-Sidiq.

Suit bientôt le cortège des exécutions. Tawhid Wal Djihad revendique ainsi près de dix exécutions en six mois, dont celle de Nicholas Berg au mois de mai, du Sud-Coréen Kim Sun-il au mois de juin, des Bulgares Georgi Lazov et Ivaylo Kepov au mois de juillet, des Turcs Murat Yuce et Durmus Kumdereli au mois d'août, des Américains Eugene « Jack » Armstrong et Jack Hensley au mois de septembre, du Britannique Kenneth Bigley au mois d'octobre. En matière d'enlèvement et d'exécution, le groupe de Zarkaoui se distingue de ses concurrents islamistes sous plusieurs aspects. En premier lieu, le groupe, s'il prône la politique du chaos en Irak, est très sélectif dans ses cibles : il vise essentiellement les Occidentaux et leurs « collaborateurs ».

Le groupe enlève, en outre, principalement des religieux ou des hommes politiques afin de susciter le plus grand retentissement médiatique possible. C'est ainsi que Tawhid Wal Djihad a revendiqué l'assassinat d'Izzadine Saleem, le président du Conseil du gouvernement irakien provisoire le 18 mai 2004, ainsi qu'une tentative d'attentat contre Abdul Jabbar Youssef, le vice-ministre irakien de l'Intérieur, le 22 mai 2004.

Car, s'il accepte le versement de rançons en contrepartie de la libération de certains otages réputés « non stratégiques », Zarkaoui recherche avant tout l'impact médiatique que lui procure l'exécution quasi publique des otages occidentaux. De ses mises en scènes macabres, on retient d'abord la barbarie dont elles témoignent et la terreur qu'elles inspirent. C'est d'ailleurs cela qu'en attend Zarkaoui, qui maîtrise parfaitement l'art de la communication, au point d'avoir institué un « département médias » au sein de Tawhid Wal Djihad dirigé par Abou Maysarah Al-Iraqi. Chargé de rédiger et de diffuser les communiqués du mouvement, ce département compterait au moins trois personnes en Irak. Son infrastructure informatique est basée à l'étranger et utilise les techniques les plus modernes dans le domaine du graphisme et de la vidéo, combinant effets sonores et graphiques afin de renforcer la portée des exécutions.

Le groupe dispose, en outre, de plusieurs supports et canaux de diffusion. Il s'est ainsi doté d'un site Internet pour rendre publics ses messages, et intervient régulièrement sur plusieurs forums de discussion islamistes pour relayer sa propagande et susciter des débats. Enfin, plusieurs médias arabes du golfe Persique relaient systématiquement l'intégralité des messages du groupe.

Tawhid Wal Djihad sait aussi défendre son «avantage compétitif» lorsqu'il le faut, face aux autres mouvements islamistes qui voudraient profiter de la médiatisation mondiale de Zarkaoui. Ainsi, peu après l'apparition, au cours de l'été 2004, d'un nouveau groupe dénommé Tawhid Islamic Movement, dont le nom pouvait prêter à confusion, le département médias de Zarkaoui a diffusé, le 4 août, un communiqué dans lequel l'organisation informait «les combattants qu'on ne saurait confondre Tawhid Islamic Movement avec Tawhid Wal Djihad, le nom du mouvement conduit par le cheik Abou Moussab Al-Zarkaoui». «Nos frères, ajoutait le communiqué, ont pu être trompés par les médias qui ont accolé notre bannière à ce nom[1].»

Les actions terroristes de Zarkaoui sont paradoxalement moins nombreuses que celles commises par d'autres groupes, comme l'Armée islamique en Irak, mais elles sont commentées dans le monde entier. Zarkaoui est attentif à la régularité des exécutions commises par son mouvement, au moins une par mois depuis mai 2004, et soigne leur timing. De la même façon, il est très attentif à la communication générale de son groupe. C'est ainsi qu'au lendemain du

---

1. Communiqué de Tawhid Wal Djihad, 3 août 2004, archives de l'auteur..

début de la deuxième offensive américaine sur Fallouja, au mois d'octobre 2004, Tawid Wal djihad a annoncé qu'il rejoignait Al-Qaida afin de mieux coordonner les forces menant le djihad en Irak. L'information ne fit qu'entériner une situation de fait, mais l'instant choisi pour cette annonce était important.

Zarkaoui a tenté à plusieurs reprises, dans ses écrits et ses discours, de justifier ses actes barbares, notamment après qu'une partie des religieux irakiens eurent pris leurs distances avec son groupe, ou l'eurent purement et simplement condamné. De ces assassinats ignobles, il retient qu'ils sont autorisés par le Coran et que ceux que l'on nomme « otages » n'en sont pas. Il établit en effet une distinction entre les otages et les espions, « la sentence de ces derniers étant la mort[1]. » Il admet, certes qu'il puisse s'élever des divergences sur la manière de donner la mort, par le fer ou par le feu, et « considère l'opinion des religieux sunnites sur le fait de savoir si ces meurtres sont permis ou non par la religion, seulement lorsque ces religieux expriment leur conviction profonde et non lorsqu'ils parlent au nom d'un gouvernement ou pour le satisfaire ». Zarkaoui se dit convaincu que les meurtres en question sont autorisés, y compris lorsqu'ils impliquent la mutilation des corps, car « Dieu nous permet de leur [les infidèles] rendre la pareille, avec les mêmes moyens que ceux qu'ils utilisent. S'ils tuent nos femmes, nous tuerons leurs femmes[2] ».

Cette conception fondamentalement dévoyée de l'Islam est le fruit d'un esprit rustre, endoctriné par des opinions qu'il formule et qui dérivent directement de celles des grands théoriciens du djihad moderne, notamment Abou Mohammad Al-Maqdisi, Abou Qatada et Youssef Al-Qardaoui, qu'il a lus, écoutés, parfois rencontrés, et auxquels il se réfère constamment.

---

1. *Al-Hayat*, 10 septembre 2004.
2. *Ibid.*

Chapitre 8

Al-Qaida s'incline

L'Irak n'a jamais constitué un véritable enjeu pour Al-Qaida. Dans sa première déclaration de guerre contre les États-Unis et l'Occident, le 23 août 1996, intitulée « Message d'Oussama Ben Laden à ses frères musulmans dans le monde et spécialement dans la péninsule arabique », Ben Laden mentionne à peine l'Irak[1].

L'Islam, on le sait, est la religion dominante en Irak, les chrétiens représentant moins de 5 % de la population. Les chiites composent les deux tiers de la population musulmane, contre un tiers de sunnites. Ces communautés cohabitent dans un calme relatif, et les sunnites sont contraints de faire profil bas face aux chiites afin de conserver la maîtrise de leurs bastions.

Dès lors, les dirigeants d'Al-Qaida ont toujours ménagé l'Iran et la communauté chiite, qui constitue la majorité du pays. Ainsi, en dépit de la fermeté récente de l'Iran à l'égard des détenus d'Al-Qaida, ni Oussama Ben Laden ni Ayman Al-Zawahiri n'ont condamné ce pays. De surcroît, Ben Laden n'a jamais appelé à attaquer les religieux chiites sur le sol irakien, et il a même démenti l'implication de son

---

1. Oussama Ben Laden, déclaration de guerre, 23 août 1996.

organisation dans l'assassinat du chef du Conseil suprême de la révolution islamique en Irak, le cheik Bakir Al-Hakim.

En outre, avant l'ouverture du front irakien, Al-Qaida n'avait jamais attaqué les chiites iraniens en Afghanistan, pourtant proches de l'Alliance du Nord, ni les chiites saoudiens.

Bien au contraire, la stratégie d'opposition systématique d'Al-Qaida aux États-Unis, notamment à la présence de troupes occidentales dans le Golfe, s'inscrivait dans le prolongement de la politique iranienne, susceptible, le cas échéant, de faire contrepoids à l'alliance nouée par le régime saoudien avec l'Amérique. Cette stratégie de coexistence pacifique, qui n'allait pas de soi en raison de l'opposition historique entre les sunnites et les chiites, a été une contrainte d'Al-Qaida et de ses dirigeants jusqu'à l'offensive américaine en Irak.

Zarkaoui, à l'opposé, qui prône en Irak la stratégie du chaos, dénonce pêle-mêle tous les complices de « l'agression » américaine, dont les Kurdes et les chiites. Dans une lettre qui lui est attribuée, et qui a été saisie le 23 janvier 2004 par les forces américaines en Irak, Zarkaoui qualifie les chiites de « plus grand démon de l'humanité[1] » pour avoir pactisé avec l'ennemi américain. Il les compare à un « malicieux scorpion », qui se parerait des habits (*sic*) de l'amitié pour mieux « poignarder dans le dos » les vrais représentants de l'Islam que sont les sunnites. En dépit des doutes qui planent sur l'authenticité de cette lettre, censée avoir été destinée aux dirigeants d'Al-Qaida, la conception primaire de la religion musulmane qui en émane, notamment l'opposition séculaire entre les chiites et les sunnites et l'affirmation selon laquelle les chiites chercheraient à constituer en Irak un « nouvel Iran », corrobore d'autres déclarations de Zarkaoui et fait écho à sa faible culture religieuse.

---

1. Extrait de la lettre d'Abou Moussab Al-Zarkaoui, autorité provisoire en Irak, 23 janvier 2004.

Dans un message enregistré rendu public quelques mois plus tard, Zarkaoui qualifiera en effet les chiites de « maillon faible » de la nation islamique et de « cheval de Troie » des Américains en Irak[1]. Une position difficilement conciliable avec la neutralité affichée par les dirigeants d'Al-Qaida à l'égard de la communauté chiite.

Dans cette affaire, il ne faut pas négliger non plus que nombreux sont les dirigeants de l'organisation qui considèrent que la priorité de l'action n'est pas l'Irak. Ainsi, un responsable d'Al-Qaida en Arabie saoudite explique, en octobre 2003, dans le magazine en ligne *La Voix du djihad*, organe de presse d'Al-Qaida dans la péninsule arabique, que s'il a reçu « de nombreuses propositions pour aller en Irak », et bien que l'Irak soit à ses yeux « un front du djihad » comme d'autres, pour lequel l'organisation a d'ailleurs déjà consacré beaucoup d'efforts, l'essentiel est le combat pour chasser les « infidèles » de la terre sainte, l'Arabie saoudite[2].

Dans ces conditions, l'engagement d'Al-Qaida aux côtés de la résistance islamiste en Irak a été progressif et s'est joué sur deux niveaux. Il résulte dans une large mesure des prises de position des religieux radicaux, appelant au djihad en Irak puis « autorisant » les agissements du groupe de Zarkaoui, notamment les attentats suicides, les prises d'otages et les exécutions. Par ailleurs, l'arrivée massive de candidats au djihad, notable dès l'été 2003, a progressivement réduit dans les faits la marge de manœuvre des dirigeants d'Al-Qaida.

Dès la fin de l'année 2002, des voix s'élèvent, notamment parmi les religieux proches d'Al-Qaida, pour soutenir le djihad contre les Américains dans l'hypothèse d'une invasion de l'Irak. Abou Qatada répond ainsi à un journaliste qui l'interrogeait sur le rôle que pourraient jouer les groupes djihadistes en cas d'attaque américaine : « [...] l'accroisse-

---

1. « Text of Al-Zarqawi message threatening more attacks », art. cité.
2. *Voice of Djihad*, n° 1, 17 octobre 2003, MEMRI.

ment de la tyrannie américaine [...] et son projet d'attaquer l'Irak pour y installer un "Karzai irakien" rendra nécessaire une bataille plus féroce encore[1]. »

Au cours de l'année 2003, cheik Youssef Al-Qardaoui, leader religieux des Frères musulmans égyptiens réfugié au Qatar, forge le concept de la « résistance » à l'agression étrangère en Irak. Cheik Qardaoui est l'un des principaux théoriciens des attentats suicides avant et après les attentats du 11 septembre 2001 aux États-Unis. Au-delà du double discours des disciples des Frères musulmans, les propos de Yussef Al-Qardaoui sont relativement limpides sur ce sujet. Au mois de février 2001, il déclare ainsi à un quotidien égyptien que « la nécessité justifie l'interdit » (le suicide est prohibé par la Coran), et que les « bombes humaines » sont « une nouvelle arme » dont le sacrifice est assimilé au martyre dans la religion[2]. Quelques mois plus tard, il estime que les attentats suicides ne peuvent être assimilés au suicide, et qu'ils constituent « la forme la plus noble de la guerre[3] ». Interrogé en décembre 2001 à la suite des attentats aux États-Unis, Yussef Al-Qardaoui n'a pas changé sa position. Il estime que « les opérations suicides sont ainsi qualifiées faussement et injustement car elles relèvent en réalité de l'action héroïque et les attaques martyres ne devraient en aucune circonstance être assimilées au suicide[4] ».

À la suite de vives protestations occidentales, il sera un temps privé de parole par les autorités du Qatar, qui suspendent sa chronique religieuse dominicale sur la chaîne Al-Jazira intitulée « La Charia et la vie ». Mais, dès le début de l'année 2003, ce sunnite prend la tête de la cohorte de

---

1. « United Kingdom: "Fugitive" islamist Abou-Qatadah interviewed via Internet », *Al-Sharq Al-Awsat*, 18 octobre 2002.
2. *Al-Ahram Al-Arabi*, 3 février 2001.
3. « Muslim cleric calls suicide bombers martyrs », Associated Press, 25 avril 2001.
4. Al-Jazira, 9 décembre 2001.

religieux qui cristallisent l'opposition exacerbée contre les États-Unis à la veille de l'offensive en l'Irak.

À la fin du mois de janvier 2003, Youssef Al-Qardaoui déclare que « quiconque est tué dans une opération militaire destinée à expulser les forces d'occupation américaines du Golfe est un martyr », tout en relevant qu'il convient de distinguer les civils américains de leur gouvernement et de leur armée[1]. Au début de l'offensive américaine, il lance, le 7 mars 2003 exactement, à l'occasion d'un prêche, que le djihad est une obligation dans l'Islam et que les musulmans se doivent « de résister et d'expulser les non-croyants qui envahissent un pays musulman », dénonçant tous ceux qui « coopèrent » avec les États-Unis en Irak[2]. Quelques mois plus tard, en septembre 2003, il ne s'agit plus seulement de résistance puisqu'il implore Dieu d'« éliminer » les États-Unis[3].

Le spectre d'un affrontement entre les sunnites et les chiites, principal écueil que cherchent à conjurer les radicaux proches d'Al-Qaida en Irak, puisqu'il risquerait de les fragiliser localement et de les marginaliser régionalement, ressurgit comme un problème que cherchent à provoquer les États-Unis pour mieux justifier leur présence en Irak. Les religieux proches de l'organisation terroriste dénoncent alors ce qu'ils regardent comme un « complot » des États-Unis, une guerre de religion entre les sunnites et les chiites pour diviser le peuple[4].

Cet enjeu central, notamment après l'arrestation de Saddam Hussein, qui constituait le ciment de l'équilibre religieux en Irak, contribue à radicaliser le discours des

---

1. « Islamic scholar says anyone killed trying to expel US forces from Gulf is "martyr" », *Gulf News*, 29 janvier 2003.
2. « Al-Qaradawi, saudi clerics call for djihad against US, support for Iraq », *Al-Quds Al-Arabi*, 8 mars 2003.
3. « Qatar's Al-Qaradawi resumes anti-US rhetoric », Irak-FMA, FBI'S report, 29 septembre 2003.
4. « Friday sermons urge islamic unity, denounce "aggression" on Palestinians, Iraq », FBI'S report, 3 octobre 2003.

fondamentalistes, qui désignent dès lors les États-Unis comme l'« ennemi » absolu, au même titre que ceux qui « collaborent » à son effort de guerre. Leur discours se veut dès lors plus politique, et de nombreux religieux évoquent désormais les « errements » et les « mensonges » des États-Unis, auxquels a répondu « le courage des hommes qui leur font face » [les « résistants »]. Les États-Unis sont dénoncés comme ceux qui fomentent la « division » du peuple irakien et qui « envahissent » les pays arabes, dans un vaste « complot colonialiste »[1].

Le soutien officiel des islamistes radicaux aux djihadistes irakiens s'accélère au cours de l'été 2004. En témoigne notamment une initiative importante, pourtant passée quasiment inaperçue, émanant de 93 religieux. Dans un appel publié à Londres par *Al-Qods Al-Arabi* le 23 août 2004, les principaux religieux issus des Frères musulmans, parmi lesquels le guide suprême d'Égypte et Youssef Al-Qardaoui, appellent à « soutenir par tous les moyens moraux et matériels la courageuse et honorable résistance islamique » en Irak contre la campagne « colonialiste américano-sioniste »[2].

Au début du mois de septembre, Youssef Al-Qardaoui tombe le voile. Par une fatwa, il autorise l'enlèvement et le meurtre des civils américains afin de « forcer l'armée américaine à se retirer ». Al-Qardaoui déclare, en outre, qu'il convient désormais de combattre en Irak « tous les Américains, y compris les civils », estimant que tout Américain militaire ou civil doit être « considéré comme un envahisseur et combattu »[3]. Il conclut que « les civils américains sont venus en Irak pour soutenir l'occupation [militaire].

---

1. « Friday sermons denounce bombings, urge resistance, hail Prophet's birthday », FBI'S report, 30 avril 2004.

2. « Islamic figures, scholars worldwide condemn "US-zionist crimes" in Iraq, Palestine », *Al-Quds Al-Arabi*, 23 août 2004.

3. « Egypt : muslim cleric Al-Qaradawi calls on muslims to fight all Americans in Iraq », Teheran Sahar TV 1, 3 septembre 2004.

L'enlèvement et le meurtre des Américains deviennent donc, dans ces conditions, une obligation religieuse car il faut les contraindre à quitter le pays». Il n'en précise pas moins, dans un élan d'humanité, que «la mutilation des corps, toutefois, est prohibée par l'Islam»[1]. Il s'agit donc de tuer, mais de tuer proprement.

Si Al-Qaida, à cette époque, n'a pas encore officiellement pris position sur le mouvement de « résistance», ses réseaux traditionnels de soutien et nombre de ses membres ont déjà concentré leurs activités sur la nouvelle terre de djihad.

Au mois de janvier 2004, Zarkaoui semble réclamer l'aide et le soutien d'Al-Qaida dans la fameuse lettre qui lui est attribuée par le gouvernement américain. Il écrit : «Nous avons besoin de créer des armées de moudjahidin [...] pour combattre l'ennemi – les Américains, la police, les soldats [...]. Nous continuons à nous entraîner et à renforcer nos rangs. Nous leur porterons des coups par des opérations suicides et des voitures piégées.» Avant d'indiquer clairement : «Si vous partagez notre avis, si vous l'adoptez comme programme [...] et si vous êtes convaincus par l'idée de combattre les infidèles, nous serons vos soldats, sous votre bannière, répondant à vos ordres et prêtant serment d'allégeance à vous publiquement [...][2]. »

Plusieurs indices indiquent que les dirigeants d'Al-Qaida ont alors changé d'attitude à l'égard du djihad en Irak. En témoigne un article publié dans le numéro d'août-septembre 2004 de *La Voix du djihad*. Abd El-Rahman ibn Salem Al-Shamari y fait l'éloge de la décapitation d'un Égyptien en Irak. Le Zarkaoui isolé, que l'organisation s'était jusqu'alors bien gardée de cautionner, devient, sous la plume du journaliste, « le cheik des tueurs». On peut ainsi lire : «Ô cheik des tueurs, Abou Moussab Al-Zarkaoui,

---

1. *Al-Sharq Al-Awsat*, 2 septembre 2004.
2. Extrait de la lettre d'Abou Moussab Al-Zarkaoui, autorité provisoire en Irak, 23 janvier 2004.

continuez de suivre le droit chemin, guidé par Allah! Battez-vous avec les monothéistes contre les adorateurs d'idoles, avec les combattants du djihad contre les collaborateurs, les hypocrites et les rebelles [...] soyez sans merci![1] »

L'acte qui scelle la victoire de la ligne Zarkaoui, c'est le serment public d'allégeance du groupe Tawhid Wal Djihad à Oussama Ben Laden diffusé le 17 octobre 2004. Signé Abou Moussab Al-Zarkaoui, « commandant du mouvement Tawhid Wal Djihad », et publié sur le site Internet du groupe, il est sans équivoque. Il est intitulé « Le mouvement Tawhid Wal Djihad, son émir [Zarkaoui] et ses combattants ont rejoint la bannière d'Al-Qaida et prêté allégeance au cheik Oussama Ben Laden[2]. » Le texte confirme que Zarkaoui était en contact « avec les frères d'Al-Qaida depuis huit mois », qu'ils ont « échangé des points de vue » et même qu'une « rupture » est intervenue, avant que les contacts soient rétablis.

Le serment de Zarkaoui se veut le symbole d'un nouveau rassemblement : « O cheik des moudjahidin, si tu traverses la mer, nous la traverserons avec toi. Si tu ordonnes, nous écouterons, si tu interdis, nous obéirons. Tu es le dirigeant indiqué pour les armées de l'Islam contre tous les infidèles, les croisés et les apostats. »

Au-delà de son lyrisme, cette annonce vise avant tout à conforter, aux yeux des combattants en Irak et des recrues potentielles, le soutien d'Al-Qaida à la stratégie mise en œuvre par Zarkaoui. Car en réalité, on le sait, l'affiliation de Zarkaoui à Al-Qaida remonte à l'année 1999, et le Jordanien a déjà prêté serment à Oussama Ben Laden en 2001. L'annonce du 17 octobre scelle bel et bien l'adhésion d'Al-Qaida aux orientations de Zarkaoui. Le texte le confirme

---

1. *Voice of Djihad*, n° 23, août-septembre 2004, pp. 36-38, MEMRI, 12 octobre 2004.
2. Communiqué du mouvement Tawhid Wal Djihad, 17 octobre 2004, archives de l'auteur.

implicitement lorsqu'il affirme que « nos frères d'Al-Qaida ont compris la stratégie du groupe Tawhid Wal Djihad [en Irak] et sont satisfaits des méthodes que nous avons utilisées », et précise que le groupe de Zarkaoui s'engage à « poursuivre le djihad ». Pour donner plus de résonance encore à cet engagement, Zarkaoui signe, le 19 octobre, un texte sous le nom d'une nouvelle entité, le « Comité Al-Qaida pour le djihad en Mésopotamie [Irak] ».

L'offensive américaine contre Fallouja, essentiellement destinée à abattre le réseau Zarkaoui, aura montré ses limites face à un ennemi qui n'est sans doute plus en Irak depuis des semaines et qui appelle désormais au djihad dans des communiqués enflammés. Le 12 novembre 2004, il exhorte ainsi les « valeureux résistants de Fallouja[1] ». Au nom d'Al-Qaida, Zarkaoui a délaissé le champ de bataille pour devenir insaisissable, à l'instar d'Ayman Al-Zawahiri et d'Oussama Ben Laden.

Le destin d'Al-Qaida est plus que jamais lié à celui d'Abou Moussab Al-Zarkaoui.

---

1. Communiqué d'Abou Moussab Al-Zarkaoui, 12 novembre 2004, archives de l'auteur.

IV

UN RÉSEAU GLOBAL

Je suis global et aucune terre n'est mon pays.

Abou Moussab Al-Zarkaoui,
26 mai 2004

Chapitre 1

Du Kurdistan à l'Allemagne

Les réseaux d'Abou Moussab Al-Zarkaoui sont bien implantés en Europe. Peu après les attentats du 11 septembre 2001, les enquêteurs européens ont d'ailleurs appréhendé sous un jour nouveau la menace du terrorisme islamiste et les réseaux de Zarkaoui sont devenus un enjeu significatif dans la lutte antiterroriste. En Allemagne, en Grande-Bretagne, en France, en Italie ou en Espagne, plusieurs cellules ont été démantelées car liées aux activités terroristes d'Abou Moussab Al-Zarkaoui et des groupes Tawhid et Ansar Al-Islam qu'il contrôle, le premier étant une composante opérationnelle du second.

L'ennemi a changé progressivement de visage. L'efface-ment graduel d'Oussama Ben Laden après les bombarde-ments américains en Afghanistan a progressivement placé sous les feux de l'actualité la figure de Zarkaoui.

D'autant que celui-ci apprend très vite. Qu'il s'agisse de réactiver une cellule dormante en pays étranger ou de médiatiser ses opérations, il excelle à appliquer les bonnes vieilles méthodes d'Oussama Ben Laden, celles qui ont fait leurs preuves depuis les premières opérations d'Al-Qaida contre les ambassades américaines au Kenya et en Tanzanie en 1998.

Pour les centaines de djihadistes formés à l'école d'Al-Qaida, puis financés par l'organisation pour commettre des attentats terroristes, l'affaiblissement du commandement d'Al-Qaida, dont les membres sont désormais majoritairement arrêtés ou en fuite, est un coup dur. Plusieurs centaines d'individus entraînés au terrorisme international se sont vus contraints de rompre tout lien avec l'état-major de l'organisation. Les arrestations successives d'Abou Zubaydah, de Ramzi Binalshibh, ou de Khaled Cheikh Mohammed ont ainsi considérablement affaibli la structure de commandement du réseau. Et pour nombre d'opérationnels et de cellules dormantes la liaison avec le sommet de l'organisation est devenue impossible.

Avec plus de discrétion qu'Oussama Ben Laden mais presqu'autant de charisme, Zarkaoui a réapparu au Proche-Orient après sa fuite d'Afghanistan. Renforcé par la présence à ses côtés d'un solide groupe de fidèles ainsi que par la liberté de mouvement dont il dispose dans la région, Zarkaoui s'est imposé à la communauté des djihadistes de l'après-11 septembre comme le nouvel homme à suivre. Pour les centaines de djihadistes qui avaient fui l'Afghanistan, Zarkaoui n'était pas un inconnu. Il appartenait au deuxième cercle des lieutenants d'Oussama Ben Laden et son parcours au sein de l'organisation Al-Qaida entre 2000 et 2001 était parfaitement connu des autres combattants.

Fort de son passé au sein de l'organisation et de la direction du camp d'Herat, Zarkaoui a su prendre l'ascendant sur les figures historiques des réseaux Al-Qaida. Progressivement, il est même devenu l'un des seuls commandants opérationnels capable de mener à bien des opérations d'envergure s'imposant *de facto* comme le chef opérationnel du groupe terroriste.

La puissance du réseau de Zarkaoui repose sur diverses composantes, qui, combinées les unes aux autres, témoignent parfaitement du spectre de la menace terroriste islamiste en Europe. En premier lieu, la relation, chaotique mais suivie, entre Zarkaoui et Abou Mohammed Al-Maqdisi. Elle s'est révélée un précieux sésame et a ouvert bien des portes à Zarkaoui, notamment celle de son représentant en Europe, le Jordanien Abou Qatada – désormais incarcéré à la prison Belmarsh en Angleterre. Abou Qatada ainsi que son lieutenant Abou Doha sont cités à plusieurs reprises dans le cadre de l'enquête sur les réseaux allemands de Zarkaoui.

En deuxième lieu, l'organisation Ansar Al-Islam et son bras politique, le Mouvement islamique du Kurdistan irakien, naguère surnommé le « Hezbollah du Kurdistan ». Prônant la création d'un État islamique (ou califat) au Kurdistan irakien, les militants d'Ansar Al-Islam se sont assurés d'un large réseau de soutien en Europe et contrôlent plusieurs centres religieux dans les capitales européennes, notamment en Allemagne et en Italie. Ces mêmes réseaux seront utilisés par Zarkaoui pour recruter de nouveaux partisans afin de mener des opérations terroristes en Irak ou en Europe.

Parmi ces réseaux figurent la cellule Tawhid en Allemagne, la cellule de soutien à Ansar Al-Islam en Italie ainsi que la nébuleuse des salafistes marocains d'Espagne, autant de groupes qui, au-delà de leurs divergences originelles, poursuivent le même objectif : exporter le djihad en Irak pour le compte de Zarkaoui. Ce dernier se trouve d'ailleurs au cœur des enquêtes européennes les plus récentes et les plus complexes. Hormis le GID jordanien, les services de renseignement allemands sont sûrement ceux qui connaissent le mieux Abou Moussab Al-Zarkaoui. En 2002, durant plusieurs mois, ils sont en effet parvenus à placer sur écoutes téléphoniques plusieurs membres du groupe Tawhid basé en Allemagne.

Les fonctionnaires allemands du BND (Bundesnachrichtendienst) ont alors analysé avec précision le comportement de Zarkaoui à divers moments de sa fuite d'Afghanistan. Tantôt anxieux, tantôt cordial avec les membres de la cellule, il présente, à l'écoute de ces enregistrements, une autre facette de sa personnalité. Bref, les quelque six cents pages de procédures, d'interrogatoires et d'écoutes réunies dans le cadre de l'affaire Tawhid montrent que Zarkaoui n'est pas seulement le monstre froid qui décapite des otages en Irak. Dès lors qu'il s'agit de sauver sa propre vie, Zarkaoui sait se faire conciliant, séducteur, tout en restant un solide meneur d'hommes. Terroriste, oui, kamikaze, non.

Hans Josef Beth, le directeur du contre-terrorisme au sein des services de renseignement fédéraux allemands, insiste sur le rôle « hautement actif » de Zarkaoui dans le cadre de la cellule Tawhid. Après le démantèlement du groupe, il a déclaré : « Al-Tawhid est une cellule islamiste extrémiste inquiétante. Elle apportait son soutien à plusieurs cellules en Europe, spécialement en Allemagne. Al-Tawhid est une composante d'Al-Qaida. Son leader spirituel est Abou Qatada, connu pour ses théories extrémistes[1]. »

La découverte de Tawhid est d'une importance majeure pour le contre-terrorisme allemand et européen. Quelques semaines seulement après avoir mis au jour, trop tardivement, certes, la redoutable « cellule de Hambourg », responsable des attentats du 11 septembre 2001, voilà qu'on découvrait qu'un autre groupe terroriste avait permis à un nombre important de membres d'Al-Qaida, parmi lesquels Zarkaoui, d'échapper aux Américains en Irak et de continuer le djihad.

L'histoire se déroule principalement entre Téhéran et la rue Wilhem de la ville de Beckum, en Westphalie, au domicile du leader du groupe, Mohammed Abou Dhess (alias Abou Ali). D'autres villes allemandes comme Bavaria ou

---

1. « German : activities of Al-Qaida's Zarqawi, Germany based detailed », *Der Spiegel*, 25 novembre 2002.

Leipzig ont également abrité plusieurs « dormants ». Au total, ce sont près d'une trentaine d'individus, venus de Jordanie, d'Iran, d'Irak et du Yémen qui seront appréhendés par la police allemande au cours de l'enquête. L'affaire sera confiée au procureur général allemand Kay Nehm, qui s'était précédemment illustré à l'occasion de l'enquête sur la cellule de Hambourg. Le réseau dit « Tawhid » avait tissé sa toile à travers les frontières. On découvrira des ramifications au Danemark, en Iran, mais aussi en Grande-Bretagne.

Les individus arrêtés étaient déjà, comme souvent en matière de terrorisme, connus des services de police ou de justice. Certains avaient même déjà été condamnés. Tel était le cas de Thaer Mansour, recherché par la police italienne pour son implication dans une précédente cellule Al-Qaida à Milan[1]. Un autre membre du groupe, Sayed Agami Mohawal, né le 25 février 1964 au Caire, avait été, par le passé, condamné en Égypte à dix ans d'emprisonnement pour son appartenance à un groupe islamiste fondamentaliste et pour port illégal d'armes à feu[2]. Un autre encore était également connu des services de sécurité allemands : Aschraf Al-Dagma. Ce Palestinien de 34 ans n'était pas franchement passionné par l'exégèse religieuse lorsqu'il arriva en Allemagne en 1994. Prétendument persécuté par les services de renseignement palestiniens, il trouva refuge à Berlin. Progressivement, la police allemande enregistra ses premiers méfaits criminels : il revendait de la cocaïne à la station de métro Zoo de Berlin. Il fut arrêté puis condamné à deux ans d'emprisonnement assortis d'une mise à l'épreuve. Al-Dagma découvrit les commentateurs très rigoristes de l'Islam et commença à fréquenter de petits cercles religieux radicaux. Il fut finalement arrêté en avril 2003 pour complot terroriste, en possession d'un faux passeport portugais au

---

1. http://www.treas.gov/rewards/pdfs/terroristlists/list16.pdf
2. Procédure judiciaire allemande, affaire Al-Tawhid, 2002, archives de l'auteur.

nom de « Conti Sanchez »[1]. Aschraf Al-Dagma était l'un des éléments les plus actifs de la cellule Tawhid[2].

Jouant habilement de la législation sur le droit d'asile, ces terroristes s'assurent le statut de réfugié politique puis terminent leurs parcours dans des groupes extrémistes basés en Allemagne même.

L'enquête commence véritablement avec la mise sur écoutes des 17 téléphones portables d'un seul et même homme, Mohammed Abou Dhess (alias Abou Ali). Abou Ali est un solide gaillard d'1,92 mètre, originaire de Jordanie. Curieux touche-à-tout que ce quadragénaire, à la fois ancien basketteur et chanteur de charme dans les palaces cossus d'Amman, une fois immigré en Allemagne, l'homme révèle une autre facette de sa personnalité, plus sombre cette fois, celle d'un trafiquant expérimenté. Principal partenaire de Zarkaoui en Allemagne, il est déjà connu pour son affairisme dans les milieux palestiniens. Abou Ali a également participé à quelques opérations importantes de trafic d'armes destinées à la cause islamiste. Les services allemands de protection de la Constitution (BFV), en charge de la sécurité, admettent en 2001 qu'ils surveillent Abou Ali depuis 1997. Le nom de cet homme apparaît régulièrement dans les affaires de trafics à grande échelle.

Cette expérience de trafiquant est utile à Zarkaoui, qui cherche alors par tous les moyens à échapper aux frappes de la coalition en Afghanistan. Aussi contacte-t-il en Allemagne Abou Ali, pour qui c'est un honneur d'aider un haut dirigeant d'Al-Qaida. À plusieurs reprises, Zarkaoui refuse catégoriquement que son principal interlocuteur allemand participe à une opération kamikaze alors que ce dernier le lui demande pourtant avec insistance. Abou Ali avait même

---

1. *Ibid.*
2. Aschraf Al-Dagma est, en décembre 2004, en détention préventive en Allemagne où il encourt dix années de réclusion.

prévenu sa mère et lui avait demandé qu'elle prie pour que son fils meure en martyre[1].

Mais rien n'y fait, Zarkaoui oppose un « non » ferme à Abou Ali, comme en témoignent les enregistrements : « Si nous te perdons maintenant, nous perdons un allié », explique-t-il. Abou Ali voue un profond respect à Zarkaoui et l'appelle volontiers *Habib* au téléphone (« mon amour »). Les deux hommes peaufineront la fonction opérationnelle de la cellule Tawhid lors d'une réunion secrète tenue en Iran, ce qui souligne le rôle majeur tenu par Mohammed Abou Dhess[2] dans cette organisation.

Pour l'heure, fort de cette relation privilégiée avec Zarkaoui, Abou Ali dirige la cellule depuis Essen, dans la Ruhr. Il donne des ordres, critique, conseille et même sanctionne. Il est très présent dans la conduite des opérations. Les services de renseignement allemands décident alors de ne pas arrêter immédiatement Abou Ali afin de privilégier le recueil de renseignements. Ils souhaitent en apprendre davantage sur Zarkaoui, cette nouvelle figure de proue du djihad. Mais, bien entendu, ils renforcent leur dispositif de surveillance autour du groupe.

En peu de temps, la cellule Tawhid s'organise sous l'impulsion directe de Zarkaoui. Les différents membres du groupe en Allemagne récupèrent en Afghanistan, auprès de Zarkaoui et de ses plus proches partisans, des photographies d'identité qu'ils acheminent ensuite vers Essen en Allemagne ou à Horscholm, au Danemark. Un atelier clandestin de faux documents administratifs y est dirigé par Shaker Yussuf El Abassi (alias Abou Yussuf). Ce dernier confectionne les faux passeports à partir de documents volés, qui seront ensuite réexpédiés vers l'Afghanistan. En l'espace de trois mois seulement, près de 300 passeports

---

1. *Ibid.*
2. Abou Dhess est, en décembre 2004, en détention préventive en Allemagne où il encourt dix années de réclusion.

sortent de l'atelier de Horscholm, dont un certain nombre sont recueillis par Zarkaoui en Afghanistan.

Les conversations sont de plus en plus fréquentes entre Zarkaoui et Abou Ali. Ce dernier rapporte de plus en plus précisément le détail de ses actions au cheik (le « chef »), qui s'en satisfait. Leur langage est bien sûr codé, mais les enquêteurs allemands, forts de l'expérience acquise au cours de l'enquête sur la cellule de Hambourg, ne tardent pas à décrypter le sens de chaque expression. Abou Ali parle ainsi de « pilules noires » quand il est question d'explosifs, ou de « pommes russes » pour les grenades à main, ou encore de « petites filles » pour les faux permis de conduire[1].

En langage terroriste, l'« Université » signifie la prison, ce qui suggère que l'incarcération est l'occasion pour les fanatiques d'améliorer leurs connaissances en matière de terrorisme appliqué. Une « danseuse » est un passeport tandis qu'un « gland » est une munition. Chacun se plie à la discipline ou presque. Et lorsque l'un des membres du groupe déraille et commet un écart de langage, Abou Ali le reprend avec vigueur et lui assène : « Les chiens écoutent ! » De fait, le contre-terrorisme allemand enregistre chaque conversation minutieusement...

En tout état de cause, Zarkaoui est satisfait de la façon dont le groupe Tawhid travaille. Il est surtout très heureux du nouveau passeport que lui a fourni Abou Ali. « La danseuse était du Maroc », se félicitera-t-il.

Semaine après semaine, Tawhid entend diversifier ses activités et passer à l'action pour le compte de Zarkaoui. La réalisation d'opérations terroristes n'était-elle pas le but initial de la cellule Tawhid quand elle fut mise sur pied par Abou Ali et Shadi Abdalla à la fin des années 1990 et au début du nouveau millénaire ?

---

1. *Ibid.*

Le cofondateur du groupe, le Jordanien Shadi Abdalla, révélera d'ailleurs aux enquêteurs que l'objectif stratégique de Tawhid était de frapper le royaume jordanien selon un plan ourdi par Zarkaoui. De manière plus réaliste, les terroristes envisagent pour l'heure de commettre en Allemagne une attaque à l'aide d'un pistolet silencieux dans un square bondé puis de faire exploser des grenades offensives à proximité du Musée juif de Berlin. Leur objectif est en l'occurrence de « tuer le maximum de gens ». Les attentats sont supposés être exécutés par Shadi Abdalla, un imposant Jordanien de 26 ans, ancien membre de la garde rapprochée d'Oussama Ben Laden, avec Aschraf Al-Dagma et Ismael Shalabi. En Allemagne, l'un des rôles assignés à Shadi Abdalla est également d'identifier les cibles potentielles, et surtout de se procurer l'armement nécessaire à la poursuite des opérations.

En mars 2002, alors que Zarkaoui s'apprête à quitter l'Iran, et qu'il attend des nouvelles de ses associés, Shadi Abdalla tente d'accélérer l'histoire. Il essaie de se procurer, auprès d'un certain Djamel Moustafa basé à Düsseldorf, un pistolet muni d'un silencieux (« muet » dans la transcription)[1] ainsi qu'une batterie de grenades. Pour autant, les armes ne parviendront pas à destination, car Shadi Abdalla[2], Mohammed Abou Dhess, Ismail Shalabi et Djamel Moustafa[3] sont arrêtés le 23 avril 2002. La série d'attentats préparés par la cellule Tawhid échoue.

Les dix membres de la cellule allemande sont arrêtés tour à tour. Shadi Muhammad Mustafa Abdalla coopérera étroitement avec la justice allemande afin d'alléger sa peine. Il sera tout de même condamné en novembre 2003 à quatre ans d'emprisonnement. Son profil de terroriste de haut niveau

---

1. Procédure judiciaire allemande, affaire Al-Tawhid, 2002, archives de l'auteur.
2. Shadi Abdalla a fait deux années de prison en Allemagne, avant d'être remis en liberté en 2004 pour avoir collaboré avec la justice allemande.
3. Djamel Moustafa est, en décembre 2004, en détention préventive en Allemagne où il encourt cinq années de réclusion.

intéresse beaucoup les enquêteurs allemands et américains. Comme Zarkaoui, il part pour le Pakistan en 1999. Les deux hommes se rencontrent en mai 2000, et partagent leurs ressentiments à l'égard de la monarchie jordanienne. Shadi Abdalla est alors placé sous la protection du gendre d'Oussama Ben Laden, Abdullah Al-Halabi, rencontré lors d'un pèlerinage à La Mecque. En 1995, il obtient l'asile politique du gouvernement allemand. Sur ordre de Zarkaoui, en mai 2001, il se rend en Allemagne, où il aide Mohammed Abou Dhess à mettre en place le groupe Tawhid. Cette cellule a alors vocation à frapper des cibles juives en Allemagne. Elle doit aussi pérenniser la culture dispensée au camp d'Herat : « Tawhid Wal Djihad », proclamait un panneau à l'entrée du camp. En reprenant à son compte le mot d'ordre du camp, le groupe allemand revendique *de facto* l'idéologie salafiste de Zarkaoui. Au même titre qu'Al-Qaida, le mouvement Tawhid tente à l'évidence de se faire une place dans l'histoire du djihad.

Chaque terroriste islamiste voudrait accomplir son 11 septembre. La promotion d'un groupe terroriste islamiste passe souvent par la reconnaissance de son leader. Et, de fait, Zarkaoui a l'ambition d'égaler, voire de dépasser Oussama Ben Laden. Quand bien même il lui a prêté serment d'allégeance. C'est en quelques mots l'analyse qu'élabore Shadi Abdalla devant ses juges allemands : « Une attaque en Allemagne aurait rendu Al-Tawhid célèbre [...] cela aurait produit les mêmes effets que le 11 septembre[1]. » Ces propos confortent l'idée selon laquelle l'invocation de la religion n'est qu'un prétexte à la surenchère de la terreur. Aucun terroriste n'est absorbé par Dieu, et surtout pas Zarkaoui, pour qui le Coran n'est qu'un instrument de pouvoir.

Shadi Abdalla multipliera les révélations aux policiers, qui notent soigneusement chaque détail. Parti d'Allemagne

---

1. Procédure judiciaire allemande, affaire Al-Tawhid, 2002, archives de l'auteur.

en 1999, il y revient donc en 2001, avec pour mission de collecter de l'argent. Abdalla racontera notamment en détail la manière dont il avait mis en place, avec Abou Ali, un système visant à lever des fonds dans les différentes mosquées allemandes et européennes afin de financer les réseaux Zarkaoui[1].

Depuis l'Allemagne, Shadi Abdalla sera resté en permanence en contact étroit avec Zarkaoui. Finalement, dans l'urgence de la fuite face aux bombardements américains en Afghanistan, la cellule Tawhid sera utilisée comme base de soutien logistique.

Les renseignements émanant de l'enquête laissent à penser que cette cellule, initialement conçue pour le soutien logistique, s'est peu à peu transformée en un groupe terroriste opérationnel. Les informations livrées à la police allemande par Shadi Abdalla aident à cerner le vaste réseau de soutien mis en place par Zarkaoui.

Les ramifications de ce groupe s'étendent jusqu'à Hambourg, Berlin et Wiesbaden. Des terroristes opérationnels apportent également leur concours depuis le Royaume-Uni ou la République tchèque. Sous la férule d'Abou Ali, trafiquant confirmé, l'ensemble du groupe est rodé aux circuits de financements clandestins. Le groupe allemand fait parvenir de l'argent en Afghanistan via des sociétés commerciales ou des ONG, telle que l'organisation Wafa, depuis lors recensée sur la liste des organisations « terroristes » par les États-Unis. Selon Shadi Abdalla, la moitié de l'argent qui arrivait d'Allemagne en Afghanistan était attribuée à Al-Qaida et l'autre moitié partagée entre Zarkaoui et les talibans. Shadi Abdalla affirme que Zarkaoui a toujours rechigné à partager ces subsides[2]. Il a confirmé aux enquêteurs allemands du BND (Service de renseigne-

---

1. *Ibid.*
2. Procédure judiciaire allemande, affaire Al-Tawhid, 2002, archives de l'auteur.

ment externe) qu'Abou Ali était le responsable de la collecte générale des fonds en Allemagne.

À l'occasion de ses communications avec la cellule allemande, Zarkaoui utilise de nombreux téléphones satellitaires de type Inmarsat. Il envoie également un grand nombre de SMS vers ses partenaires de la Ruhr, un moyen sûr pour sécuriser les messages.

Les services d'enquête antiterroristes allemands ont reconnu, peu après la découverte de Tawhid, le rôle grandissant des cellules islamistes en Allemagne. Quelque 180 enquêtes sont actuellement en cours sur des groupes ou des individus liés de près ou de loin à la menace islamiste. À la suite des arrestations intervenues dans le cadre de Tawhid, les fonctionnaires allemands du BKA (police criminelle) ont déclaré publiquement que l'Allemagne était devenue « une aire de repos, de repli et de préparation[1] » pour les terroristes islamistes. Ce constat est particulièrement juste dans le cas du groupe Zarkaoui.

Tout au long de ses interrogatoires, Shadi Abdalla désigne la cellule Tawhid comme une entité clandestine autonome, initialement créée par Al-Qaida puis récupérée par Zarkaoui pour son propre compte. « Le but de ce groupe est de frapper le gouvernement jordanien et de combattre les Juifs », déclare Abdalla aux enquêteurs allemands. Dans son témoignage, Abdalla décrit également par le menu les relations étroites qu'entretiennent Zarkaoui et Abou Qatada, alors résident à Londres. Abdalla déclarera à ses juges que Zarkaoui « ne pouvait rien faire sans obtenir l'accord préalable du religieux Abou Qatada[2] ».

Abou Qatada Al-Filistini (de son vrai nom Umar Mahmud Uthman, ou Omar Mahmoud Othman) a alors, en effet, un réel ascendant sur les décisions et les orientations de Zarkaoui au sein de Tawhid. Très proche du

---

1. « Weekly surveys Al-Qaida presence in Germany », *Der Spiegel*, 22 mars 2004.
2. Procédure judiciaire allemande, affaire Al-Tawhid, 2002, archives de l'auteur.

mentor de Zarkaoui, Abou Mohammed Al-Maqdisi[1], Abou
Qatada a obtenu l'asile politique en Grande-Bretagne en
1993. Différentes procédures judiciaires européennes, en
cours en Espagne, en Allemagne ou en France, ont pu
établir le rôle prééminent tenu par Abou Qatada au sein
d'Al-Qaida en Europe. Des vidéos de ses prêches ont
notamment été retrouvées dans les effets personnels des
terroristes du 11 septembre. Considéré comme le représentant d'Oussama Ben Laden en Europe, Abou Qatada est
également fort étroitement lié, on l'a vu, à Abou Moussab
Al-Zarkaoui par plusieurs liens idéologiques et opérationnels.

En premier lieu, Abou Qatada a été condamné aux côtés
de Zarkaoui par la justice jordanienne pour son implication dans la préparation des attentats du Millénaire. Par
ailleurs, il a cultivé, de longues années durant, une longue et
solide amitié avec Abou Mohammed Al-Maqdisi. Enfin, à
en croire les confessions de Shadi Abdalla devant la justice
allemande, il a été le relais en Europe des opérations menées
par les réseaux Zarkaoui.

En raison de ces différents éléments incriminants, Abou
Qatada sera arrêté par les autorités britanniques en
octobre 2002. Les juges anglais rejettent sa demande de
mise en liberté en mars 2004, le considérant comme un
« individu véritablement dangereux » et « lourdement
impliqué dans les opérations terroristes du groupe Al-
Qaida »[2].

---

1. Al-Maqdisi est aujourd'hui incarcéré en Jordanie.
2. Décision de la cour d'appel spéciale en matière d'immigration, mars 2004,
archives de l'auteur.

Chapitre 2

Le groupe des « Italiens »

La découverte puis le démantèlement de la cellule Tawhid en Allemagne avaient laissé présager l'étendue des réseaux de Zarkaoui en Europe. Cette intuition est bientôt confirmée par le magistrat antiterroriste milanais Stefano Dambruoso. Avec l'aide de la police antiterroriste italienne, le DIGOS (Division pour les enquêtes générales et les opérations spéciales), plusieurs membres du groupe terroriste Ansar Al-Islam sont bientôt arrêtés sur le sol italien à l'issue de l'opération « Bazar ». D'autres membres du groupe italien seront par la suite arrêtés en Allemagne.

Sur le modèle de Tawhid, le groupe des « Italiens » avait pour objectif de faire entrer illégalement des combattants au Kurdistan irakien et de fournir un soutien logistique à Zarkaoui et à ses partisans. En 2002 et en 2003, l'enquête menée par les services italiens met au jour les rouages d'une organisation terroriste complexe. Selon l'ordonnance du Tribunal de Milan, prononcée le 21 novembre 2003 : « Les prévenus constituaient sur le sol italien une cellule terroriste d'Ansar Al-Islam, dont le leader reconnu est l'émir Krekar. Ce groupe était également lié à l'organisation terroriste Al-Tawhid, dirigée par l'émir Abou Moussab Al-Zarkaoui, qui est encore à l'heure actuelle un membre important d'Al-

Qaida. Cette organisation avait pour but de trouver des faux documents, de recruter plusieurs personnes pour le soutien logistique et pour, éventuellement, les envoyer dans des camps d'entraînement localisés pour la plupart en Irak, ainsi que de lever les fonds nécessaires à l'accomplissement des objectifs de l'organisation[1]. »

Juste avant que les suspects ne s'enfuient vers la Syrie, les autorités italiennes procèdent aux arrestations, à Parme, de Mohammed Tahir Hammid et de Mostafa Amin Mohammed, deux Kurdes irakiens de 27 ans. La police de Milan arrête également le numéro 2 du réseau, l'Égyptien Radi Ayashi (alias Mera'i), 30 ans, et le Somalien membre actif d'Al-Qaida, Cabdullah Mohammed Ciise[2]. Deux jours plus tard, le DIGOS arrête à Crémone le Tunisien Mourad Trabelsi[3], l'imam de la mosquée de la ville, ainsi que Hamraoui Ben Mouldi, âgé de 26 ans.

Ces hommes avaient pour objectif d'acheminer des combattants à partir de l'Italie pour grossir les rangs d'Ansar Al-Islam au Kurdistan irakien, via la Turquie et la Syrie. Le groupe devait participer à ces opérations pour le compte de Zarkaoui et d'un haut dignitaire d'Ansar Al-Islam, dénommé Muhammad Majid, un ressortissant kurde de 32 ans se faisant appeler Mollah Fouad. Jusqu'en mars 2003, ce dernier coordonnait les actions du groupe entre le Kurdistan et la Syrie[4].

Relais de l'organisation sur le terrain, Mollah Fouad accueille les nouveaux venus. À plusieurs reprises, lors des conversations enregistrées par la police italienne, il fait part de ses besoins en « kamikazes ». Les conversations sont codées : « Je recherche des gens venant du Japon » dit Mollah Fouad à

---

1. Tribunal ordinaire de Milan, Guido Salvini, n° R.G.N.R., « Ordonnance d'application de la mesure de détention préventive », 21 novembre 2003, archives de l'auteur.

2. En décembre 2004, Mohammed Tahir Hammid, Mostafa Amin Mohammed, Radi Ayashi et Cabdullah Mohammed Ciise sont en détention préventive en Italie.

3. En décembre 2004, Mourad Trabelsi est toujours placé en détention préventive en Italie.

4. Tribunal ordinaire de Milan, Guido Salvini, n° R.G.N.R., « Ordonnance d'application de la mesure de détention préventive », 21 novembre 2003, archives de l'auteur.

Cadbullah Mohammed Ciise, le Somalien du réseau resté en Italie. La machine de mort s'emballe à l'occasion d'une conversation entre Mollah Fouad et la tête du réseau Ansar Al-Islam en Allemagne, Abderrazzak Mahdjoub : Fouad demande à Mahdjoub de faire venir en Irak des individus malades et affaiblis pour des opérations suicides...

L'opération «Bazar» menée en Italie revêt un intérêt significatif pour l'ensemble de la communauté du renseignement en Europe. Il apparaît, en effet, que les cellules se revendiquant traditionnellement d'Al-Qaida ont mué pour se transformer en un réseau d'assistance aux islamistes armés du Kurdistan irakien. C'est ce nouveau visage d'Al-Qaida que découvrent les enquêteurs italiens. Les cellules agissent de façon autonome et transversale, quasiment sans lien hiérarchique. Bien sûr, chaque groupe obéit au leadership de l'un des membres, mais sans pour autant relever d'un organigramme précis. C'est que la structure pyramidale de commandement d'Al-Qaida est obsolète depuis le déclenchement des opérations antiterroristes en Afghanistan. Désormais, chaque cellule agit indépendamment, à l'instar d'un réseau de franchises. Pour le groupe des «Italiens», le modèle est Ansar Al-Islam, le groupe contrôlé par Zarkaoui.

Peu avant les frappes américaines au Kurdistan irakien, le DIGOS retrouve la trace d'un militant exfiltré d'Italie. Il s'agit de Noureddine Drissi (alias Abou Ali), ancien bibliothécaire à la mosquée de Crémone. Il ne vit plus dans la paisible cité italienne, mais dans les montagnes du Kurdistan irakien à Khurmal, épicentre du groupe terroriste Ansar Al-Islam. Avec sa femme et ses deux enfants, il est parti quelques mois plus tôt dans cette région en guerre, via Damas, avant de se réfugier en Iran.

En mars 2003, ce territoire enclavé et reculé, aux confins de l'Irak et de l'Iran, devient le terrain de prédilection de Zarkaoui. Subrepticement, le Jordanien y a placé ses hommes de confiance et noyaute progressivement les mouvements islamistes du Kurdistan depuis son propre camp à Herat, en Afghanistan.

Noureddine Drissi, l'ancien bibliothécaire, se trouve alors à Khurmal, non loin de la ville de Sargat, où Zarkaoui a ouvert ses camps d'entraînement formant notamment au maniement des armes chimiques et bactériologiques. Les Américains bombardent les positions du groupe. Noureddine Drissi appelle avec un téléphone satellitaire son partenaire en Italie, l'imam de la mosquée de Crémone, le tunisien Mourad Trabelsi. Il s'inquiète auprès du religieux du niveau des nouvelles recrues et souhaite des combattants expérimentés à ses côtés. Au téléphone, Drissi refuse même à l'occasion la venue de tel ou tel coreligionnaire au motif qu'il ne serait pas assez fiable au combat. Les conversations entre les deux hommes sont enregistrées par la police italienne. Noureddine Drissi se tient informé de la formation des jeunes recrues qui sont appelées à rejoindre l'Irak pour faire le coup de feu contre les Américains.

Plusieurs de ces « combattants » sont originaires d'Afrique du Nord. Après avoir immigré en Italie, ces individus, souvent tunisiens, bifurquent vers les nouvelles terres de djihad. Si la Tchétchénie restait la destination de prédilection des jeunes radicaux à la fin des années 1990, l'Irak occupe désormais une des toutes premières places sur la liste des zones chaudes au début des années 2000. Et les services extérieurs italiens établiront que plusieurs Italiens d'origine tunisienne ont participé aux opérations de combat avant, pendant et après la guerre d'Irak, aux côtés de l'organisation Ansar Al-Islam.

De longs mois durant, les enquêteurs du DIGOS suspectent les filières clandestines d'acheminer illégalement des combattants en Irak. Les enquêteurs, non seulement italiens mais provenant également des différents services occidentaux, évoquent par ailleurs, à cette époque, une tentative de redéploiement des membres d'Al-Qaida au Kurdistan irakien. Les islamistes souhaiteraient réitérer, dans cette région pauvre et montagneuse, l'expérience «afghane» : un califat, des camps d'entraînement terroristes, le port de la burka, la lapidation, les exécutions publiques et la charia en guise de constitution. Tout serait mis en œuvre par les militants pour faire d'Ansar Al-Islam un nouvel Al-Qaida. Et le groupe étendrait ses réseaux au sein même de l'Europe, principalement en Allemagne et en Italie…

La cellule italienne d'Ansar Al-Islam vient en effet en appui de ce redéploiement massif d'Al-Qaida. Elle participe directement à l'envoi d'une quarantaine d'islamistes radicaux au Kurdistan. Certains d'entre eux s'entraînent dans cette région et rentrent en Italie une fois formés aux techniques terroristes. D'autres s'attaquent à plusieurs reprises aux contingents de l'armée italienne en Irak. Mais les jeunes recrues sont avant tout « dédiées au support logistique, au financement et à la fourniture de faux passeports[1] » comme la cellule Tawhid.

Ce schéma logistique révèle le rôle clé joué par la Syrie lors du passage des djihadistes au Kurdistan. Dans le sens du retour, il semble également que nombre d'entre eux aient trouvé refuge à Damas ou à Alep après les frappes américaines. Les services d'enquête antiterroristes italiens ont en effet souligné « le rôle de pivot de la Syrie dans l'acheminement de recrues entre l'Europe et Ansar[2] ». Selon les services italiens, Zarkaoui et Ansar Al-Islam ont bel et bien « bénéficié d'une structure logistique en Syrie[3] ».

Ces conclusions de la justice italienne dans le cadre de l'affaire Ansar Al-Islam corroborent les documents judiciaires jordaniens déjà cités selon lesquels Abou Moussab Al-Zarkaoui a séjourné à plusieurs reprises en Syrie après sa

---

1. Procédure judiciaire italienne, affaire Ansar Al-Islam, 2003, archives de l'auteur.
2. *Ibid.*
3. *Ibid.*

fuite d'Afghanistan. Et il est permis de penser que Zarkaoui a bénéficié d'une protection durable en Syrie : les liens qui unissent Zarkaoui au Kurdistan irakien passent par la Syrie, et plus précisément par les villes de Damas et d'Alep.

En Italie, les membres du groupe Ansar Al-Islam coordonnent les opérations. Et, comme dans le cas de Tawhid, les militants d'Ansar Al-Islam apportent un soutien indéfectible aux islamistes sur le terrain. Mohammed Tahir Hammid et Mohammed Mostafa Amin, les deux jeunes Kurdes domiciliés à la périphérie de Parme, multiplient les démarches pour recruter des combattants dans la rue, aux abords des lieux de culte. Mohammed Tahir Hammid, interpellé par la police italienne et interrogé en octobre 2003, a déclaré qu'il avait commencé par militer dans le Mouvement islamique du Kurdistan, une des organisations qui a fusionné dans Ansar Al-Islam. En 1999, il dit s'être entraîné dans le camp de Khurmal, avant de rejoindre la section « Information et propagande » d'Ansar Al-Islam. Il a également affirmé que mollah Krekar, qu'il connaît depuis 1993, est le principal leader d'Ansar Al-Islam[1]. Les numéros de téléphone des deux jeunes recruteurs apparaissent d'ailleurs en septembre 2003 dans le répertoire du téléphone personnel de mollah Krekar. Ce dernier est alors arrêté à Amsterdam avant d'être extradé vers la Norvège. Lors d'une écoute téléphonique réalisée par la police italienne en date du 18 janvier 2003, le numéro 2 du réseau de recrutement pour Ansar Al-Islam, l'Égyptien Radi El Ayashi (alias Mera'i) s'inquiète de la détention de mollah Krekar.

Le 9 mars 2003, Mera'i reçoit un contact qui l'invite à joindre en Syrie Mollah Fouad. Le contact en question est un certain Ibrahim (alias Abou Abdu). Le téléphone suisse à carte prépayée utilisé par le dénommé Ibrahim est en fait l'un des téléphones portables utilisés par Zarkaoui en

---

1. Tribunal ordinaire de Milan, Guido Salvini, n° R.G.N.R., « Ordonnance d'application de la mesure de détention préventive », 21 novembre 2003, archives de l'auteur.

personne. Le terroriste jordanien, comme le révélera l'enquête, s'est d'ailleurs servi de cette ligne depuis la Syrie pour communiquer avec l'assassin de Laurence Foley, Salem Saeed Ben Suweid. La procédure judiciaire italienne prouvera que, par ailleurs, Zarkaoui avait utilisé le même téléphone pour communiquer avec ses recruteurs « italiens ». Jusqu'au mois d'octobre 2004, les cartes téléphoniques prépayées et anonymes achetées en Suisse étaient en effet utilisées par de nombreux terroristes de haut niveau pour correspondre de façon anonyme. Zarkaoui, mais également le concepteur des attentats du 11 septembre 2001, Khaled Cheik Mohammed, disposait de ces précieuses puces électroniques suisses.

Les agents du DIGOS poursuivent leurs enquêtes sur le terrain. Les autorités américaines les aident dans cette traque aux « combattants illégaux ». Le 18 janvier 2003, au cœur de Milan, les policiers interpellent ainsi l'Égyptien Radi El Ayashi, dit Mera'i. Ce dernier est un recruteur de premier plan du réseau Ansar Al-Islam en Europe. Dans le répertoire de son téléphone satellitaire Thuraya, les enquêteurs décryptent les numéros de téléphone des lieutenants de Zarkaoui au Kurdistan irakien. D'autres numéros de téléphone relevés dans le répertoire électronique d'un partenaire d'Ayashi, dénommé Sali Abdullah Ali, révèlent les coordonnées d'Abou Ashraf, un proche lieutenant de Zarkaoui.

Abou Ashraf, de son vrai nom Khalid Mustafa Khalifah Al-Aruri, avait été l'un des tout premiers partenaires de Zarkaoui au sein de l'organisation terroriste Bayt Al-Imam[1] et il a occupé auprès de lui, jusqu'en 2003, une position d'intendant chargé de la tenue des camps, notamment au Kurdistan irakien.

---

1. « The General Intelligence Department uncovers new al-Qa'ida and Ansar al-Islam group that planned terrorist operations against tourists, US interests in Jordan, and intelligence officers », *Al-Ra'y*, 13 septembre 2003.

Les enquêtes européennes ont également révélé plusieurs liens étroits entre Tawhid et la cellule italienne d'Ansar Al-Islam. D'ailleurs, le propre responsable du réseau allemand, Mohammed Abou Dhess (Abou Ali), appelle Zarkaoui sur un téléphone satellitaire dont le numéro sera également utilisé par le dénommé Remadna Abdelhlim, un membre du groupe italien. Les échanges sont fréquents entre les cellules allemandes et italiennes. Ce même Abou Ali, qui prend soin d'appeler régulièrement Zarkaoui lors de sa fuite iranienne, est également en contact avec d'autres membres de la cellule italienne d'Ansar Al-Islam, tels que Maewad Sayed et Thaer Mansour.

Un autre recruteur du groupe Ansar Al-Islam est bientôt arrêté, cette fois à Hambourg, le 23 novembre 2003, sur la base d'une commission rogatoire italienne. Il s'agit d'un Algérien de 30 ans dénommé Abderrazak Mahdjoub (alias le Cheikh), également recherché par la justice espagnole dans le cadre d'une enquête sur certains projets d'attentats sur la Costa del Sol[1]. Mahdjoub avait été arrêté une première fois par la police espagnole en juillet 2003, avant d'être libéré quelques semaines plus tard. Selon l'acte d'inculpation du juge antiterroriste espagnol Baltasar Garzon, Mahdjoub « a voyagé à Damas en mars 2003 avec l'intention de se rendre en Irak pour accueillir d'autres moudjahidin[2] ».

À Hambourg, Abderrazak Mahdjoub est arrêté à la demande des autorités italiennes. Les enquêteurs du DIGOS le suspectent d'être l'un des pivots européens du réseau de Zarkaoui en Irak. Mahdjoub recrute de jeunes radicaux candidats à des missions suicides dans ce pays. Il opère pour Zarkaoui, en liaison avec deux autres Tunisiens interpellés à Milan : Bouyahia Maher Abdelaziz et Housni

---

1. Abderrazak Mahdjoub a été extradé de l'Allemagne vers l'Italie pour y être placé en détention préventive.
2. « Spain says three Algerians linked to Iraq attacks », *The Washington Post*, 20 mai 2004.

Jama. Les enquêteurs allemands constateront *a posteriori* que Mahdjoub entretenait également des relations avec le groupe des terroristes du 11 septembre 2001 basé à Hambourg. Finalement, Abderrazak Mahdjoub sera extradé vers l'Italie le 19 mars 2004. Il serait, selon les fonctionnaires allemands, responsable du recrutement d'une centaine de djihadistes en Allemagne. Certains de ces fanatiques auront rejoint les effectifs de Zarkaoui à Fallouja et autour de Bagdad. D'autres auront participé à de violentes attaques contre les contingents italiens. Certaines recrues «italiennes» auraient même participé à la confection du camion piégé qui a explosé à Nasariyah en novembre 2003, tuant 19 soldats italiens. L'Italien d'origine marocaine Kamal Morchidi a, pour sa part participé à l'attaque à la roquette contre l'hôtel Rashid à Bagdad en octobre 2003, alors qu'y séjournait le secrétaire américain adjoint à la Défense, Paul Wolfowitz. Les «Italiens» partis combattre en Irak attaquent volontiers les soldats relevant du contingent venu de leur propre pays.

Le réseau italien démantelé dans le courant de l'année 2003 s'appuyait sur une organisation innovante. Les opérationnels d'Al-Qaida s'y mêlaient, en effet, aux membres du groupe Ansar Al-Islam pour multiplier les recrues, accroître les moyens financiers et étendre les réseaux logistiques. Chaque groupe se nourrissait l'un de l'autre. La présence, dans la cellule italienne d'Ansar Al-Islam, du Somalien Cadbullah Mohammed Ciise est à ce titre assez significative. Avant son arrestation à Milan, en avril 2003, Cadbullah Mohammed Ciise était connu des services antiterroristes pour être un émissaire important du réseau Al-Qaida. Les enquêteurs italiens et israéliens le suspectent alors d'avoir financé, via Dubaï, l'attentat du 28 novembre 2002 contre l'hôtel Paradise à Mombassa, au Kenya, qui avait fait 8 morts. Lors de ses conversations, Cadbullah

Mohammed Ciise se référait souvent à Mollah Fouad, «haut dignitaire d'Ansar Al-Islam stationné en Syrie, comme le portier de l'Irak[1]».

D'une façon générale, la cellule d'Ansar Al-Islam en Italie aura eu les moyens de sa politique, à la fois en termes humains et logistiques. Pour ce qui concerne les hommes, ce sont finalement 48 djihadistes qui auront quitté l'Italie pour rejoindre le groupe Ansar Al-Islam. Sur le plan logistique, les apports auront également été conséquents. Les membres d'Ansar Al-Islam en Italie ont investi dans plusieurs téléphones satellitaires dont le prix est nettement supérieur à celui des téléphones mobiles traditionnels. Ils ont beaucoup voyagé, en Italie même comme à l'étranger. Cette mobilité a un prix. En outre, le groupe a bénéficié de plusieurs «maisons d'hôte» en Syrie, lieu d'accueil pour les nouvelles recrues. Mais, du coup, il est difficile de penser que la logistique mise en place entre l'Italie et l'Irak n'a pas été soutenue par une organisation structurée.

---

1. Procédure judiciaire italienne, affaire Ansar Al-Islam, 2003, archives de l'auteur.

Chapitre 3

Menaces chimiques sur l'Europe

Le 10 juillet 2002, soit sept mois avant que Colin Powell n'attire l'attention du monde sur Zarkaoui et ses comparses, les autorités turques sont alertées de l'envoi d'un poison biologique sur leur territoire. La substance hautement toxique est acheminée depuis l'étranger vers un individu se faisant appeler « Moussab ». Un groupe de terroristes doit réceptionner le pli et utiliser le produit dans les vingt jours, avant qu'il ne perde ses propriétés offensives, contre les ambassades russe et américaine en Turquie. L'ambassade américaine à Ankara avertit alors la Direction de la sécurité générale turque de l'imminence d'une attaque de ce type. Deux noms sont avancés par l'antenne locale de la CIA, ceux d'Abou Atiyya et d'Abou Taysir, deux proches partenaires de Zarkaoui opérant dans le nord du Caucase. Le message de la CIA est immédiatement transmis aux autorités de police, qui redoublent de vigilance sur le terrain. Les terroristes pourraient contaminer des populations à grande échelle s'ils venaient à répandre la substance sur des poignées de porte, dans des stades ou des trains. La menace ne sera pas mise à exécution.

À l'époque des faits, dans le courant de l'été 2002, donc, le gouvernement géorgien, sous la direction d'Edouard

Chevardnadze, ne nie pas l'implantation de cellules d'Al-Qaida dans le Caucase. Sous la pression des autorités américaines, le régime géorgien s'est d'ailleurs engagé à arrêter les groupes terroristes qui ont trouvé refuge dans les gorges de Pankisi en particulier. Selon des sources internes aux services secrets russes, le FSB (Federal Security Service), l'organisme russe de renseignement, ne voit pas d'un mauvais œil les opérations antiterroristes américaines qui se déroulent au sein même du territoire géorgien[1]. Ce sont finalement les forces de sécurité azerbaïdjanaises qui captureront, en août 2003, Adnan Mohammed Sadiq, alias Abou Atiyya. Ce dernier sera peu après extradé vers la Jordanie, son pays d'origine[2].

Depuis les attentats du 11 septembre 2001 et l'opération « Liberté immuable » en Afghanistan, plusieurs centaines de talibans et de membres d'Al-Qaida, on l'a dit, ont fui les bombardements. Certains ont passé la Khyber Pass et ont rejoint les zones tribales du Waziristan, d'autres ont rejoint l'Iran, en vue de passer en Irak – c'est le cas de Zarkaoui ; d'autres encore ont rejoint les diverses provinces du Caucase en traversant le Turkménistan ou l'Ouzbékistan.

Avant même le 11 septembre 2001, Le réseau Al-Qaida avait pris les mêmes dispositions avec le Caucase qu'avec le Kurdistan irakien. Certaines zones enclavées et en proie à une guérilla islamiste armée pouvaient en effet servir de bases de repli pour les combattants d'Al-Qaida. Ce fut le cas de la Tchétchénie, du Daguestan et de la Géorgie. Et Abou Atiyya figure parmi les principaux lieutenants d'Al-Qaida en Géorgie à partir de 1999.

Abou Atiyya avait dû fuir la Tchétchénie après les violentes opérations antiterroristes de 1999. Comme Abou

---

1. Document d'analyse du FSB sur le wahhabisme dans le Caucase, FSB, archives de l'auteur.
2. Space TV, Baku, 25 septembre 2003.

Zubaydah, le chef des opérations d'Al-Qaida, et Zarkaoui, Abou Atiyyah est jordanien. Marié à une Tchétchène, il s'installe dans le Caucase et représente les intérêts de Zarkaoui dans cette région en crise. Vétéran de la guerre en Tchétchénie où il aurait perdu une jambe, il aurait une compétence particulière dans l'utilisation de gaz toxiques[1]. Il accueille bientôt de nouvelles recrues venues d'Europe, qu'il forme au maniement des explosifs et des agents chimiques. Dans bien des cas, ces recrues, une fois de retour dans leur pays d'origine, constitueront des cellules terroristes placées sous la responsabilité directe d'Abou Atiyya.

Abou Atiyya est également proche d'un individu dénommé Yussuf Amerat, alias Abou Hafs, responsable des opérations auprès du leader des rebelles, l'émir Khattab. De la même façon que Zarkaoui place ses pions au Kurdistan, il se rapproche également des mouvements islamistes armés du Nord-Caucase.

C'est dans cette région, plus précisément dans les gorges de Pankisi, à proximité du village d'Omalo, à flanc de montagne, que les Français Merouane Benahmed, Menad Benchellali et Nourredine Merabet apprennent à manier les armes chimiques. Des semaines durant, ils peaufinent leurs techniques de combat en compagnie de rebelles tchétchènes et de hauts membres d'Al-Qaida, dont Abou Atiyya. Menad Benchellali se découvre bientôt l'âme d'un chimiste et se spécialise dans cette « discipline ». Le lieu n'est pas propice à la fabrication de produits très élaborés, mais les recrues s'entraînent tout de même à répandre des dérivés cyanurés dans des réseaux d'adduction d'eau. Les enquêteurs français retrouveront dans les effets personnels des djihadistes du bleu de méthylène, considéré comme un antidote aux cyanures...

---

1. Tribunal ordinaire de Milan, Guido Salvini, n° 5230/02 R.G.N.R., « ordonnance d'application de la mesure de détention préventive », 21 novembre 2003, archives de l'auteur.

En décembre 2002, la Direction de la surveillance du territoire (DST) procède à l'interpellation de plusieurs individus d'origine algérienne dans la banlieue de Paris, d'abord à La Courneuve puis à Romainville. Lors de la première perquisition, les enquêteurs découvrent des fioles de produits chimiques, deux bonbonnes de gaz et une combinaison de protection contre les produits chimiques. Ils découvrent aussi des dispositifs de mise à feu en état de marche.

Le ministère de l'Intérieur déclarera peu après que « les systèmes électroniques confectionnés étaient en état de marche et permettaient la mise à feu d'engins explosifs, avec un déclenchement à distance à l'aide de téléphones portables[1] ». Or, les attentats de Madrid, le 11 mars 2004, ont été déclenchés par le même procédé.

Peu après l'arrestation à La Courneuve du principal suspect, Merouane Benhamed, la DST interpelle Menad Benchellali[2] dans un immeuble de la rue David-Rosenfeld, à Romainville, en Seine-Saint-Denis. Des pièces à conviction de première importance sont saisies qui indiquent que le groupe fabriquait des armes chimiques. Selon le communiqué du ministère français de l'Intérieur, la perquisition a révélé la présence de produits qui permettent « la fabrication d'explosifs et de gaz toxiques de type cyanuré[3] ».

Les membres de cette filière tchétchène envisageaient, semble-t-il, de frapper l'ambassade de Russie à Paris en représailles à la disparition de l'émir Khattab ainsi qu'au coup de force des autorités russes contre les terroristes tchétchènes lors de la prise d'otages du théâtre de la Doubrovka, à Moscou, le 24 octobre 2002.

---

1. Communiqué de presse du ministère de l'Intérieur, de la Sécurité intérieure et des Libertés locales, 30 décembre 2002, archives de l'auteur.
2. Merouane Benhamed, Menad Benchellali et son père, Chelalli Benchellali, sont toujours, en décembre 2004, placés en détention préventive en France.
3. Communiqué de presse du ministère de l'Intérieur, de la Sécurité intérieure et des Libertés locales, 30 décembre 2002, archives de l'auteur.

Les individus interpellés disposaient d'un laboratoire artisanal destiné produire ces agents chimiques. Menad Benchellali, le frère de Mourad Benchellali, détenu à Guantanamo et fils de Chellali Benchellali, l'imam radical de Vénissieux, préparait ces attentats depuis son appartement. La majorité de ces terroristes étaient en relation avec un recruteur d'Al-Qaida, Rachid Boukhalfa, alias Abou Doha, né le 24 novembre 1969 à Constantine, en Algérie. Ce dernier est également un proche d'Abou Moussab Al-Zarkaoui. Abou Doha attend son extradition vers les États-Unis où il est suspecté d'avoir participé à la tentative d'attentat contre l'aéroport de Los Angeles en décembre 1999.

Ces jeunes islamistes sont connus pour avoir séjourné en Afghanistan, puis en Tchétchénie. L'enquête dite « des filières tchétchènes » commence alors et l'on s'intéresse de près à la famille Benchellali. Le père, Chellali Benchellali, avait été arrêté à son retour du djihad bosniaque en possession d'une arme à feu. Le ministre français de l'Intérieur de l'époque, Nicolas Sarkozy, déclare bientôt que l'une des personnes arrêtées, le fils aîné, Menad Benchellali, avait été entraîné au maniement des produits chimiques[1]. Deux autres de ses partenaires admettront avoir planifié des attentats chimiques contre l'ambassade de Russie à Paris. Les terroristes avaient l'intention d'utiliser à cette fin de la ricine et des toxines botuliques, deux substances hautement toxiques. Les enquêteurs français de la DST estiment que le groupe de Vénissieux est évidemment lié aux Tchétchènes, mais également à Zarkaoui.

Entre son retour de Géorgie et son arrestation à Romainville, les enquêteurs français ont pu établir que Menad Benchellali avait organisé son laboratoire artisanal de production de ricine dans l'appartement familial de Vénissieux. Au sein même du quartier des Minguettes,

---

1. Communiqué de presse du ministère de l'Intérieur, de la Sécurité intérieure et des Libertés locales, 30 décembre 2002, archives de l'auteur.

Menad Benchellali a ainsi manipulé, pendant plusieurs semaines, des produits hautement toxiques avec l'aide de ses proches, stockant les toxines dans des pots de crème Nivea. Son père reconnaîtra finalement avoir été informé des manipulations auxquelles son fils se livrait dans sa chambre. À plusieurs reprises, les responsables de la lutte antiterroriste française feront part de l'implication, au moins indirecte, de Zarkaoui dans la préparation de ces attentats.

De son côté, le juge antiterroriste français Jean-Louis Bruguière a affirmé en 2004 que l'intervention de la DST aurait permis de déjouer «une tentative d'attentat majeur qui [aurait affecté] probablement le métro parisien et d'autres cibles avec une arme chimique nouvelle», une opération qui aurait, selon lui causé en France «plus de morts qu'à Madrid» lors des attentats du 11 mars 2004[1].

Mais le nom de Zarkaoui revient également à propos d'une autre menace d'attentat chimique visant cette fois-ci la Grande-Bretagne. Le scénario est sensiblement le même que celui précédemment évoqué. Quelques jours après les arrestations en France, et sur information des autorités françaises, le 5 janvier 2003, la police britannique arrête 6 hommes originaires d'Afrique du Nord dans un appartement du quartier de Wood Green, au nord de Londres. Quatre d'entre eux sont arrêtés par Scotland Yard pour fabrication de produits chimiques en relation avec une entreprise terroriste. Il s'agit de Mustafa Taleb, 33 ans, de Mouloud Feddag, 18 ans, de Sidali Feddag, 17 ans, et de Samir Feddag[2], 26 ans. La police scientifique britannique retrouve dans l'appartement des traces de ricine. Ce poison est entré dans l'histoire avec l'assassinat, en 1978, du dissident bulgare Georgi Markov, tué après une injection fatale de ricine sur le pont de Waterloo. La dose mortelle lui avait

---

1. « Quand le juge Bruguière fait la bombe devant les patrons », *Le Canard enchaîné*, 6 octobre 2004.

2. Mouloud et Samir Feddag sont, en décembre 2004, placés en détention préventive en Grande-Bretagne pour usage de faux passeports.

été injectée par une aiguille dissimulée dans un parapluie. La légende du « parapluie bulgare » était née. Mais ce produit peut aussi bien tuer massivement : tout dépend des modalités de sa dispersion.

Les individus d'origine algérienne arrêtés dans l'appartement de Wood Green préparaient des attaques contre des cibles civiles au Royaume-Uni. Selon des sources proches de l'enquête britannique, ils auraient été envoyés par Abou Atiyya en Grande-Bretagne pour y commettre ces attentats chimiques. Cette hypothèse correspond aux déclarations et aux conclusions de l'enquête allemande sur la cellule Tawhid. À plusieurs reprises, les enquêteurs allemands ont insisté sur le fait que la structure de Zarkaoui se déplaçait vers le Royaume-Uni. L'un des pôles les plus importants du réseau Zarkaoui en Grande-Bretagne est le centre d'asile de Luton, en banlieue de Londres. C'est d'ailleurs entre Luton et Londres que les enquêteurs britanniques saisiront 500 kilogrammes de nitrate d'ammonium, à l'occasion d'un raid en avril 2004... Toujours selon des sources britanniques, ceux qui projetaient d'utiliser cette quantité importante d'explosif étaient en liaison avec des associés de Zarkaoui au Pakistan.

Chapitre 4

Une ombre sur Madrid

Il est précisément 7 h 39, le jeudi 11 mars 2004, lorsque quatre bombes explosent à proximité de la gare d'Atocha à Madrid. Les explosions visaient les principales plates-formes ferroviaires de Madrid à l'heure de pointe : Atocha, El Pozo, Santa Eugenia. Des milliers de Madrilènes travaillant en banlieue prennent le train chaque matin pour se rendre au centre-ville.

La violence des explosions déchire l'armature des wagons et fait des centaines de victimes. Madrid se réveille au milieu d'un paysage de guerre, plongée dans un bain de sang. Il s'agit du plus violent attentat terroriste de l'histoire contemporaine espagnole.

À la fin de la journée, les autorités espagnoles dénombrent 192 morts et 1 400 blessés. Au total, ce sont dix engins explosifs, pesant au total 150 kilos, qui ont été placés par les terroristes dans trois trains différents. Trois bombes ont été désamorcées.

Passé les premiers moments d'effroi, le gouvernement de José Maria Aznar dénonce avec conviction le groupe terroriste ETA comme le responsable des attentats. En réponse, le président du gouvernement basque, Juan José Ibarrextxe, déclare que « ceux qui commettent ces attentats sont des animaux, pas des Basques[1] ». À 14 h 10, le 12 mars 2004, c'est au tour d'Arnaldo Otegi, chef politique des séparatistes basques, proche de l'ETA, d'assurer qu'ETA « n'a rien à voir avec les attentats[2] ». Le soir même, le ministère de l'Intérieur admet suivre une autre piste : on a trouvé dans une camionnette abandonnée devant la gare d'Alcala de Henares sept détonateurs et une cassette où sont enregistrés des versets du Coran. L'enquête des services antiterroristes commence dans un contexte de crise politique majeure au sein du gouvernement espagnol. José Maria Aznar ne résiste pas aux élections législatives du 14 mars, qui interviennent seulement trois jours après les attentats. Une partie de la population espagnole reproche au gouvernement sa politique d'intervention lors de la guerre d'Irak, qui aurait pu expliquer en partie les attaques terroristes du 11 mars. Une autre le suspecte d'avoir tenté de manipuler l'élection en faisant porter la responsabilité des attentats sur ETA.

Devant la Commission d'enquête parlementaire espagnole sur les attentats du 11 mars 2004, le juge Baltasar Garzon, principal magistrat en charge des affaires de terrorisme, affirme, le 15 juillet 2004, que la participation espagnole à la guerre d'Irak constitue « un élément contextuel important[3] » pour expliquer les attentats du 11 mars.

Dans un livret de 42 pages émanant d'Al-Qaida, daté de décembre 2003 et intitulé « L'Irak dans le djihad, espoirs et risques[4] », l'organisation insiste en effet sur l'engagement de l'Espagne en Irak et sur sa volonté de frapper le pays en représailles : « Nous croyons que le gouvernement espagnol sera incapable de supporter plus de deux ou, tout au plus,

---

1. « Une série d'attentats frappe Madrid et fait plus de cent morts », *Le Monde*, 12 mars 2004.
2. « Des millions de personnes dans les rues, l'ETA dément toute responsabilité », AFP, 12 mars 2004.
3. Audition de Baltasar Garzon Real, juge d'instruction n° 5 au Palais de justice national en date du 15 juillet 2004, devant la Commission d'enquête parlementaire sur les attentats du 11 mars 2004, archives de l'auteur.
4. « Iraq in djihad, hopes and risks », décembre 2003, archives de l'auteur.

trois frappes avant de se retirer d'Irak sous la pression populaire.» Le texte se poursuit ainsi : «Dans l'hypothèse où les forces armées resteraient après ces frappes, [...] la victoire du parti socialiste [...] serait une garantie pour le retrait des troupes espagnoles[1].» Confrontés à la réalité des faits, ces extraits sonnent *a posteriori* comme une étrange prémonition.

Les auteurs de ce texte décrivent l'Espagne comme le «premier domino», les autres pièces du jeu étant la Pologne puis l'Italie, les deux principaux alliés des Américains en Irak. Au-delà de ces aspects étonnamment prédictifs, ce texte révèle le professionnalisme croissant d'Al-Qaida dans la conduite de ses opérations. Il est demandé à chaque «moudjahidin» de ne pas agir dans le désordre et la précipitation mais dans «la préparation et la planification». Ces deux dernières composantes sont la «base du succès de tout projet». Les attentats de Madrid ont précisément fait l'objet d'une minutieuse préparation.

Les attentats seront revendiqués par la brigade Abou Hafs Al-Masri, dans un texte publié par le mouvement Ansar Al-Islam, contrôlé, on le sait, par Zarkaoui. Ansar Al-Islam consacre même une page spéciale de son site Internet à ces événements, sous le titre «Les fronts de la croisade». On y voit plusieurs photographies des attentats. Une vidéocassette de menaces retrouvée plus tard dans les décombres de l'appartement occupé par plusieurs membres du réseau terroriste de Madrid porte la marque de l'organisation «Ansar Al-Qaida», témoignant du rapprochement opéré entre les deux organisations.

Le retrait des troupes espagnoles d'Irak n'entame en rien la détermination des terroristes en Espagne, comme l'atteste le démantèlement, le 18 octobre 2004, d'une cellule terroriste qui projetait un attentat contre le siège judiciaire espagnol. Le 11 mars, Al-Qaida, à travers ses affiliés, visait

---

1. *Ibid.*

l'Espagne en tant que principal moteur de la lutte antiterroriste dans le monde.

Les attentats ont eu lieu à 7 h 39. À 10 h 50, le jour même, un Madrilène anonyme appelle le commissariat d'Alcala de Henares pour signaler la présence d'une fourgonnette suspecte. Deux heures après, à 14 h 15, les enquêteurs découvrent dans le véhicule les sept détonateurs et les cassettes du Coran. À 15 h 30, le véhicule est transféré dans les locaux de la police antiterroriste pour y être analysé. Le 11 mars s'achève dans l'incertitude et les policiers poursuivent leur enquête sous la pression populaire et politique.

Dans la nuit qui suit, les enquêteurs travaillent d'arrache-pied sur les différents indices. Le commissariat de Vallecas, dans la banlieue de Madrid, annonce la découverte d'une charge explosive dissimulée dans un sac de sport. Il faut attendre le samedi 13 mars pour que les enquêteurs arrêtent trois Marocains, Jamal Zougam, son frère Mohammed Chaoui[1], et un troisième individu, dénommé Mohammed Bekkali, tous trois employés dans un magasin de téléphones mobiles. Mohammed Bekkali est relâché rapidement et mis hors de cause. Deux autres Espagnols d'origine indienne, Suresh Kumar et Vinay Kohly[2], sont également appréhendés pour avoir vendu des cartes téléphoniques à Zougam et à Chaoui. Les différents suspects ont été identifiés grâce aux analyses de la puce électronique retrouvée dans l'engin qui n'a pas explosé. Le principal suspect vivait à 200 mètres du lieu des attentats.

Les agendas des deux principaux suspects, Zougam, né à Tanger en 1973, et Chaoui, né à Tanger en 1969, intéressent les enquêteurs. Des témoins affirment les avoir vus

---

1. En décembre 2004, Jamal Zougam est toujours placé en détention préventive en Espagne. Son frère, Mohammed Chaoui, a été libéré le 2 décembre 2004, mais reste à la disposition de la justice espagnole pour la procédure en cours sur les attentats du 11 mars 2004.

2. Suresh Kumar et Vinay Kohly ont été également libérés, mais restent à la disposition de la justice espagnole dans le cadre de la procédure en cours.

sortir des sacs à dos du véhicule garé à Alcala de Henares. L'un des témoins « avait été frappé par le fait qu'ils portaient des cagoules de ski alors que la météo ne convenait pas pour ce type de vêtements[1] ». Zougam serait l'un de ceux qui auraient placé les bombes dans les différents compartiments. Ce n'est pas un inconnu des services antiterroristes espagnols. Dans le cadre de la plus vaste enquête jamais menée sur les réseaux Al-Qaida en Espagne, dite opération « Datil », Zougam apparaissait déjà comme l'un des partenaires du responsable d'Al-Qaida dans le pays, l'Espagnol d'origine syrienne Abou Dahdah (Imad Eddin Barakat Yarkas), incarcéré depuis les attentats du 11 septembre 2001 pour son rôle prééminent dans la conduite des opérations terroristes en Espagne[2].

Dans le cadre de la procédure judiciaire menée depuis 1997 par Baltasar Garzon sur Al-Qaida en Espagne, le nom de Jamal Zougam était déjà apparu. À plusieurs reprises, les policiers espagnols avaient enregistré ses conversations avec le responsable d'Al-Qaida en Espagne. Le 14 août 2001, Zougam téléphonait à Abou Dahdah en lui tenant les propos suivant : « Vendredi, je suis allé voir Fizazi, et je lui ai dit que s'il avait besoin d'argent, nous pourrions l'aider avec nos frères[3]. » Le lieu de ces rencontres serait la mosquée Beni Makada à Tanger.

Mohammed Fizazi, le principal inspirateur des attentats sanglants qui ont eu lieu à Casablanca le 16 mai 2003, est un prêcheur occasionnel de la mosquée Al-Quds, à Hambourg, qui fut fréquentée par Mohammed Atta, le terroriste du 11 septembre 2001[4]. Mohammed Fizazi est

---

1. « Attentats de Madrid : cinq arrestations », *AP News*, 13 mars 2004.
2. Abou Dahdah est, en décembre 2004, toujours en détention préventive en Espagne.
3. Procédure judiciaire espagnole n° 35/2001, concernant les activités d'Al-Qaida en Espagne, archives de l'auteur.
4. Selon la procédure judiciaire allemande sur les attentats du 11 septembre 2001, Mohammed Fizazi a prêché en 1999 et 2000 à la mosquée Al-Qods de Hambourg, alors que Mohammed Atta fréquentait ce centre religieux, archives de l'auteur.

considéré par la police marocaine comme le responsable des mouvements terroristes marocains Salafiya Djihadia et Assirat Al-Moustaquim, les deux organisations responsables des attentats de Casablanca. Il purge aujourd'hui une peine incompressible de trente ans de prison au Maroc.

Les enquêteurs découvrent alors la « filière tangéroise » du terrorisme islamiste d'inspiration salafiste, qui sait profiter de la porosité de la frontière entre le Maroc et l'Espagne. À ce titre, l'arrestation d'Abdelaziz Benyaich est déterminante. Interpellé le 14 juin 2003 pour sa participation aux attentats de Casablanca, ce dernier est également impliqué dans les attentats de Madrid quelques mois plus tard : Abdelaziz Benyaich, membre d'une célèbre fratrie de djihadistes, a contribué à l'encadrement de Jamal Zougam. Selon les services de renseignement allemands, il entretenait des relations avec Khaled Al-Aruri, le bras droit de Zarkaoui[1].

Le nom du frère de Jamal Zougam, Mohammed Chaoui, est également cité dans les conversations enregistrées par la police espagnole au sein du groupe Al-Qaida en 2001. Ainsi, lors d'une discussion entre le responsable d'Al-Qaida en Espagne, Abou Dahdah, et Abdulak Al-Magrebi, un terroriste opérationnel, le second dit au premier : « Il faut se mettre en relation avec Jamal [Zougam] et son frère Mohammed Chaoui de Tanger. » Al-Magrebi ajoute : « Je vais me rendre à Tanger car ils sont [les deux frères] proches de Saïd Chedadi. » Ancien moudjahid revenu de la guerre en Bosnie-Herzégovine, Saïd Chedadi est alors inculpé en Espagne pour sa participation au groupe Al-Qaida[2].

Bien avant les attentats du 11 mars, Jamal Zougam et son frère Mohammed Chaoui étaient connus des services de

---

1. Rapport de synthèse du BKA (police criminelle allemande) sur Zarkaoui, 2004, archives de l'auteur.

2. Procédure judiciaire espagnole n° 35/2001, concernant les activités d'Al-Qaida en Espagne, archives de l'auteur. En décembre 2004, Saïd Chedadi est toujours placé en détention préventive en Espagne.

renseignement espagnols. Le seul nom de Zougam figurait sur la liste d'au moins trois services de renseignement. La DST française le savait impliqué dans le dossier dit des « filières afghanes[1] », le CNI espagnol l'avait identifié comme un proche de la cellule Al-Qaida en Espagne, enfin la DST marocaine avait fiché Zougam comme un élément à risque après les attentats de Casablanca.

Sur le plan opérationnel, Jamal Zougam, le principal suspect dans les attentats de Madrid, donc, est également étroitement lié à Amer Azizi, inculpé par le juge Garzon en 2003 pour avoir appartenu à la cellule d'Al-Qaida en Espagne. Lors d'une précédente perquisition menée en 2001 dans l'appartement de Jamal Zougam à la demande de la justice française, la police espagnole avait découvert les coordonnées téléphoniques d'Amer Azizi[2], l'un des hauts responsables d'Al-Qaida en Europe. Ce dernier avait échappé aux policiers espagnols et avait fui vers l'Iran où il avait rejoint le groupe de Zarkaoui.

Avant qu'Amer Azizi et Abou Moussab Al-Zarkaoui se retrouvent en Iran, l'un pour échapper à la justice espagnole, l'autre pour fuir les bombardements américains, les deux hommes avaient une connaissance en commun, un Marocain du nom d'Abdulatif Mourafik (alias Malek Al-Magrebi)[3]. Selon la justice espagnole, ce dernier était un proche partenaire de Zarkaoui en Afghanistan, et ses coordonnées avaient été saisies dans l'appartement madrilène d'Azizi avant sa fuite[4]. Amer Azizi est désormais considéré comme l'un des concepteurs des attentats du 11 mars 2004 par les forces de sécurité espagnoles.

---

1. Jamal Zougam apparaît dans le dossier judiciaire de l'affaire dite des « filières afghanes ». Dans le cadre de cette procédure, David Courtailler, condamné à quatre ans de prison, a reconnu avoir rencontré Jamal Zougam dans une mosquée à Madrid en 1998.

2. Ressortissant marocain né le 2 février 1968 à Hedami, au Maroc. En décembre 2004, Amer Azizi, inculpé en Espagne, est en fuite.

3. Abdelatif Mourafik est également recherché par la justice marocaine dans le cadre des attentats de Casablanca du 16 mai 2003.

4. Acte d'inculpation, affaire n° 35, juge d'instruction n° 5, 17 septembre 2003, archives de l'auteur.

Contrairement aux situations allemande et italienne, où Zarkaoui joue un rôle actif et déterminant, le terroriste jordanien n'a qu'un lien indirect avec le groupe qui a commis les attentats de Madrid. On sait que le Jordanien entretenait des relations avec Amer Azizi, lequel connaissait Jamal Zougam. Ces liens ont été mis en lumière par la documentation judiciaire rassemblée par le juge Garzon dans le cadre de son enquête sur Al-Qaida.

Soumis à une forte pression politique et populaire, les enquêteurs espagnols poursuivent les différentes pistes qui mènent aux attentats. Amer Azizi en fuite, les policiers sont désormais contraints de poursuivre avec les premiers interpellés du 13 mars 2004, à savoir Jamal Zougam et Mohammed Chaoui.

Alors que les interrogatoires de Jamal Zougam s'enchaînent, les policiers font converger plusieurs éléments, dont certains remontent aux premières enquêtes de 2001 sur Al-Qaida en Espagne.

En 2001, les fonctionnaires espagnols, agissant sur commission rogatoire française, avaient perquisitionné chez Jamal Zougam, au 14 de la rue Sequillo à Madrid. Outre les coordonnées déjà citées d'Amer Azizi et d'Abou Dahdah, les policiers découvrirent alors les coordonnées d'un grand nombre d'opérationnels d'Al-Qaida, notamment la carte de visite d'un membre du réseau terroriste Ansar Al-Islam, Abou Mumen Al-Kurdi, résidant en Suède et proche de mollah Krekar, le fondateur déchu du mouvement islamiste kurde. Les policiers saisirent également une vidéocassette relatant les combats et les opérations d'Ansar Al-Islam. Selon la police espagnole, cette vidéo de propagande avait pour fonction de faciliter la prospective en vue du financement des futures opérations du mouvement, plus tard contrôlé par Zarkaoui. La vidéo contenait également les coordonnées en Norvège des responsables militaires présumés du groupe, à savoir mollah Krekar et son frère Abou Faruk. À plusieurs reprises, la police espagnole a également enregistré des contacts entre l'un des membres d'Al-Qaida en Espagne, Abdallah Khayata Kattan, et les leaders norvégiens d'Ansar Al-Islam[1]. Ancien moudjahid de la guerre de Bosnie et dignitaire important d'Al-Qaida en Espagne, Abdallah Khayata Kattan se serait même déplacé en Norvège pour rencontrer mollah Krekar afin de lui proposer d'envoyer des hommes dans les rangs d'Ansar Al-Islam au Kurdistan irakien[2].

Un autre élément important conforte les enquêteurs dans leur conviction de l'implication de Zarkaoui. Ils découvrent qu'en 1997 le chef de la cellule espagnole d'Al-Qaida, Abou Dahdah, a envoyé en Jordanie près de 11 000 dollars destinés à Abou Mohammed Al-Maqdisi, alors que ce dernier était incarcéré à la prison de Suwaqah avec Zarkaoui. Abou Dahdah avait fait parvenir l'argent grâce au concours du prêcheur intégriste Abou Qatada en Grande-Bretagne, intermédiaire désigné pour l'occasion[3]. Par la suite, et à plusieurs reprises, Abou Dahdah tentera d'entrer directement en contact avec Maqdisi, et projettera même de lui rendre visite en prison[4].

Finalement, le 11 septembre 2004, soit six mois après les attentats, les policiers espagnols bouclent leur enquête marathon. Sur les 67 personnes interpellées, seules 19 sont maintenues en détention. Les enquêteurs finissent par identifier le coordonnateur de l'opération. Il s'agit de Serhane ben Abdelmajid Fakhet (alias le Tunisien), né le 10 juillet 1968 à Tunis, qui s'est donné la mort le 3 avril, à Leganès (au sud de Madrid), avec 6 complices, juste avant l'assaut des forces spéciales espagnoles. Cet attentat suicide du coordinateur de

---

1. Acte d'inculpation, affaire n° 35, juge d'instruction n° 5, 17 septembre 2003, archives de l'auteur.

2. Acte d'inculpation, affaire n° 35, juge d'instruction n° 5, 17 septembre 2003, archives de l'auteur. Abdallah Khayata Kattan est, au mois de décembre 2004, en détention préventive en Espagne.

3. *Ibid.*

4. Procédure judiciaire espagnole n °35/2001, concernant les activités d'Al-Qaida en Espagne, archives de l'auteur.

l'attentat de Madrid marque la fin de l'enquête. Pour autant, l'identité du « cerveau » du 11 mars est encore incertaine.

Plusieurs noms sont évoqués par les services espagnols et les spécialistes du contre-terrorisme. Deux, en particulier, reviennent régulièrement : Rabei Osman Ahmed El-Sayed[1], 32 ans, dit « Mohammed l'Égyptien », et surtout Mustafa Setmariam Nasar (alias Abou Moussab Al-Suri).

Le rôle du Syrien Mustafa Setmariam Nasar dans les attentats de Madrid est d'autant plus important à élucider que la piste mène directement à Abou Moussab Al-Zarkaoui.

Mustafa Setmariam Nasar est connu de ses compagnons sous le sobriquet d'Abou Moussab Al-Suri (alias Abou El Abed). Né le 26 novembre 1958 à Alep, en Syrie, Abou Moussab Al-Suri est sans nul doute l'un des terroristes islamistes de la mouvance salafiste ayant le plus haut potentiel de nuisance au Proche-Orient[2]. Il obtient la naturalisation espagnole en épousant, en 1993, une ressortissante de ce pays, dont il aura deux enfants. Il fuit l'Espagne le 26 juin 1995, lorsqu'un informateur lui fait savoir que les services de renseignement espagnols enquêtent sur son compte. Il trouve alors refuge à Londres, où il gère la publication d'*Al-Ansar*, l'organe de presse du GIA algérien, dont le rédacteur en chef n'est autre qu'Abou Qatada. Selon les autorités françaises, Abou Moussab Al-Suri a également été l'un des principaux coordinateurs de la revue extrémiste *El Fajr*, ainsi que le fondateur de l'Observatoire islamique de l'information[3], basé à Londres. Il est détenu brièvement par les autorités britanniques après les attentats parisiens du GIA en 1995. Une fois relâché, il continue d'entretenir des rela-

---

1. Le 7 décembre 2004, Rabei Osman Ahmed El-Sayed, emprisonné depuis juin 2004 en Italie, a été extradé vers l'Espagne.

2. En décembre 2004, Al-Suri, inculpé en Espagne, est en fuite.

3. Réquisitoire définitif de non-lieu partiel, de renvoi devant le tribunal correctionnel et de maintien en détention provisoire, tribunal de grande instance de Paris, affaire Beghal et autres, 2004, archives de l'auteur.

tions très étroites avec la diaspora extrémiste, notamment avec Riad Oklah (alias Abou Nabil), haut responsable en Jordanie du groupe terroriste syrien Taliaah Al-Muqatila. Il est alors également très proche du responsable d'Al-Qaida en Espagne, l'Espagnol d'origine syrienne Imad Eddin Barakat Yarkas (alias Abou Dahdah).

Mais la force d'Abou Moussab Al-Suri, c'est d'abord la place prééminente qu'il occupe au sein des réseaux djihadistes dans son pays d'origine. Connu des différents services de sécurité européens, Al-Suri décide bientôt de rejoindre en famille l'Afghanistan des talibans. Selon les informations recueillies par la police espagnole, Al-Suri dirige à partir de 1998 un camp d'entraînement sous la direction d'Oussama Ben Laden[1]. Valorisé par son contact direct avec le chef d'Al-Qaida, Abou Moussab Al-Suri devient l'icône des Syriens qui ont intégré les rangs de l'organisation terroriste. D'autant qu'il a été désigné, peu après son arrivée en Afghanistan, au Conseil de la Shura[2] d'Al-Qaida.

Toutes choses égales par ailleurs, Al-Suri occupe alors la même position aux yeux des combattants syriens au sein du groupe Al-Qaida que Zarkaoui aux yeux des djihadistes jordaniens. Du fait de leur charisme et de l'efficacité de leurs réseaux dans leurs pays respectifs, Zarkaoui et Al-Suri sont deux hommes clés pour les combattants islamistes du Moyen-Orient. C'est ainsi qu'Abou Moussab Al-Suri continue, depuis l'Afghanistan, à entretenir des relations suivies avec la cellule espagnole d'Al-Qaida, qui envoie régulièrement dans le camp d'Al-Suri de jeunes Syriens destinés à apprendre le maniement des armes. Le responsable financier d'Al-Qaida en Espagne, le Syrien Mohammed Ghaleb Kalaje Zouaydi[3], lui fait parvenir les

---

1. Procédure judiciaire espagnole n° 35/2001, concernant les activités d'Al-Qaida en Espagne, archives de l'auteur.
2. Conseil religieux.
3. En décembre 2004, Mohammed Ghaleb Kalaje Zouaydi est en détention préventive en Espagne.

fonds nécessaires. Depuis les attentats du 11 septembre 2001 et le déclenchement de l'opération « Liberté immuable » en Afghanistan, Abou Moussab Al-Suri est en fuite.

Même s'il n'a pas la même notoriété que Zarkaoui, nombreux sont les analystes antiterroristes à connaître son (fort) potentiel d'action. Et les autorités espagnoles pensent aujourd'hui qu'il a eu un rôle actif dans la conception des attentats du 11 mars, lui qui avait dépêché l'un de ses hommes à Madrid peu avant qu'ils soient commis.

Chapitre 5

La Syrie, base arrière

En avril 2002, Yasser Fateh Ibrahim Freihat est réveillé dans sa chambre d'hôtel de Damas, capitale de la Syrie, par le lieutenant de Zarkaoui, Mohammed Ahmad Tayourah. L'hôtel Al-Marjah, sur la place des Martyrs, n'a pas été choisi par hasard. C'est un lieu sûr, situé juste en face du ministère de l'Intérieur.

Tayourah conduit le Jordanien de 28 ans en voiture dans « l'une des casernes militaires[1] » de Damas. Freihat, le complice de l'assassin de Laurence Foley, y passe une semaine. Encadré par trois militaires, il est formé au maniement du pistolet, du M16, de la kalachnikov. Il apprend également à se servir de grenades – et surtout à fabriquer des bombes au « nitrate d'ammonium ». C'est le chef du « commando Foley » qui a insisté pour que Freihat suive cette formation. Quelques semaines plus tard, deux autres membres du commando, Mohammad Daamas et Neaman El Harach, feront le même parcours et seront entraînés dans les mêmes conditions.

Selon les actes d'accusation jordaniens, on l'a dit, Zarkaoui a résidé en Syrie du mois de mai au mois de

---

1. Royaume hachémite de Jordanie, Cour de sûreté, décision n° 545/2003, affaire Laurence Foley, archives de l'auteur.

septembre 2002, bénéficiant d'un libre accès aux fameuses
«casernes militaires» chargées de l'entraînement de ses
recrues, jouissant d'un passeport syrien et se déplaçant sans
contraintes majeures depuis la Syrie vers la Jordanie et
l'Irak. De plus, il ressort de l'enquête jordanienne que la
quasi-intégralité de l'opération Foley a été planifiée depuis
Damas par Zarkaoui et ses plus proches collaborateurs.
C'est en outre de Syrie que provenaient les armes ayant servi
à l'assassinat de Laurence Foley envoyées par Tayourah,
l'agent syrien de Zarkaoui, et notamment l'arme du crime,
un pistolet 7 mm doté d'un silencieux. Dans l'arsenal constitué par Zarkaoui pour l'occasion, les policiers jordaniens
retrouveront plusieurs kalachnikovs, des bombes lacrymo-
gènes et même des gilets pare-balles. C'est également de
Syrie que provenaient une partie des fonds mis à la disposition des tueurs par Zarkaoui. Ce même Zarkaoui qui sera à
nouveau localisé dans la banlieue de Damas en 2003.

Ces révélations sont beaucoup plus graves que les accusations qui ont jamais pesé sur le régime de Saddam Hussein,
mais elles ont été tues jusqu'à présent. Seul le pouvoir jordanien, faisant écho au gouvernement américain, a émis des
réserves quant à la volonté syrienne de lutter contre la
propagation du terrorisme dans la région.

Peu avant son déplacement en Syrie en août 2004, le
Premier ministre jordanien Fayçal Al-Fayez déclare : «Le
manque de contrôle du côté syrien de la frontière a évolué de
façon inquiétante au cours des derniers mois, jusqu'au point
où la situation devient inacceptable[1].» Il affirme en outre que
les autorités jordaniennes ont «mis en échec, depuis mars
dernier, plusieurs tentatives d'infiltration par des extrémistes
qui transportaient des explosifs et des armes». Et, de fait, les
récentes tentatives d'attentats qui visaient le royaume hachémite avaient été organisées pour une large part depuis la Syrie.

---

1. «Jordanian source cited on concern over security of border», *Al-Hayat*, 4 août
2004.

Bref, Amman accuse implicitement Damas d'offrir refuge à des partisans d'Abou Moussab Al-Zarkaoui, notamment au ressortissant syrien Sulayman Khalid Darwish (alias Abou Al-Ghadiyah). Or, ce dernier est soupçonné d'avoir recruté pour Zarkaoui 5 Syriens qui devaient commettre l'attentat chimique d'avril 2004 contre le quartier général des services de renseignement jordaniens du GID.

La Syrie a constitué la base arrière logistique et opérationnelle de Zarkaoui après sa fuite d'Afghanistan à la fin de l'année 2001 et au début de l'année 2002. Pays carrefour de la région, il offre l'avantage d'ouvrir sur l'Irak et d'être un pont vers la Jordanie, cible alors privilégiée de Zarkaoui.

Après le déclenchement de l'offensive de la coalition en Irak, la Syrie devient la principale porte d'entrée des djihadistes en Irak. Le 29 juillet 2003, le général Richard B. Myers, chef d'état-major de l'armée américaine, indique ainsi que la plupart des combattants étrangers s'infiltrent en Irak depuis la Syrie, et qu'au moins 80 combattants ont suivi plusieurs mois d'entraînement dans un camp syrien[1]. Plus encore, dit-il, le gouvernement syrien soutiendrait la rébellion islamiste en Irak.

Cet aspect de la politique régionale syrienne a été évoqué lors d'une rencontre au poste militaire d'Al-Kaim, à la frontière irako-syrienne, entre le commandant des forces américaines en Irak, le général Ricardo Sanchez, et le général Maher El Assad, commandant de la garde républicaine syrienne et frère cadet du Président. Lors de l'entrevue, le général américain aurait présenté à son homologue plusieurs passeports syriens retrouvés sur des combattants islamistes, tués ou arrêtés. En outre, plusieurs prisonniers syriens auraient confirmé, durant leurs interrogatoires, avoir reçu

---

1. « Transcript : chairman of the joint chiefs of staff, general Richard B. Myers. Interview with a pakistani television News Channel », ambassade des États-Unis à Islamabad, 29 juillet 2003.

un soutien logistique de la sécurité militaire syrienne, placée sous la direction du général Assef Shawkat[1].

Le général John Abizaid, commandant en chef des troupes américaines dans le golfe Persique, estime, pour sa part, en août 2003 que le principal danger en Irak réside dans « l'arrivée de combattants étrangers par la Syrie[2] ». L'ambassadeur d'Israël à l'ONU affirmera d'ailleurs, le 21 août 2003, que le camion piégé utilisé lors de l'attentat dirigé contre le siège de l'ONU à Bagdad venait de Syrie[3]. Six mois après le début des opérations militaires de la coalition en Irak, l'administrateur américain Paul Bremer affirmera de son côté, en septembre 2003, que 248 combattants étrangers, dont 123 Syriens, étaient retenus prisonniers, précisant que « les combattants étrangers en Irak s'infiltrent principalement par la Syrie[4] ». Le témoignage d'un ancien moudjahid parti combattre en Irak à l'appel de Zarkaoui est particulièrement éclairant sur la filière syrienne. Les recrues auraient ainsi reçu un « kit militaire » d'un montant de 200 dollars, comprenant une arme automatique, un lance-grenades et dix grenades. Un passeur irakien, qui recevrait entre 500 et 1 000 dollars par personne, viendrait ensuite récupérer les candidats au djihad en Syrie, avant de les mener jusqu'aux insurgés. Tout cela aurait lieu, selon ses aveux, au vu et au su des autorités syriennes[5].

En réalité, cela fait des années que les services de renseignement occidentaux savent que la Syrie est un pivot du terrorisme islamiste. Le pays est désormais surnommé le « Pakistan de l'Irak », en raison de sa bienveillance à l'égard des terroristes islamistes et de la protection qu'il leur offre.

---

1. « Échec d'une rencontre secrète », 9 avril 2004, *Intelligence Online*.
2. « General cites rising peril of terror in Iraq », *The Washington Post*, 22 août 2003.
3. *Ibid*.
4. « Powell gives hope for Iraq power handover, UN staff prepare to leave », *AFP*, 27 septembre 2003.
5. « An arab "martyr" Thwarted », *New York Times*, 2 novembre 2004

Ainsi, dès 2001, les services de renseignement italiens du DIGOS, qui ont démantelé une structure de soutien au mouvement islamiste kurde Ansar Al-Islam, soulignent le rôle d'intermédiaire tenu par la Syrie dans l'acheminement de combattants et de fonds vers l'Irak. L'analyse des documents d'instruction des magistrats antiterroristes, constitués par les milliers d'heures d'écoutes téléphoniques, les interrogatoires des suspects et leurs constatations, révèle que la Syrie est un « un fédérateur dans l'acheminement de recrues entre l'Europe et Ansar Al-Islam ». Selon les magistrats antiterroristes, le réseau italien Ansar Al-Islam, contrôlé par Zarkaoui, a notamment « bénéficié d'une structure logistique en Syrie[1] ». Selon les enquêteurs, ce sont près de quarante recrues ainsi que des fonds qui ont pu être acheminés par la Syrie en Irak. Dans ce trafic, Mollah Fouad joue un rôle essentiel. Il est même considéré comme le « gardien de l'accès à la Syrie pour les volontaires ayant l'intention de rejoindre l'Irak ». Basé à proximité de Damas, Mollah Fouad et ses lieutenants font parvenir des ordres à la cellule de recrutement italienne[2].

Toujours en Italie, mais dans le cadre d'une affaire connexe, les magistrats établissent en 2001 que le chef d'une cellule Al-Qaida à Milan, Abdelkader Mahmoud Es Sayed Ben Khemais, était en contact étroit avec le gouvernement syrien. Dans une conversation téléphonique interceptée en 2000, il se réfère au gouvernement syrien comme au représentant des « vrais héros ». Il fait part à l'un de ses complices d'une conversation qu'il a eue avec le ministre syrien de la Défense, Mustapha Tlass, à propos des objectifs de « son organisation ». Mustapha Tlass aurait fourni les coordonnées

---

1. Procédure italienne, « Minaccia terroristica di matrice islamica ; esito attività investigativa esperita sul conto di Remadna Abdelhalim Hafed, Chekkouri Yassine, Es Sayed Abdelkader Mahmoud, Benattia Nabil », Procedimento penale n. 13016/99, CAT A4 DIGOS 01, Milan, 21 novembre 2001.
2. Procédure judiciaire italienne, affaire Ansar Al-Islam, 2003, archives de l'auteur.

téléphoniques du Hamas et du Djihad islamique à Ben Khemais en précisant : « Parle avec eux, appelle-les, ils te connaissent[1]. »

Mustapha Tlass occupait une position centrale dans le régime syrien. Puissant ministre de la Défense depuis plus de trente ans, il avait la haute main sur l'armée et les services de renseignement jusqu'à sa démission au mois de mai 2004. Ses convictions étaient connues depuis longtemps. En octobre 2001, lors d'une réunion avec une délégation britannique, il aurait déclaré que les attentats du 11 septembre étaient l'œuvre d'une « conspiration juive », et que le Mossad (service de renseignements israélien) avait même averti des milliers d'employés juifs travaillant dans le World Trade Center de l'imminence d'une attaque[2].

L'implication de l'appareil sécuritaire syrien dans les réseaux actifs de l'islamisme radical apparaît également dans plusieurs autres enquêtes internationales. Pourtant, le 25 mai 2003, le président syrien, Bashar El-Assad, exprimait ses doutes quant à l'existence même du groupe terroriste Al-Qaida à l'occasion d'une interview au journal koweïtien *Al-Anba* : « Existe-t-il vraiment une entité dénommée Al-Qaida ? Était-elle en Afghanistan ? Existe-t-elle encore ? […] nous sommes en train de parler d'une certaine mouvance idéologique. Le problème, c'est l'idéologie et non les organisations[3]. »

Dans le cadre de l'enquête sur les attentats de Casablanca de mai 2003, le Français Robert Richard Antoine Pierre est interrogé par la Direction générale de la sûreté nationale marocaine. Il affirme qu'au début de l'année 2003 une filière était organisée depuis le Maroc pour envoyer des moudjahidin en Irak via le Liban et la Syrie. Il déclare avoir finalement renoncé à s'y rendre pour commettre des atten-

---

1. « The Europeans know more than they now pretend ? », by Michael Ledeen, American enterprise institute of Washington, *National Review*, 11 février 2003.
2. « Syrian Defense minister blames WTC attacks on Israel », *The Jerusalem Post*, 19 octobre 2001.
3. « President says he doubts Al-Qaeda exists », *Los Angeles Times*, 26 mai 2003.

tats en France : il s'agissait notamment de frapper « des installations nucléaires à Lyon et des synagogues[1] ».

Baltasar Garzon a sans doute démantelé en Espagne la plus vaste cellule d'Al-Qaida en Europe, majoritairement composée de ressortissants syriens. Sous l'impulsion du magistrat antiterroriste, le groupe est arrêté à partir de la fin de l'année 2001. C'est dans ce cadre que trois lettres sont saisies chez l'un des membres de la cellule, Ghasoub Al-Abrash Ghalyoun[2]. Elles sont écrites et signées de lui, et adressées au chef des services de renseignement syriens. Dans l'une d'elles, il informe les services syriens de sa participation à un entraînement militaire en Irak. Dans une autre, rédigée sous la forme d'un rapport d'activités, il indique qu'« à sa demande » il enverra également un rapport au directeur des services de renseignement de la ville de Homs[3]. Il ressort assez nettement de ces courriers que Ghalyoun agissait avec l'accord des autorités syriennes, sinon de concert avec elles, et qu'à tout le moins elles étaient parfaitement informées de sa situation et de ses intentions. Il s'avérera, dans le cours de l'enquête, qu'Abou Dahdah, le chef de la cellule espagnole d'Al-Qaida, avait appartenu à l'organisation islamiste syrienne Taliah Al-Muqatila. Les membres de cette organisation, pourtant à l'origine opposés au régime syrien, ont été amnistiés par Bashar El Assad[4].

Certains membres des services de renseignement syriens auraient également été étroitement associés à la cellule de Hambourg, celle des kamikazes du 11 septembre, au point

---

1. Interrogatoire de Robert Richard Antoine Pierre, Direction générale de la sûreté nationale, Maroc, 7 juillet 2003, archives de l'auteur. En décembre 2004, Robert Richard Antoine Pierre est toujours en détention préventive au Maroc.

2. En décembre 2004, Ghasoub Al-Abrash Ghalyoun est en détention préventive en Espagne.

3. Procédure espagnole, volume 79, « Juzgado central de Instruccion n° 5 : contra Imad Eddin Barakat Yarkas ; relaciones con extremistas islamicos : con Ghasoub Al-Abrash Ghalyoun », *Summario* n° 35/2001, 12 novembre 2001.

4. « A transformation in Syria », *Financial Times*, 6 décembre 2001; voir aussi « Syria's new cabinet is overshadowed by old realities », *The New York Times*, 21 janvier 2002; « A face of terror or benevolence ; Enam Arnaout calls his work honourable, but the US says it's a cover for his support of terrorism », *The Chicago Tribune*, 13 octobre 2002.

que Manfred Murck, le directeur adjoint du BFV, le service de renseignement intérieur allemand, a évoqué l'existence d'une *syrian connection* dans l'enquête sur la cellule terroriste de Hambourg[1].

Au cœur de l'enquête, on trouve une société d'import-export de textile dénommée Tatex Trading GmbH, fondée en 1978 à Rethwish, en Allemagne[2]. Cette entreprise a été créée par Abdul Matin Tatari, un sexagénaire allemand d'origine syrienne, qui fondera par la suite une autre société, Tatari Design. Tatex Trading compte deux actionnaires, parmi lesquels Mohamad Majed Said. Le parcours de ce dernier intrigue au plus haut point les services allemands. Mohamad Majed Said est, en effet, l'ancien directeur général des services de renseignement syriens, qu'il a dirigés de 1987 à 1994, mais, en 2001, il est surtout membre du Conseil national de sécurité syrien, la plus haute instance de sécurité du pays[3].

À partir de la fin de l'année 2001, les enquêteurs allemands découvrent alors à quel point ces sociétés, les services de renseignement syriens et la cellule de Hambourg sont liés.

Les sociétés Tatari Design et Tatex Trading sont officiellement suspectées par les autorités judiciaires allemandes d'avoir servi de couverture pour falsifier des documents et blanchir de l'argent au profit de militants islamistes en Allemagne. Le procureur fédéral en charge du terrorisme, Kay Nehm, affirme en particulier que la famille Tatari est « soupçonnée d'avoir contribué au djihad de militants islamistes violents ». En clair, les Tatari se seraient livrés au blanchiment d'argent afin de fournir des documents d'identité et des visas à des membres opérationnels d'Al-Qaida[4].

---

1. « The Hamburg connection », *The Toronto Star*, 29 septembre 2002.
2. Verband der Vereine Creditreform, Creditreform German Companies, 2002.
3. « The Syrian bet ; did the Bush administration burn a useful source on Al-Qaeda ? », *The New Yorker*, 28 juillet 2003.
4. « Deutsch-syrischer Kaufmann unter Terrorverdacht », *Die Welt*, 11 septembre 2002 ; voir aussi « Germany hunts for terror clues », CNN Berlin, 10 septembre 2002.

Le 10 septembre 2002, deux maisons et trois bureaux appartenant aux Tatari sont perquisitionnés. La famille est interrogée durant plusieurs heures et fait ses premiers aveux. En 2003, une information judiciaire a été ouverte par le parquet de Hambourg à l'encontre d'Abdul Matin Tatari.

Les policiers apprennent que l'un des fils Tatari, étudiant à l'université technique de Hambourg, a signé la pétition de Mohammed Atta, l'un des terroristes du 11 septembre, appelant à la constitution d'un groupe « d'études islamiques » au sein de l'université. Ils apprennent également que Mohammed Hady Tatari, le fils aîné, rendait fréquemment visite à Mohammed Atta dans l'appartement occupé alors par plusieurs futurs kamikazes à Hambourg. Ce dernier déclare avoir également fréquenté Marwan Al-Shahhi, le pilote du vol United Airlines 175, et avoir assisté au mariage de Mounir El Motassadeq, inculpé en relation avec les actes terroristes du 11 septembre[1].

Le père, Abdul Matin Tatari, reconnaît, de son côté, avoir employé deux Syriens originaires d'Alep, qui se sont révélés être des proches de la cellule de Hambourg. Il s'agit de Mohammed Haydar Zammar, considéré comme l'un des recruteurs d'Al-Qaida, et de Mamoun Darkazanli, dont la société est soupçonnée d'avoir aidé financièrement les terroristes du 11 septembre[2].

Poursuivant leurs investigations, les enquêteurs allemands découvrent que c'est précisément Mohammed Haydar Zammar qui a recruté Mohammed Atta. Or, lors d'une conversation téléphonique interceptée par la police allemande, Tatari a fait référence à son employé comme

---

1. Procédure allemande « Erklärung zur Person : Tatari Mohammed, Hady », Bundes-kriminalamt, Hambourg, 12 mars 2003.
2. « Treasury Department releases list of 39 additional specially designated global terrorists », Office of Public Affairs, United States Department of the Treasury, 12 octobre 2001; voir aussi « Designees on the UN 1390 List », United Nations, 12 octobre 2001; voir aussi « Charity founders tied to Hamburg terror suspects », *The Chicago Tribune,* 3 novembre 2003.

étant « un ami et un frère[1] ». Les deux hommes appartiendraient à la confrérie des Frères musulmans[2].

Les enquêteurs allemands sont dès lors convaincus, au terme de leurs investigations sur Tatex et sur le rôle de Mohamad Majed Said, que les autorités syriennes ont « nécessairement » été en contact avec la cellule terroriste de Hambourg[3].

En 2001 déjà, au cours du procès des responsables des attentats commis en 1998 contre les ambassades américaines en Afrique, un témoin du gouvernement américain, Jamal Ahmed Al-Fadl, avait levé le voile sur l'existence d'une organisation affiliée à Al-Qaida en Syrie. Il avait déclaré qu'Al-Qaida était représenté en Syrie par le groupe Jamaat E Jihal Al-Suri, dirigé par un certain Abou Moussab Al-Suri, personnage que nous avons découvert au chapitre précédent et dont il se souvenait qu'il était blond, détail assez inhabituel pour un combattant islamiste[4]. Abou Moussab Al-Suri n'était autre que Mustafa Setmariam Nasar, inculpé en Espagne par le juge Baltasar Garzon. Haut dirigeant de l'organisation terroriste Al-Qaida, il avait « dirigé un camp d'entraînement en Afghanistan[5] » et s'était rendu en 1996 à Hambourg pour y rencontrer un certain Darkazanli, l'ancien employé de Tatari.

Les exemples d'implications de terroristes syriens dans les filières Al-Qaida sont nombreux. Dans le cadre des attentats du 11 septembre, plusieurs *syrian connections*, liées au fonctionnement d'Al-Qaida en Allemagne ou en Espagne, ont

---

1. Procédure allemande « Erklärung zur Person : Tatari Mohammed, Hady », Bundeskriminalamt, Hamburg, 12 mars 2003 ; voir aussi « Syrische Geheimdienst – Connection zu Hamburger Terror-Piloten », *Der Spiegel*, 8 mars 2002.

2. Matthew Levitt, « Criminal enterprise in the political economy of Middle Eastern terrorism », *Policywatch*, The Washington Institute, 3 janvier 2003 ; voir « Syria-Syrian Intelligence linked to Al-Qaeda cell in Hamburg », *Middle East Intelligence Bulletin*, vol. 4, n° 9, septembre 2002 ; voir Robert Baer, *Sleeping with the devil*, New York, Crown Publishers, 2003, p. 124.

3. « Syrische Geheimdienst – Connection zu Hamburger Terror-Piloten », art. cité.

4. USA v. UBL, trial transcript, 6 février 2001, testimony of Jamal Ahmed Al-Fadl.

5. Procédure espagnole n° 35/2001, concernant les activités d'Al-Qaida en Espagne, archives de l'auteur.

en particulier été mises au jour. Ces implications ont évolué après l'intervention américaine en Irak, et il apparaît aujourd'hui que la Syrie se trouve à la confluence de divers groupes djihadistes au Proche-Orient.

Après quarante ans de relations troubles avec les mouvements islamistes les plus durs, il serait fort surprenant que le gouvernement syrien puisse être véritablement débordé par la menace extrémiste. Les quelque 15 services de sécurité syriens passent, en effet, pour être les mieux informés du Proche-Orient. Chaque service dispose de larges attributions et d'un accès direct à la présidence. En outre, le maillage méthodique et systématique du territoire syrien par les services de sécurité est tel qu'il exclut l'existence de « zones grises » qui échapperaient au contrôle central. Au contraire, tout porte à croire qu'en facilitant le transit des combattants étrangers et l'envoi de combattants syriens le gouvernement tente de contrôler la guérilla en Irak.

Pour répondre aux demandes insistantes des États-Unis exigeant qu'un contrôle plus efficace soit mis en place à la frontière irako-syrienne, Damas a finalement accepté le principe de patrouilles conjointes syro-américaines. Pour autant, les flux massifs de combattants sunnites en Irak continuent à traverser la frontière syrienne, ce qui paraît en soi incompréhensible, en raison du redéploiement de milliers de soldats syriens stationnés au Liban le long de la frontière irakienne.

Le régime syrien révèle sans doute, à la lumière du conflit irakien, sa véritable nature.

Chapitre 6

La France dans le piège islamiste

Le 30 août 2004, la diplomatie française se tourne vers Youssef Al-Qardaoui pour qu'il condamne publiquement l'enlèvement de deux otages, Christian Chesnot et Georges Malbrunot. Le théoricien des attentats suicides se voit promu pour l'occasion «grande conscience de l'Islam», pour reprendre la formule du ministre français des Affaires étrangères[1]. Sans doute a-t-on estimé que, pour influencer les terroristes, le plus simple était encore de s'adresser à l'un de leurs guides spirituels.

Personne alors ne dénonce le double discours des islamistes français, qui soutiennent ouvertement les initiatives du gouvernement français pour obtenir la libération de nos otages et dépêchent même en Irak une délégation, alors qu'au même moment le leader religieux de l'Union des organisations islamiques de France (UOIF), Fayçal Mawlawi, cosigne en catimini dans la presse arabe un manifeste appelant à «soutenir par tous les moyens moraux et matériels la courageuse et honorable résistance islamique» en Irak contre la campagne «colonialiste américano-sioniste»[2].

---

1. Déclaration du ministre français des Affaires étrangères, Amman, Jordanie, 31 août 2004.
2. «Islamic figures, scholars worldwide condemn "US-zionist crimes" in Iraq, Palestine», *Al-Quds Al-Arabi*, 23 août 2004.

On cherche en vain à comprendre la cohérence de la politique de la France à l'égard de l'islamisme. Nicolas Sarkozy, alors ministre de l'Intérieur, a fait du sort réservé à la femme musulmane le symbole d'un Islam archaïque de plus en plus radical en interpellant publiquement Tariq Ramadan. Or, six mois plus tard, le ministre des Affaires étrangères sollicite le soutien de l'un des plus extrémistes religieux musulmans, Youssef Al-Qardaoui, lui qui est l'un des théoriciens de l'infériorité de la femme musulmane, lui qui fut l'un des rares religieux musulmans à justifier les attentats du 11 septembre, lui, enfin, qui est l'un des principaux dirigeants de la congrégation des Frères musulmans[1].

La France semble prise au piège du double discours, l'arme dialectique favorite des Frères musulmans, faute d'en avoir dénoncé ou simplement analysé les véritables objectifs. Un texte fondateur de cette confrérie explique ainsi qu'il convient d'adapter son discours en fonction du pays dans lequel les Frères évoluent afin d'«infiltrer les organes d'influence» et de «peser sur les décisions politiques[2]». Ils ne pouvaient, à cet égard, rêver meilleure conjoncture. Après leur reconnaissance publique, les voici acteurs politiques et diplomatiques d'une France ingénue qui doute désormais d'elle-même et n'ose plus dénoncer les extrémistes.

Le processus de reconnaissance de l'Islam de France est fondé sur l'idée qu'un tel processus conduirait inéluctablement à l'intégration politique des islamistes et donc à leur modération. Cette stratégie se retourne aujourd'hui contre ses concepteurs et prend la France au piège de ses contradictions. Comment expliquer, en effet, que l'on puisse prétendre lutter contre le terrorisme islamiste en évitant de lutter contre ce qui en est l'essence, l'Islam radical ? En privilégiant, voire en

---

1. Voir l'interview du guide suprême des Frères musulmans d'Égypte, *Al-Sharq Al-Awsat*, 15 novembre 2002.
2. Documents fondateurs des Frères musulmans, archives de l'auteur.

légitimant le courant radical islamiste, la France affaiblit en outre les musulmans modérés qui vivent dans notre pays et fait, par là même, le jeu des extrémistes en question.

N'est-ce pas cette logique qui a conduit le ministre français des Affaires étrangères, Michel Barnier, à réclamer, le 27 septembre 2004, que soient associés à la Conférence internationale sur l'Irak « l'ensemble des forces politiques [irakiennes], y compris celles qui ont choisi la voie de la résistance par les armes[1] » ? L'angélisme diplomatique français irait-il jusqu'à offrir à Zarkaoui un siège à la table des négociations ? Ce message maladroit, lancé dans un contexte chaotique et complexe échappant aux canons de la diplomatie traditionnelle, a été perçu par d'aucuns comme une forme de reconnaissance de la résistance armée en Irak. Une semaine plus tard, c'est en tous cas ainsi que le Hezbollah en rend compte sur les ondes de sa chaîne officielle de télévision Al-Manar : « Nous pouvons annoncer que la valeureuse, l'honorable et respectable résistance en Irak a gagné sa reconnaissance internationale. La France, un des cinq membres permanents au Conseil de sécurité des Nations unies, a demandé la participation des forces de la résistance [à la Conférence internationale sur l'Irak]. C'est une reconnaissance de la légitimité de la résistance et du fait qu'elle avance sur la bonne voie[2]. »

Par une curieuse coïncidence, le CSA a autorisé la diffusion d'Al-Manar en France le 16 novembre 2004, provoquant un véritable tollé : cette chaîne est, en effet, connue pour son antisémitisme et le soutien qu'elle apporte aux extrémistes islamistes de tous bords. Depuis l'offensive américaine en Irak, Al-Manar a en effet redoublé d'efforts pour condamner les « envahisseurs » et revendiquer la légitimité de l'usage de la force « par tous les moyens »[3]. Quelle que soit

---

1. « La France pose la question d'un retrait des forces américaines d'Irak », AFP, 27 septembre 2004.
2. Al-Manar TV, 6 octobre 2004, FBIS.
3. Al-Manar TV, 27 août 2004, 24 septembre 2004, 15 octobre 2004, FBIS.

l'issue de cette polémique, les islamistes n'auront pas manqué de voir, dans cette première décision, un signe de plus de nos atermoiements, sinon de notre confusion.

La France est aveuglée par le conflit irakien auquel elle s'est légitimement opposée. Aujourd'hui, elle refuse d'admettre que la seconde guerre d'Irak s'est muée, depuis le printemps de 2003, en une confrontation contre le terrorisme islamiste, et que, ce pays étant devenu la terre de prédilection des islamistes, il s'y joue une bataille décisive contre les réseaux qui l'animent. L'Irak est ainsi devenu pour la France un prisme déformant, la grille de lecture unique du monde musulman et de ses véritables enjeux ; sont ainsi englobés dans la même suspicion d'hégémonisme américain les objectifs politiques contestables qui avaient justifié l'invasion du pays et la nécessité de lutter contre le fléau terroriste. Et il n'est pas sûr que nous y gagnions la paix.

Car, de fait, l'hexagone n'est pas épargné par la menace du terrorisme islamiste. C'est ainsi qu'en juin 2004 plusieurs islamistes ont été arrêtés en région parisienne. Membres ou animateurs d'une mosquée salafiste (à Levallois-Perret) placée sous surveillance depuis plusieurs mois, ils auraient structuré une filière de recrutement pour envoyer des djihadistes en Irak. Le 15 juin 2004, les perquisitions permettent la saisie de plusieurs éléments de preuve : deux armes, un logiciel de falsification de documents administratifs, des faux papiers et de la documentation islamiste, notamment des enregistrements sur cassettes d'Abou Qatada ainsi que des tracts appelant au djihad.

Mais, surtout, les policiers ont saisi deux preuves accablantes. D'abord un SMS envoyé le 11 juin 2004 sur le téléphone portable de l'un des membres de l'association caritative Iqra, qui contrôle la mosquée salafiste, par un Français se trouvant en Irak. Le message est explicite : « Le groupe est bien arrivé, je vous contacterai si j'ai besoin d'aide. » Le groupe en question, dont trois membres sont identifiés, serait composé de Français et de Tunisiens[1].

Le second élément de preuve est une procuration donnée par l'organisation International Islamic Relief Organization (IIRO) à l'un des membres de l'association Iqra, et l'autorisant à collecter des fonds en son nom[2]. Au cours de leur garde à vue, deux suspects reconnaîtront avoir transféré de l'argent vers l'étranger et avoir envoyé des recrues en Irak. Pourtant, le juge saisi estimera les « éléments insuffisants » pour retenir la qualification d'association de malfaiteurs en relation avec une entreprise terroriste. Plusieurs prévenus seront entendus en tant que simples « témoins assistés », d'autres seront mis en examen pour « détention de faux documents et séjour irrégulier »... avant d'être remis en liberté[3].

Ce dossier, traité dans un premier temps comme une affaire locale, comportait pourtant une dimension internationale non négligeable. Le parquet de Paris a d'ailleurs marqué sa divergence d'appréciation en décidant de faire appel de la décision pour le moins surprenante du magistrat antiterroriste.

Un rapport de la CIA datant de 1996 notait déjà que l'IIRO était liée à Ramzi Yousef, condamné aux États-Unis pour avoir pris part au premier attentat contre le World Trade Center en 1993, et surtout à Oussama Ben Laden, décrit à l'époque comme « un riche Saoudien résidant actuellement au Soudan qui soutient divers groupes islamiques extrémistes[4]. »

---

1. « Une enquête mise à mal par les tensions entre parquet et juges antiterroristes », *Le Monde*, 25 juin 2004.
2. *Ibid.*
3. « La guerre des juges sauve les jihadistes », *Libération*, 25 juin 2004.
4. Rapport de la CIA sur les organisations caritatives islamiques en Bosnie-Herzégovine, 1996, archives de l'auteur.

Quant à l'association Iqra, si les enquêteurs n'ont pu établir sa filiation avec l'organisation mondiale Iqra International, des liens institutionnels n'en existent pas moins entre elle et l'IIRO. Le président d'Iqra International, un ancien ministre saoudien de l'Information, est en effet parallèlement directeur du comité des investissements de l'IIRO[1].

Finalement, le 20 septembre 2004, le parquet de Paris a ouvert une information judiciaire sur les « filières irakiennes », sur la foi notamment d'une note de la DST, datée du mois d'août, et établissant le départ suspect d'une dizaine de Français d'origine tunisienne pour le djihad en Irak via la Syrie. Deux Français auraient en outre été interpellés à la frontière syro-irakienne au mois de mai 2004 avant d'être renvoyés vers la Turquie[2].

Les rapports établis par les services de renseignement américains en Irak notent, dès les premiers mois de l'offensive américaine, un accroissement de la menace et un afflux de candidats au djihad. En novembre 2003, le chef de station de la CIA estime que la situation « empire » en Irak en raison de plusieurs facteurs, parmi lesquels l'« afflux de recrues irakiennes ou étrangères dans les rangs de la guérilla », les stocks d'armes dont dispose la résistance et le renforcement de l'organisation et de la coordination des insurgés. La CIA identifie alors 15 groupes participant activement à la résistance armée[3].

Au mois de juin 2004, des sources internes de la CIA indiquent que se multiplient, « depuis plusieurs mois », les « preuves du soutien de plusieurs organisations caritatives aux insurgés irakiens ». Selon un agent du centre antiterroriste de la CIA, les fonds identifiés jusqu'alors provenaient essentiellement du Pakistan et de l'Europe et parvenaient en

---

1. « IIRO raises SR15m in-funds », *Arab News*, 22 décembre 1993.
2. « La justice enquête sur des volontaires français en Irak », *Le Figaro*, 22 septembre 2004.
3. « CIA : Iraq security to get worse », CNN, 12 novembre 2003.

Irak via ces ONG de manière régulière. La CIA estime désormais être confrontée à un « phénomène similaire dans sa nature et son importance » à celui observé au début des années 1980 en Afghanistan, lorsque de nombreuses ONG islamiques apportaient leur soutien aux moudjahidin arabes[1]. Le gouvernement intérimaire irakien remarque le même phénomène : « Les terroristes affluent depuis plusieurs pays en Irak [...]. Ils proviennent d'Afghanistan, du Pakistan, d'Europe, du Maroc, de la Syrie[2]... », constate-t-il.

Le 22 octobre 2004, on a appris qu'un jeune Français de 19 ans, Redouane El Hakim, était mort au combat en Irak dans les rangs de la « résistance » islamiste. Il s'était rendu en Irak au début de l'année 2004 en passant par la Syrie où il partait officiellement pour faire des études accompagné de son frère, Boubaker. Le nom de ce dernier était précisément apparu dans l'enquête de la brigade criminelle sur la mosquée de Levallois-Perret[3]. Depuis lors, pas moins de cinq Français combattant aux côtés des islamistes ont été tués en Irak.

---

1. Entretien avec l'auteur, 22 juin 2004.
2. « Iraqi PM : Terrorists pouring in », CNN, 20 septembre 2004.
3. « Identification d'un Français mort en combattant la coalition en Irak », AFP, 22 octobre 2004.

Conclusion

Un successeur pour Ben Laden ?

Zarkaoui pourrait presque incarner l'antithèse d'Oussama Ben Laden, tant leurs origines, leur parcours, leur enseignement et leur conception du monde diffèrent. Cependant, force est de constater qu'à la faveur de la seconde guerre d'Irak ce que le premier avait pu conquérir sur le terrain idéologique, le second l'a remodelé par les armes, au point d'éclipser aujourd'hui, peut-être durablement, le leadership de Ben Laden sur les partisans d'un Islam radical et combattant. C'est par la violence de ses actions que Zarkaoui s'est imposé au sein des militants et des religieux islamistes et a pu développer et consolider ses réseaux, notamment en se substituant au leadership d'Al-Qaida sur un certain nombre de mouvements ou de cellules traditionnellement affiliés à l'organisation de Ben Laden.

L'effet Zarkaoui s'étend même sur le terrain religieux : nombre d'islamistes radicaux se positionnent désormais en fonction des derniers agissements du Jordanien en Irak.

Pour autant, Zarkaoui n'est ni un mythe monté de toutes pièces par les Américains, comme on le dit parfois, ni ce « fantôme de Superman » que croit reconnaître mollah Krekar, l'ancien chef d'Ansar Al-Islam. Pour les combattants, Zarkaoui est avant tout un chef militaire, un meneur d'hommes, et c'est pour cette raison qu'ils l'ont adopté. Pour les religieux radicaux, il est celui qui perpétue l'« esprit du djihad », incarné jusqu'alors par Ben Laden.

On sait que cette référence au djihad est la source d'Al-Qaida. En témoignent plusieurs centaines de documents historiques du réseau qui ont été saisis en mars 2002 en Bosnie-Herzégovine au siège d'une ONG dirigée par l'ancien responsable de la logistique du groupe. Ces archives constituent à ce jour le fonds documentaire le plus important jamais saisi, et il éclaire spectaculairement la genèse de l'organisation.

Al-Qaida est né du conflit afghan, en 1988, dans l'immense vague d'enthousiasme qu'avait soulevée la victoire des combattants arabes sur l'ennemi « impie ». Cette guerre constitue, aujourd'hui encore, un mythe pour des milliers de combattants du djihad. Une mythologie, des batailles restées dans la mémoire collective de ces moudjahidin comme autant de signes divins confortant la justesse de leur combat.

Le fondement doctrinal du mouvement s'affiche en avril 1988 dans le magazine des moudjahidin d'Afghanistan, *Al-Djihad.* Abdallah Azzam, mentor d'Oussama Ben Laden et fondateur de la première organisation de recrutement des moudjahidin pour le front afghan, appelle, dans son article, à la formation d'une « base solide » (Al-Qaida Al-Sulbah) à partir de laquelle ceux qui ont participé à cette guerre pourront « entretenir l'esprit du djihad »[1]. Selon le compte rendu d'une réunion préparatoire à sa création, Al-Qaida est un groupe dont la vocation est de « garder vivant l'esprit du djihad[2] » parmi les musulmans, et en particulier les Arabes, afin d'« ouvrir des voies nouvelles pour le djihad et de maintenir le contact entre eux[3] ». Oussama Ben Laden exprime ensuite l'idée de poursuivre le djihad lors d'une

---

1. Al-Djihad, volume 41, avril 1988.
2. Document interne à Al-Qaida, archives de l'auteur.
3. Document interne à Al-Qaida, archives de l'auteur.

réunion qu'il tient le 11 août 1988 avec Abou Al-Ridha, et dont procède la première mention connue à ce jour d'Al-Qaida, dénommé pour l'occasion *Qaida* (la « base ») selon le verbatim de la rencontre. À cette occasion, Ben Laden explique que la période de guerre « a été une période d'éducation, de consolidation et d'entraînement pour les frères qui sont venus se battre », qu'elle a aussi « démontré l'existence du monde islamique ». Ben Laden poursuit : « En commençant cette mission, dans les heures les plus noires que nous ayons connues, et en si peu de temps, nous avons tiré un immense profit du peuple saoudien, nous avons été capables d'offrir aux moudjahidin une force politique, de bénéficier de dons en grande quantité, et de rétablir le pouvoir. Le temps est venu de s'organiser. »

La réunion s'achève sur une « estimation initiale » du nombre de membres de l'organisation : « En six mois d'existence d'Al-Qaida, 314 frères seront prêts et entraînés[1]. »

Le 20 août 1988 se **tient** une réunion décisive à laquelle participent les neuf principaux responsables du futur Al-Qaida, dont le « cheik Usama », Oussama Ben Laden lui-même. Elle entérine la séparation de Ben Laden d'avec son mentor, le cheik Abdallah Azzam, et pose les bases de l'organisation. Selon le procès-verbal de cette réunion, Oussama Ben Laden estime que Maktab Al-Khidamat, l'organisation fondée par Azzam, est « mal gérée et inefficace ». Al-Qaida doit être « une faction islamique organisée », dont le but est de « diffuser la voix de Dieu, de faire que sa religion soit victorieuse ». Les participants fixent même les conditions d'adhésion à l'organisation : ces candidats devront « devenir membres sans limite de temps », être « attentifs et dévoués », avoir de « bonnes manières », être « parrainés » et « obéir aux statuts et aux instructions »[2].

---

1. Document interne à Al-Qaida, archives de l'auteur.
2. Document interne à Al-Qaida, archives de l'auteur.

La réunion détermine également le serment que doit lire chaque nouveau membre de l'organisation : « Le serment de Dieu est mien, d'écouter et d'obéir aux supérieurs, qui réalisent cette œuvre avec énergie, vision, difficulté ou facilité pour celui qui lui est supérieur, pour que la voix de Dieu soit la plus forte, et sa religion victorieuse. »

Un autre document signale qu'à l'issue de cette réunion « l'activité d'Al-Qaida a débuté le 10 septembre 1988 », avec « un groupe de 15 frères, dont 9 frères chargés de l'administration ». Le 20 septembre, Al-Qaida compte déjà « 30 frères remplissant les conditions requises[1] ».

L'ambition universaliste, militaire et nihiliste de l'organisation se manifeste très tôt dans certains journaux de propagande, tels que les magazines djihadistes *Al-djihad* et *Al-Bunyan Al-marsus*, auquel collaborera Zarkaoui en 1999, et qui sont alors imprimés au Pakistan. En juillet 1989, un éditorial signé par un membre d'Al-Qaida indique très clairement la voie du djihad : « C'est le devoir de tous les musulmans de relever le défi du djihad jusqu'à ce que nous ayons atteint l'Amérique et que nous l'ayons libérée[2]. »

Al-Qaida est né et s'est nourri du djihad, c'est ce qui lui a permis de fédérer les islamistes à partir de 1996, et surtout de 1998, lorsque se forme un « Front » contre les Juifs et les croisés. Le djihad « initiatique » afghan s'est ainsi poursuivi en Bosnie et en Tchétchénie, avec d'autres moyens, d'autres chefs militaires, d'autres soldats, mais il est resté au fondement de l'organisation terroriste.

L'offensive de la coalition américaine en Irak a cependant permis à Zarkaoui d'émerger comme le nouveau représentant du courant « djihadiste ». Comme tel, il est prêt à assurer la survie idéologique d'Al-Qaida, ainsi que le prouve l'adhésion de l'organisation à ses propres objectifs. Sans ce

---

1. *Ibid.*
2. *Al-Bunyan Al-marsus*, juillet 1989.

conflit, il n'aurait jamais été qu'un commandant de Ben Laden parmi d'autres.

Oui, le djihad est bien le ressort fondamental des mouvements terroristes islamistes d'inspiration afghane. Sans cette base idéologique et militaire, ils deviendraient des groupes terroristes sans fondement religieux véritable, voués à perdre rapidement leur crédit et leurs recrues.

L'avenir et l'issue de la guerre contre le terrorisme résident dans notre capacité à le comprendre afin d'éviter de féconder d'autres terrains propices au djihad et, ce faisant de contribuer à faire du chef de guerre qui domine la scène un chef spirituel. Le djihad est aujourd'hui la plus grande force de Zarkaoui, elle peut constituer demain son talon d'Achille.

CHRONOLOGIE

20 octobre 1966

Ahmad Fadil Nazzal Al-Khalayleh naît dans le quartier de Ma'ssoum, à Zarka, en Jordanie.

1971

Il entre à l'école élémentaire de Zarka (King Talal Bin Abdallah Elementary School).

1977

Il entre au collège, à la Al Zarqa High School.

1982

Il décide d'interrompre ses études et quitte la Al Zarqa High School.

1983

Ahmad Fadil obtient un emploi d'ouvrier dans une usine de papier où il travaille 6 mois avant d'être licencié.

Il occupe ensuite un emploi de technicien de maintenance auprès de la municipalité de Zarka, qu'il quitte quelques mois plus tard.

1984-1986

Il fait son service militaire en Jordanie.

1987

Condamné à deux mois d'emprisonnement pour violences volontaires. Il échappe à la prison contre le paiement d'une lourde amende.

1988

Il épouse sa première femme, Intisar Baqr Al-Umari.

15 février1989

Le dernier soldat soviétique se retire d'Afghanistan.

Printemps 1989

Il se rend au Pakistan, puis à Khost, en Afghanistan.

1989

Rencontre avec Issam Mohammed Taher Al Barqaoui (alias Abou Mohammed Al-Maqdisi) à Peshawar, au Pakistan.

1989

Correspondant pour le magazine djihadiste *Al Bunyan Al Marsus*. Rencontre Saleh Al-Hami.

1991

Mariage au Pakistan de sa sœur avec le combattant jordanien Saleh Al-Hami.

1991-1992

Participe aux combats entre factions islamistes rivales en Afghanistan, notamment aux côtés du leader islamiste Gulbuddin Heykmatyar.

1992

Formation militaire dans le camp terroriste de Sada en Afghanistan.

mi-1993

Retour à Zarka où il tient un magasin de location de vidéos pendant quelques mois.

1993

Il renoue avec Abou Mohammed Al-Maqdisi.

29 mars 1994

Arrestation dans le cadre de l'affaire Bayt Al Imam de Zarkaoui et de ses complices. Zarkaoui est incarcéré à la prison de Suwaqah.

1994

Décès de Fadil Nazzal Mohammed Al-Khalayleh, père d'Abou Moussab Al-Zarkaoui.

27 novembre 1996

Condamné à quinze années d'emprisonnement par la justice jordanienne. Incarcération à Suwaqah, puis à Jafar.

18 mars 1999

Décret royal d'amnistie prononcé par le roi Abdallah de Jordanie.

29 mars 1999

Zarkaoui sort de prison.

Été 1999

Nouveau départ vers Hayatabad, au Pakistan, officiellement pour y vendre du miel.

Zarkaoui rencontre sa seconde femme, Asra Yasin Mohammed Jarad.

Octobre 1999

Purge du gouvernement de Benazir Bhutto contre les militants arabes. Après une brève détention, il quitte le Pakistan pour l'Afghanistan.

Fin 1999

S'installe à Kaboul. Recrute en Afghanistan plusieurs Jordaniens pour mener une série d'attentats en Jordanie.

Début 2000

Prend la direction d'un camp d'entraînement d'Al-Qaida, situé non loin de la ville d'Hérat.
Établit la cellule Al Tawhid en Allemagne.

Octobre 2000

Inculpé *in abstentia* en Jordanie pour sa participation au complot du Millénaire à Amman.

Fin 2000

Dirige le camp d'Hérat en Afghanistan. Recrute des Jordaniens et organise leur venue par l'Iran.

Début 2001

Prête un serment d'allégeance à Oussama Ben Laden.

Mi-2001

Se rend Kandahar où il reçoit 35 000 dollars d'Al-Qaida pour recruter des Jordaniens et organiser des attentats contre Israël. Les terroristes chargés de l'opération seront arrêtés en février 2002 dans la ville de Van, en Turquie.

Fin 2001

Forme une alliance avec les islamistes irakiens du groupe Ansar Al-Islam. Établit une base à Khurmal, dans le Kurdistan irakien.

Automne 2001

En Afghanistan, début de l'opération « Liberté immuable », menée par une coalition dirigée par les États-Unis en représailles aux attentats du 11 septembre.

10 décembre 2001

Mollah Krekar prend la tête d'Ansar Al-Islam.

12 décembre 2001

Une écoute téléphonique indique que Zarkaoui a été blessé à l'estomac et à la jambe au cours d'un bombardement américain. Il fuit l'Afghanistan pour l'Iran.

5 janvier 2002

Arrive à Mashhad, en Iran.

Mi-janvier 2002

Une écoute téléphonique indique qu'il est rétabli.

11 février 2002

Condamné par la Cour de sûreté jordanienne à quinze années d'emprisonnement pour sa participation aux projets d'attentats du Millénaire.

Début 2002

Transfert 40 000 dollars de l'Iran en Allemagne pour l'achat de faux passeports.

Détenu brièvement par les autorités iraniennes qui le relâchent en raison de son passeport syrien.

2 avril 2002

Une écoute téléphonique indique que Zarkaoui est dans une « situation financière favorable».

4 avril 2002

Zarkaoui quitte l'Iran pour l'Irak.

23 avril 2002

Sa cellule de soutien en Allemagne est démantelée.

Mai - juin 2002
Zarkaoui est identifié à Bagdad et au nord de l'Irak.

Début juillet 2002
Zarkaoui rencontre Mollah Krekar et scelle leur alliance.

Juillet à septembre 2002
Zarkaoui est installé à Damas en Syrie.

9 septembre 2002
Se rend clandestinement pour un bref séjour en Jordanie depuis la Syrie.

Fin septembre 2002
Se déplace à Bagdad où il prend ses quartiers au restaurant Al-Ghouta.

28 octobre 2002
Assassinat du diplomate américain Laurence Foley à Amman, une opération conçue et planifiée par Zarkaoui.

Décembre 2002
Abou Zubaydah révèle l'implication de Zarkaoui dans les tentatives d'attentats chimiques en Europe.

5 février 2003
Discours de Colin Powell devant le Conseil de sécurité des Nations unies décrivant Zarkaoui comme le lien entre Al-Qaida et le régime de Saddam Hussein.

20 mars 2003
Début de l'offensive de la coalition en Irak.

Mars 2003
Démantelèment d'un réseau de soutien au groupe Ansar Al-Islam en Italie. Des écoutes téléphoniques révèlent une filière d'acheminement de combattants via la Syrie.

Juillet 2003

L'Iran affirme déténir un nombre importants de membres d'Al-Qaida.

7 août 2003

Un attentat attribué à Zarkaoui contre l'ambassade jordanienne en Irak fait 14 morts et 40 blessés.

23 janvier 2004

Dans une lettre saisie par les autorités américaines et qui lui est attribuée, Zarkaoui revendique l'essentiel des actions menées contre les forces de la coalition depuis mars 2003.

Janvier-avril 2004

Deux enregistrements audio de Zarkaoui sont rendus publics dans lesquels il lance un appel aux musulmans pour rejoindre le djihad en Irak.

29 février 2004

Décès de sa mère, Oum Sayel.

11 mars 2004

Attentats de Madrid, 202 morts et plus de 1500 blessés.

6 avril 2004

Zarkaoui est condamné à mort par pendaison par la Cour de sûreté jordanienne pour sa participation à l'assassinat de Laurence Foley.

Avril 2004

Début des prises d'otages d'occidentaux en Irak.

20 avril 2004

Arrestation d'un groupe contrôlé par Zarkaoui qui projetait un attentat chimique à Amman.

Mai 2004

Naissance du groupe terroriste Tawhid Wal Djihad.

11 mai 2004

Exécution du ressortissant américain Nicholas Berg par le groupe de Zarkaoui.

18 mai 2004

Zarkaoui revendique l'assassinat d'Izzadine Saleem, président du Conseil de gouvernement irakien.

Juin à octobre 2004

Le groupe de Zarkaoui exécute plusieurs otages occidentaux en Irak.

Octobre 2004

L'état-major américain estime que Zarkaoui est responsable de la mort de 675 Irakiens et de 40 étrangers.

17 octobre 2004

Zarkaoui réitère son serment d'allégeance à Oussama Ben Laden.

Son groupe prend pour nom Comité Al-Qaida pour le djihad en Mésopotamie.

8 novembre 2004

Début de l'offensive de la coalition sur le bastion sunnite de Fallouja.

ANNEXES

I

Avertissement adressé à Zarkaoui
par la municipalité de Zarka en 1987
(fac-similé de l'original)

بسم الله الرحمن الرحيم

Zarka Municipality

Tel: 3982131 Fax: 3982455
PO.Box: 14
E-mail admin@zm.gov.jo

بلـديـة الـزرقــاء

هاتف ٢٩٨٢١٣١-٢٩٨٢١٣٢-٢٩٨٢١٣٢
فاكس ٣٩٨٢٤٥٥-ص.ب.١٤.
البريد الإلكتروني : admin@zm.gov.jo

الرقم : ....

التاريخ : ....

الموافق : ..../......./.......

انذار

العامل :- احمد فضيل الخلايلة

قسم الصيانة

نظرا لعدم انتظامكم في العمل الموكل اليكم ضمن قسم الصيانة وتكـرار التغيــب دون اذن
مسبق فانني انذركم انذارا ثانيا والالتزام بالعمل دون اية مبررات غير مقبولة والـرر حسـم
ثلاثة ايام من اجركم .

نسخة / مدير شؤون الموظفين.
نسخة / مدير الصيانة
نسخة / للمدير المالي

رئيس بلدية الزرقاء
باسر العسري

Source : municipalité de Zarka, 1987, archives de l'auteur.

288

I

Avertissement adressé à Zarkaoui
par la municipalité de Zarka en 1987
(traduction de l'original)

[Royaume Hachémite de Jordanie]

Municipalité de Zarka   Municipalité de Zarka

Tel : 3982131 Fax : 3982455   Tel : 3982131 Fax : 3982455
Po Box 14   Po Box 14
Email : admin@zm.gov.jo   Email : admin@zm.gov.jo
                                          N°3M/ Avertissement 19/06/1987

Avertissement

À l'employé Ahmad Fadil Al-Khalayleh du bureau de maintenance de la ville de Zarka.

Nous constatons que vous n'êtes pas sérieux dans l'exercice de votre emploi que nous vous avons confié au bureau de maintenance. Vous vous êtes absentés à plusieurs reprises sans y être autorisé. Pour cette raison, je vous adresse ce second avertissement et vous demande d'être sérieux dans votre emploi sans trouver d'excuses infondées, et je décide de retirer trois jours de votre salaire.

Copie: Directeur des ressources humaines
Copie : Directeur du bureau de maintenance
Copie : Directeur Financier
Copie : Dossier

[Signature]
Le président de la municipalité de Zarka
Yasser Al-Omari

II

Zarkaoui s'engage à renoncer à la violence en 1987.
(fac-similé de l'original)

ة الأردنية الهاشمية
زارة الداخلية
محافظة الزرقاء
الزرقاء

Source : municipalité de Zarka, 1987, archives de l'auteur.

II

Zarkaoui s'engage à renoncer à la violence en 1987.
(traduction de l'original)

[Royaume Hachémite de Jordanie]

[Royaume Hachémite de Jordanie]
Arrondissement de Zarka
Zarka

Déclaration

Nous, soussignés, prenons l'engagement de respecter les lois et dans le cas contraire nous nous engageons à payer une amende de 1000 dinars jordaniens, ou à contraindre les garants mentionnés à le faire :

Mohamad Saleh Awad [signature]
Saleh Khaled Zawahiri [signature]
Ahmad Fadil Nazzal (Al-Khalayleh) [signature]
Walid Salim Sarsour [signature]

7 janvier 1987

Garants de la caution

Nabil Al Hani Tamimi
Mohammad Salah Al-Harama

Le maire-adjoint [signature]

L'accusation
Indique que cette décision doit
être assortie d'un timbre fiscal

III

Procès-verbal de l'audition de Zarkaoui par la justice jordanienne, en 1994, qu'il a signé et authentifié.
(fac-similé de l'original)

ناخز ما نء وكذلس محة الرواشده وكذلس عامرالسلاح وتقرى لعجابته رع ض علينا الشباب المذكورين على المشتكى عليه عصام بالعار لبورى الرشه علينا حيث لعن جمة دروس من منزل المذكورين والمريض الدروس من منزل شامة تز وكانت جميع دروسه عن العشره والواطه وكانت تتغذن هذا لبورسى على أى هذه العشره وتتفرق بلاثه ايام من لتوحيد الكروبيه وتتفرغ من سه خلول ذلس الى أء من محابير ما أ نزل الدكتر كأمر لعقوله تقانى ((ومن لم يحلم بما أ نزل بعتريا أ نزل هنا وللزى يحكم الكامزرسه)) ولعدهيد الى سحاده لصفات ولعدهيد الاولوبه وكنا نتعرض عندن جلساتنا ولدروس التى كامه علينها المشتكى عليه عصام بأنه يحكم عن الوقت الحاضر كونهم لا يحكموبه بما أ نزل سهم كفر . ونى بوابه عام ١٩٩٤ ذهبت مع تر سه المدعو المشتكى عليه عصام محة طاهر وا لمدعو خالد العزورى والمعو ميرلى بو البرار اى عصامه حيث كا لعيش بعنانى البلكما سه وللما تمت بزابه للمدعو عبد الجميد الجالى وكان برفقتى خالد العزورى منها لكثه أمر تنظيه وكا دفته لزبابه سه أحى اعض جميا ز الا أنه لم يستمع ببيه . وبعد مطاردتى سهنى بر جبن للخبرات وعبورت فى البلكما سه أنه يحمل ثلا ستنه أ كلابنا ما ته ين السلاح رتامى جميع من المسحى والبندقيه وتضر ارفقتر فى هذه الزبابه المدعو لا مشتكى عليه عصام محة طاهر وتده ء صدبقى شتنا عبدن

المشتكى علي   المدعى

[توقيعات وبصمة]

طلبنا مساعدة لجنة براءات العامة . قلت أنا أتقدم أنا بتسليم نفسي
لدائرة لجنة براءات العامة و مأمور بحو لا بس عقودهم بالسلام إذا
حالوا المعتقالي كما تحدث بنال بأنه لم يسلم نفسه و إذا حاولوا
المعتقاله ما به سنقدم مقدمت بشراء برشاش لذا أمن بوله
من لمكو بنال مبلغ ثمانية دينار - وذلك مسه أصل مقاومه رجال
المخابرات في حال المعتقالي و رأسم الرشاش الذي اشتريته أم ي
ثابته و لذلس لشرته في زيد عباده لنفس السلاح و لذلس (٤٥) طلقه
عائده للرشاش مانشنيم و انتظم إلى حركه بيعه الا بما بدلم
لشكل تنظيما أنار المستكري عليه عصام محمد طاهر و رأسم أخيرنا به
يحرم الستطيمات وحذرن مشهر قامه بنائي لابس أول بنام
٩٩٢ تأنني المستكري عليه عصام محمد طاهر وردياني الهيئته وعدتم
ذهضنا لرباعه أخرى أ صيانته صاحب شركه تجاريه و أشتار للقايه
وذكر في بانه حوزته سنه شمائل وقمته الغام مزوده متوفظا
من الكويت مبعد ذلس عرضت عليه أن يعطينات أياه لتدفعنا
في منزلس مؤقته على ذلس وبعد يومين من ذلس نقد ذهبت وكانه
يمضني المحكو وله لصادرى اى منزل المستكري عليه عصام محمد طاهر
ست أصل أ حتا ل الغنايس و لالغام وبالعنن شته أحول ناكس
هيمشس وكانه بداخله القنابر و لالغام المشا إليها أعلا ه .
وربدت قام بتوجه على رسالتنى أياها مرليد ذلس مدت إلى منزل في
في حيمن زصب هنا لدى اى منزله وبدا بقبه لالغام و لغنايس وبرزئ
لمرج أسهو لمن لتقريبا وبعد ذلس أستقر من في مى لقنابل و لالغام
نقلت له بانني لم أ جد مكا نه جهم لا خفاء لقنابل و لالغام في تتم
طلمعي اعادتها لي ريسالتنس بقت أخنت القنايس و لالغام
المكر

وأعددنا للمستقبل عليه عصام عبد طاهر وكان يمقتري المذكور خالد
الصابرين وقت سلطته أسلحة ستنار ومسدسين وبندقيه
كوزني من أجل أن يستقلوا من محله متوجهين داخل أراضي
المحله جهة البلده الصغروي بالغمر وعصينا أشخاص لحملي
السلاح المحمله للعدد سعيد عبد طالب الجزء والمذكور عبد الهادي دغلس
وذلك سعيا لوضعها بالقرب من الحدود لتذهب إلى إسرائيل
وكنت أحمل على مصعد لاين وأعددنا كذلك سعيا أحمل الحمله مرافقة
بتردد وعبايتنا عمد تفتيش خلاصته كون وقم وضعها بأرمضنه
للقيام مع المذكور سلميه وذلك سعيا أحمل وعصينا من شكاور تربيه مراحدود
صدزدته إلى إسرائيل من أجل تنفيذ العمليه التي أعدت للقيام بها
من أعمار العنف ورغم الخطه مقتا المشقري المذكور عبد الهادي دغلس
ولم نقم بتنفيذ العمليه وأخذت أنكر بالمرور من الأردن
عرضت علي المذكور محمد حسن الحجاري والذي يطلبني درسته لأزمار
بالوب من سعيد الحسين أن رد ميلابي إلى شخص لاين أن يدلني
على قربيله لعرف شي مقيم بتزور جيرا إلى يغر مغانقته في فرصه
هذا مقتا لاين بالغمر مقتا أبلغني بأنه ذلك المستشفى بيروت صحبة كفي
لي من أجل تزوير جراز سفري مقابل مبايغ ستة دنبا ... موافقته على
تقرسيا أحضرك جراز سفر شخصيه وسلم ما ته دنبا ديغد أسوري
وأنه لعبت بلعبه علو صدري التشخيه وأخد عبادالله لبا لي
وصعولي عرض علي الأسه ، وصدزابل أرمز الكرائي رئيس بالمحرف
نبابأ وبعد ذلك من وضة الشكوى على المذكور عصام رضا الصابري
مدافعا عن هذه للبرة وطلبتهم أحجت ـ صدى ترجعه ونته
المستقبل علي
عرفنا الأكريس

(٧٥٥٧٥٢)

نبا/

Source : confessions d'Abou Moussab Al-Zarkaoui, Cour de sûreté du royaume hachémite de Jordanie, décision 95/300, 31 août 1994, archives de l'auteur.

III

*Compte-rendu de l'audition de Zarkaoui
par la justice jordanienne, en 1994.*

(traduction de l'original)

ROYAUME HACHÉMITE DE JORDANIE
COUR DE SÛRETÉ
DÉCISION 95/300

Ahmad Fadel Nazzal Al-Khalayleh, de Zarka, rue Ramzi (proche de la mosquée Al-Falah), 28 ans, instruit et marié. Arrêté le 29 mars 1994, détenu depuis lors.

Ahmad Fadel a été transféré de Zarka. Il y habite dans le quartier Ramzi (proche de la mosquée Al-Falah). Il a 28 ans. Il est musulman. Il a participé à une organisation illégale. Il détenait des bombes sans autorisation ainsi que des armes à feu sans port d'armes. Il a en outre porté atteinte verbalement à l'honneur du roi. Il se livrait à la falsification de passeports et en utilisait lui-même, en contravention à la loi #63 de 1961.

Déclarations sans contrainte du suspect :

En 1989 je me rendu au Pakistan et durant mon séjour j'ai fait la connaissance d'Issam Mohammed Taher (Abou Mohammed Al-Maqdisi). J'y suis resté jusqu'en 1993 avant de revenir en Jordanie. J'ai suivi une formation dans un camp d'entraînement militaire (Sada – « L'écho »). J'ai été formé au maniement des armes kalachnikov, RPG et canons de Hown pour participer au djihad en Afghanistan. Je suis rentré en Jordanie à la mi-1993. J'ai appris que Abou Mohammed Al-Maqdisi était également de retour. Je lui ai rendu visite, et je lui ai remémoré nos souvenirs au Pakistan. Nos relations se sont renforcées. J'avais des amis que je lui ai fait rencontrer. Ils étaient à Zarka. Ils étaient religieux extrémistes. L'un d'entre eux était Sherif (aussi appelé Abou Ashraf). Il y avait également Suleiman Taleb Hamza, Khaled Al-Aruri, Nasser Fayez, mon frère, Nafez Fayez, Mohammed Rawajde, Amer Sarraj et Nasri Tahayinah.

Nous avons participé à des cours religieux chez Sherif. Beaucoup de leçons se déroulaient également chez Nasser Fayez. Les cours portaient sur la religion. Les cours portaient sur la nécessité de juger et de gouverner la vie comme dans le Coran. Le roi et les présidents arabes et musulmans ne respectent pas ces préceptes. Ces cours se déroulaient chez Issam Mohammed Taher. Je suis allé en 1994 avec Issam Mohammed Taher, Khaled Al-Aruri et Mustapha qui est le beau-frère de Issam Mohammed Taher, pour faire visiter à Fayez (Abou Al Barrar) la ville de Ma'an. Fayez a vécu avec nous au Pakistan.

Quand j'ai rendu visite à Abdul Majid Al-Majali mon ami Khaled Al-Aruri était avec moi. Nous lui avons rendu visite à Al-Qasr dans la région d'Al-Karak. C'était une visite de courtoisie. Nous n'avons pas parlé de religion, de djihad ni d'organisations. La visite était également destinée à reprendre un appareil K7 que je lui avais donné à vendre, mais qu'il n'a pas pu vendre.

J'ai su que les services secrets me surveillaient. J'ai rendu visite à Yanal Ramzi parce que pendant mon séjour au Pakistan, j'avais entendu dire qu'il avait des opinions proches des miennes et qu'il avait des armes et que c'était un professionnel du tir au pistolet et au fusil. Il était avec moi pour rendre visite à Issam Mohammed Taher.

Les services de renseignement m'ont convoqué. J'ai refusé de me rendre à cette convocation. J'aurais fait l'impossible pour ne pas y aller et résister s'ils décidaient de m'emmener. Lorsque j'ai su que j'étais convoqué, j'ai acheté à Yanal une mitraillette dont j'ai oublié la marque et que j'ai payée 800 dinars. Je l'ai fait dans le but de résister si la police venait chez moi. La marque de la mitraillette est MI5. J'avais trois chargeurs pour cette arme et 35 cartouches.

Je n'appartiens pas à Bayt Al-Imam. Issam Mohammed Taher et moi étions opposés aux Américains parce qu'ils refusaient l'Islam et pendant le mois de décembre 1993 Issam Mohammed Taher est venu me voir et m'a invité chez lui. Nous sommes allés ensemble rencontrer un ami qui avait une agence commerciale. Sur la route, Issam m'a dit qu'il avait six bombes et cinq mines individuelles qu'il avait achetées au Koweït. Je lui ai demandé de me les confier afin de les cacher et il a accepté. Deux jours après, je suis allé avec Khaled Al-Aruri chez Issam Mohammed Taher pour prendre les bombes et les mines. Et effectivement, il y avait un sac contenant les bombes et les mines dont j'ai parlé. Je suis ensuite rentré chez moi, et Khaled chez lui, et j'ai gardé les bombes et les mines chez moi pendant environ deux semaines. Ensuite, Issam m'a parlé et posé des questions sur les bombes. Je lui ai dit que je n'avais pas trouvé de bon endroit pour les cacher. Issam m'a demandé de les lui rendre, ce que j'ai fait. Khaled Al-Aruri était avec moi. J'ai tout rendu à Issam, à l'exception de deux bombes que j'ai gardées pour les utiliser pour une opération kamikaze dans les territoires occupés par les sionistes. Nous avons commencé à préparer cette opération avec les deux kamikazes, Suleiman Taleb Hamzi et Abdel Hadi Daghlas. Les bombes devaient être placées près de la frontière israélo-jordanienne. Nous avons préparé pour cette opération deux armes kalachnikov pour les mettre avec Suleiman Talib Hamzi près de la frontière pour réaliser l'opération. Mais le lendemain de la préparation, Abdel Hadi Daghlas a été arrêté et nous n'avons pas pu conduire l'opération. J'ai commencé à envisager de fuir la Jordanie, puis, quelqu'un qui s'appelle Mahmoud Hassan Hadjaoui, qui habite à Zarka près de la mosquée Hussein, m'a demandé d'aller voir quelqu'un, qu'il connaît bien et qui connaît quelqu'un de sa famille, qui fait des faux passeports. Il a accepté la demande d'Hadjaoui de m'aider. Hadjaoui m'a demandé une photo et 100 dinars. J'ai payé et donné une photo. Environ une semaine plus tard, il m'a donné le faux passe-port sous le nom de Ali Ahmad Abdullah Majali et la photo était la mienne. Le numéro de passeport était D725303. J'ai proposé à Issam et Khaled Al-Aruri et ils ont accepté et j'ai demandé à chacun une photo et 100 dinars. J'ai tout remis à la même personne qui s'appelle Mahmoud Hassan Hadjaoui. Une semaine après, j'ai remis les deux faux passe-ports à Issam et Khaled Al-Aruri, mais les policiers ont tout découvert et ont fouillé ma maison et ont trouvé mon faux passeport et la mitraillette MI5 dans la maison de mon frère où je l'avais cachée sans qu'il le sache. Ils l'ont trouvée avec les trois chargeurs et 65 cartouches de 9 mm et deux char-geurs de couleur noire, et pour les deux bombes que je détenais, je les ai remises à Suleiman Hamza. Ils les ont retrouvées chez le beau-frère de Suleiman qui s'appelle Noman qui habite le quartier Wadi Hajar. Je suis coupable d'avoir détenu des bombes et des mines et d'avoir des armes sans permis officiel et d'avoir un faux passeport et de faire des faux passeports pour des amis. Je confirme et je signe.

Signé : Ahmad Fadel
31 août 1994

IV

Condamnation à mort d'Abou Moussab Al-Zarkaoui
par la justice jordanienne.
(fac-similé de l'original)

العقوبة

عطفاً على ما جاء في قرار التجريم فان المحكمة تقرر بالاجماع ما يلي

٠٨ بالنسبه للمجرم الثامن احمد فضيل نزال الخلايله الملقب / ابو مصعب ﴿ الفار من وجه العدالة ﴾ : ـ

الحكم عليه بالاعدام شنقاً عملاً بأحكام المادتين ﴿٤٧ او١٤٨/٤﴾ من قانون العقوبات رقم ١٦ لسنة ١٩٦٠ وتعديلاته .

قرارا صدر بالإجماع وجاهياً بحق المجرمين الاول والثاني والثالث والسادس والمتهم الرابع وغيابياً بحق المجرمين الرابع والخامس والسابع والثامن والتاسع والعاشر باسم حضرة صاحب الجلالة الملك عبد الله الثاني بن الحسين المعظم قابلاً للتمييز وافهم علناً بتاريخ ٤/٦ / ٢٠٠٤

الرئيس   عضو   عضو

العقيد القاضي العسكري   المقدم القاضي العسكري   القاضي

فواز البقــور   احمد عياش العمور   توفيق النيسي

١٠٤ / م.ز
٢٠٠٤/٤/٦

عضو   عضو   عضو

Source : Royaume hachémite de Jordanie, Cour de sûreté, décision n° 545/2003, affaire Laurence Foley
archives de l'auteur.

IV

Condamnation à mort d'Abou Moussab Al-Zarkaoui
par la justice jordanienne.
(traduction de l'original)

Condamnation
Décision du Tribunal

Pour l'accusé Ahmad Fadil Nazzal Al-Khalayleh, alias Abou Moussab, en fuite:

Nous le condamnons à mort par pendaison en application de la loi N° 147/148/4

de l'année 1960.

Décision du tribunal pour le premier, deuxième, troisième, et sixième coupable et pour

le quatrième, cinquième, septième, huitième, neuvième et dixième coupable en absence.

Au nom de sa majesté le Roi Abdallah II

Lu en audience publique le 6 avril 2004.

Président Juge militaire
Juge militaireTawfik Al-Qassi Lieutenant Ahmad
Colonel Fawaz El Bakour Hayach Al-Hamous

[Signature][Signature][Signature]

V

Schéma du réseau de Zarkaoui en Europe,
réalisé par Shadi Abdalla, lors de son interrogatoire
par les autorités allemandes en 2002.

(fac-similé de l'original)

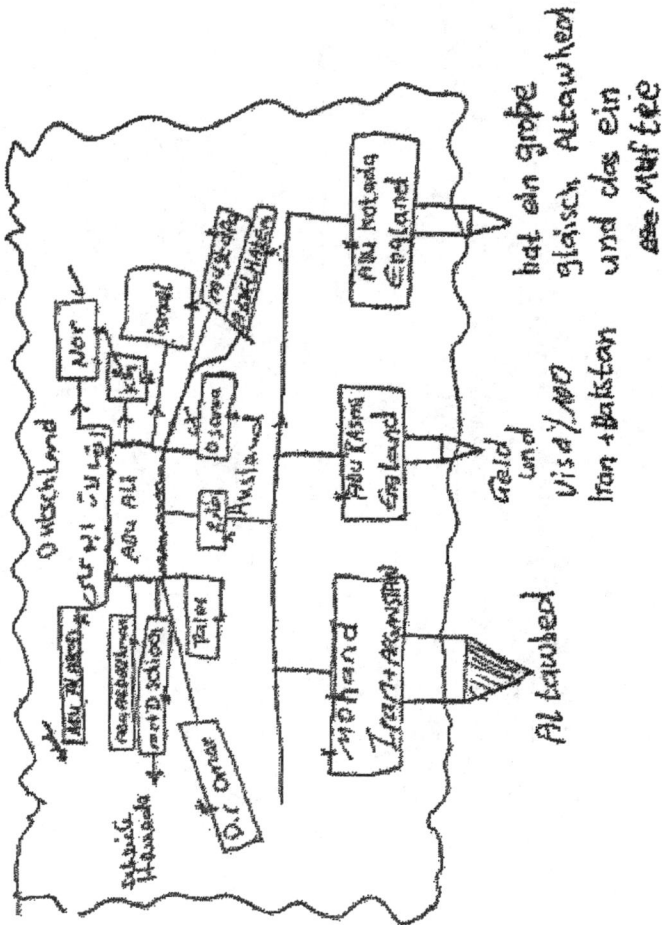

Source : procédure judiciaire allemande, affaire Al-Tawhid, témoignage de Shadi Abdalla, 2002, archives de l'auteur.

*Schéma du réseau de Zarkaoui en Allemagne,
réalisé par Shadi Abdalla, lors de son interrogatoire
par les autorités allemandes en 2002.*
(fac-similé de l'original)

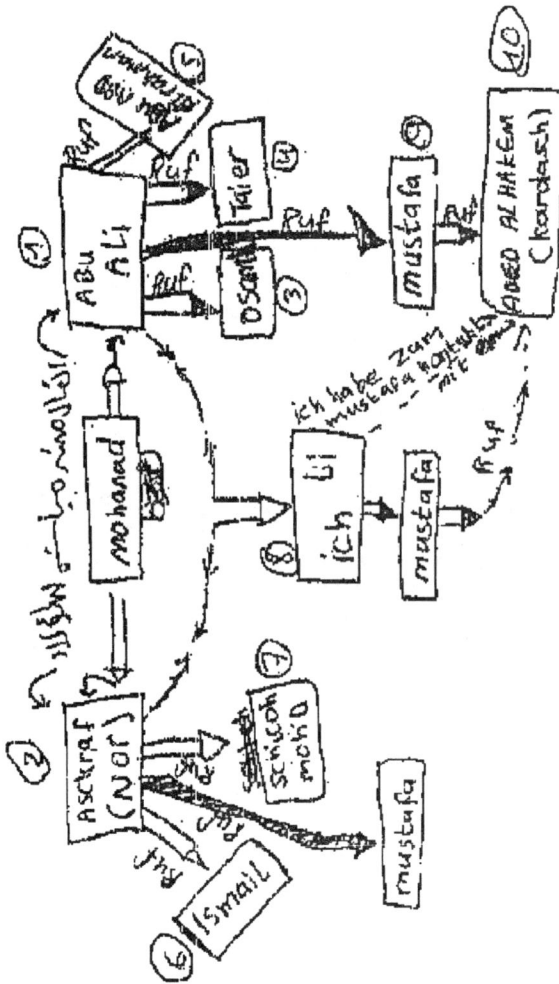

Source : procédure judiciaire allemande, affaire Al-Tawhid, témoignage de Shadi Abdalla,
2002, archives de l'auteur.

VII

Plan de Kaboul avec la localisation de la maison de Zarkaoui, réalisé par Shadi Abdalla, lors de son interrogatoire par les autorités allemandes en 2002.

(fac-similé de l'original)

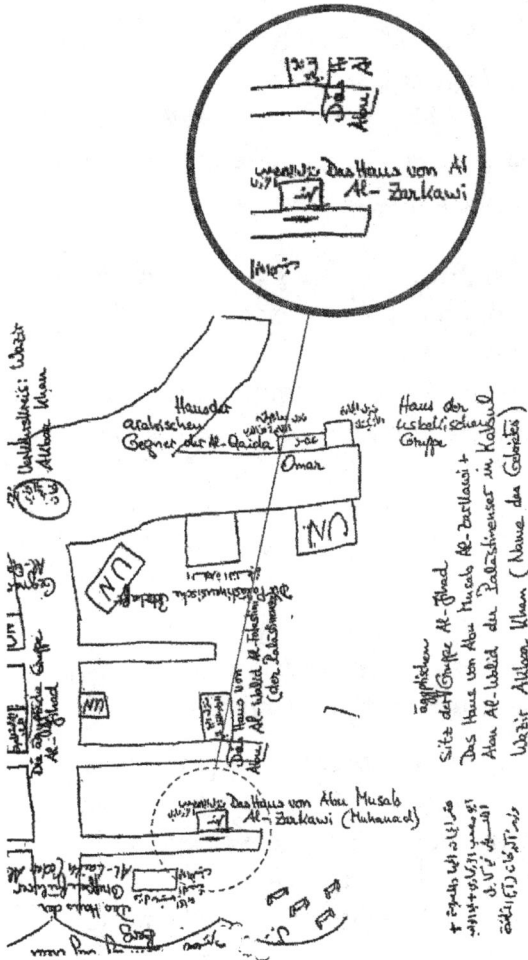

Source : procédure judiciaire allemande, affaire Al-Tawhid, témoignage de Shadi Abdalla, 2002, archives de l'auteur.

VIII

Lettre signée de Zarkaoui, saisie en Irak en 2004.
(*traduction de l'original*)

Au nom de Dieu, plein de Miséricorde et de Compassion,
De .... aux plus fiers des individus et des chefs en
cette ère de servitude,
.... Aux hommes du sommet des montagnes, aux
faucons de la gloire, aux lions
de[s monts] Shara, aux deux honorables frères........,
Que la paix et que la miséricorde et la bénédiction de
Dieu soient avec vous.

Même si nous sommes éloignés par le corps, la distance
est mince qui sépare nos cœurs.

Nous trouvons le réconfort dans cette parole de l'Imam
Malik. J'espère que nous nous portons bien tous les deux. Je
demande à Dieu le Très Haut, le Généreux, [que] cette
lettre vous trouve parés des atours de la santé et portés avec
délices par les vents de la victoire et du triomphe... Amen.

Je vous envoie un rapport qui sied à votre situation, qui
dévoile et met au jour tous les aspects, positifs et négatifs,
que recèle le théâtre des opérations en Irak.

Comme vous le savez, Dieu a gratifié la nation [islamique]
d'un djihad en Son nom sur la terre de Mésopotamie. Vous
n'ignorez pas que cette terre est singulière. Il s'y trouve des
éléments favorables qui n'existent pas ailleurs, et des éléments
défavorables qui n'existent pas ailleurs non plus. L'un des
éléments les plus favorables est que c'est un djihad qui se situe
au cœur du pays arabe, à deux pas du territoire des deux
Régions Saintes et de [la mosquée d'] Al-Aqsa. La religion de

Dieu nous apprend que la véritable bataille décisive entre les infidèles et l'Islam a lieu sur cette terre, c'est-à-dire en [Grande] Syrie et dans ses environs. C'est pourquoi nous devons instamment mettre tous nos efforts en œuvre pour prendre le contrôle de cette terre ; à la suite de quoi Dieu pourrait peut-être faire advenir sa volonté. Dans la situation présente, ô courageux cheiks, il est indispensable que nous examinions attentivement la question, en nous fondant sur notre Loi véritable et la réalité dans laquelle nous vivons…

Voici, pour ce que ma vision limitée me permet d'en voir, comment se présente la situation actuelle. Je demande à Dieu de me pardonner mon babillage et mes écarts. Je dis, après avoir sollicité l'aide de Dieu, que les Américains, comme vous le savez bien, sont entrés en Irak sur la base d'un contrat en vue de créer l'État du Grand Israël, du Nil jusqu'à l'Euphrate, et que cette Administration Américaine Sionisée pense qu'en hâtant la création de l'État d[u Grand] Israël elle hâtera l'arrivée du Messie. Elle est venue en Irak avec tous ses hommes et toute sa fierté pleine de morgue envers Dieu et son Prophète. Elle pensait que l'opération se déroulerait assez aisément ; que, quand bien même il y aurait des difficultés, ce serait chose facile. Mais elle s'est heurtée à une réalité complètement différente. Les frères moudjahidin ont lancé leurs opérations dès le début, ce qui a quelque peu compliqué la situation. Puis le rythme des opérations s'est accéléré. Ceci se passait dans le Triangle sunnite, si tel est le nom exact de cette région. Les Américains ont dû conclure une entente avec les êtres les plus vils de la race humaine, les Chiites. L'entente fut conclue sur la base [suivante] : les Chiites obtiendraient deux tiers du butin en récompense pour avoir rejoint les rangs des Croisés contre les moudjahidin.

Premièrement : La composition [de l'Irak]

De manière générale, l'Irak est une mosaïque politique, un pays où se mêlent les ethnies et se côtoient diverses confessions et sectes aux disparités nombreuses et complexes, que seuls un pouvoir fortement centralisé et un dirigeant puissant ont jamais pu gouverner, depuis Ziyad Ibn Abihi (note du trad. : 7e siècle après J.-C.) jusqu'à Saddam. Des choix difficiles se profilent à l'avenir. C'est un pays où chacun, qu'il se comporte ou non avec sérieux, connaît de rudes épreuves et de grandes difficultés....

Plus en détail à présent :

1. Les Kurdes

Scindés en deux moitiés, les Barazani et les Talabani, ils se sont livrés corps et âme aux Américains. Ils ont ouvert leur terre aux Juifs, qui en ont fait leur base de repli et un cheval de Troie pour mener à bien leurs projets. Ils (les Juifs) s'infiltrent partout dans leurs territoires, se drapent de leurs oripeaux et s'appuient sur eux pour accéder au contrôle financier et à l'hégémonie économique ; ils s'en servent également comme d'un réseau d'espionnage, dont ils ont établi une structure proliférante de part en part dans cette région. La voix de l'Islam s'est éteinte chez la plupart d'entre eux (les Kurdes) et la lueur de la religion ne vacille plus que faiblement dans leurs foyers. Le Da'wa irakien les a intoxiqués, et ceux d'entre eux qui demeurent honorables, si peu nombreux soient-ils, sont opprimés et vivent dans la crainte de se faire emporter par les oiseaux [de proie].

3. Les Chiites

[Ils sont] l'obstacle insurmontable, le serpent qui rôde, le scorpion retors et malin, l'ennemi aux aguets et le venin mordant. Nous entrons ici dans une bataille qui se livre sur deux registres. Dans le premier, manifeste et déclaré, nous sommes aux prises avec un ennemi qui est l'agresseur et avec les plus criants des infidèles. [L'autre est] une bataille âpre et difficile qui nous oppose à un ennemi retors, qui présente un visage ami, qui témoigne de sa bonne volonté et appelle à la camaraderie, mais qui nourrit en vérité de sombres desseins et s'emploie à dissimuler sa vraie nature. Ce sont les héritiers des groupes Batini, qui ont jalonné l'histoire de l'Islam et lui ont laissé des cicatrices que le temps ne peut effacer. Quiconque prend le temps de bien observer la situation avec soin se rendra compte que le Chiisme constitue le plus grand danger qui nous menace et le véritable défi qu'il nous faille affronter. « Ce sont eux les ennemis. Méfiez-vous d'eux. Combattez-les. Dieu nous est témoin, ce sont des menteurs. » Le message que nous délivre l'Histoire se confirme, comme en témoigne la situation actuelle, qui montre éminemment que la religion chiite n'a rien en commun avec l'Islam, sinon dans le sens où les Juifs ont quelque chose en commun avec les Chrétiens en tant que Peuples du même Livre. Ces polythéistes avérés, qui se recueillent et prient sur les tombes, qui organisent des processions funèbres, qui traitent d'infidèles les Compagnons [du Prophète] et insultent les mères des croyants et l'élite de cette nation [islamique], font tout pour dénaturer le Coran, le faisant passer pour une émanation de la pensée logique afin de décrier ceux qui en ont une connaissance juste ; ils parlent en outre de l'infaillibilité de la nation [islamique], ils prétendent qu'il est crucial de croire en eux, ils affirment qu'ils ont reçu la révélation, et sous bien d'autres formes encore ils font la preuve manifeste de leur athéisme, dont regorgent leurs ouvrages autorisés et leurs sources originales (qu'ils continuent d'imprimer, de distribuer et de publier). Croire, comme le font certains doux rêveurs, qu'un Chiite peut oublier [son] héritage historique et [sa] haine sombre et ancestrale des Nawasib [ceux qui vouent à la haine la descendance du Prophète], comme ils les appellent avec fantaisie, reviendrait à demander à un Chrétien de renoncer à l'idée de la crucifixion du Messie. Nul, à moins de n'être pas sain d'esprit, ne s'y résoudrait. Ce sont là des gens qui ont aggravé leur infidélité et leur athéisme en se livrant aux manœuvres politiques et en faisant tout leur possible pour profiter de la crise du gouvernement et de l'équilibre des pouvoirs ; ils tentent d'esquisser un nouvel État et d'en établir les lignes directrices par le biais de leurs partis et organisations politiques et en coopérant avec leurs alliés secrets, les Américains.

À toutes les époques et depuis la nuit des temps, ils constituent une secte de trompeurs et de traîtres. Les principes qu'ils professent visent à combattre les Sunnites. À la chute de l'immonde régime baasiste, le slogan des Chiites était : « Vengeance, vengeance, de Tikrit à Al-Anbar ». Cela montre assez l'ampleur du ressentiment caché qu'ils nourrissaient à l'égard des Sunnites. Cependant, leurs « oulémas » ont su garder le contrôle des affaires dans leur secte, pour que la bataille qui les oppose aux Sunnites ne tourne pas ouvertement à la guerre partisane, car ils savent que ce n'est pas ainsi qu'ils obtiendront la victoire. Ils savent que si jamais une guerre partisane éclatait, nombreux seraient ceux au sein de la nation [islamique] qui soutiendraient les Sunnites en Irak. En dignes adeptes d'une religion qui prône la dissimulation, ils ont procédé d'une autre façon, plus retorse et élaborée. Ils ont commencé par s'emparer des institutions de l'État, de ses structures sécuritaires, militaires et économiques. Comme vous le savez, Dieu vous bénisse, la sécurité et l'économie sont les deux composantes essentielles de tout pays. Elles sont infiltrées au cœur de ces institutions et de leurs ramifications. Pour revenir à la question qui nous occupe, voici un exemple de ce que j'avance :

la Brigade Badr, la branche armée du Conseil Suprême de la Révolution Islamique, s'est débarrassé de ses attributs vestimentaires chiites pour adopter ceux de la police et de l'armée. Elle a placé des cadres dans ces institutions et, au nom de la protection du territoire et des citoyens, elle a commencé à régler ses comptes avec les Sunnites. L'armée américaine a commencé à évacuer certaines villes, et sa présence se fait rare. Elle est peu à peu remplacée par une armée irakienne, et c'est là que réside notre principal problème, car le combat que nous livrons aux Américains est chose facile. L'ennemi est apparent, il est à découvert et ne connaît pas le terrain ou la situation actuelle des moudjahidin, car ses sources de renseignement sont faibles. Nous tenons pour certain que les forces armées de ces Croisés disparaîtront prochainement. Lorsque l'on examine la situation actuelle, on peut remarquer combien l'ennemi s'est empressé de mettre en place l'armée et la police [locales] qui ont commencé à remplir les missions qui leur ont été assignées. C'est cet ennemi-là, composé de Chiites auxquels se sont adjoints des agents sunnites, qui constitue le véritable danger auquel nous sommes confrontés, car il est [composé de] nos concitoyens, qui nous connaissent mieux que personne. Ils ont plus de ressources que leurs maîtres de l'armée des Croisés, et, comme je l'ai dit, ils essaient déjà de prendre le contrôle des questions de sécurité en Irak. Ils ont liquidé de manière systématique et réfléchie de nombreux Sunnites et bon nombre de leurs ennemis du Parti Baas, ainsi que d'autres alliés des Sunnites. Ils ont commencé par tuer de nombreux frères moudjahidin, puis ils se sont mis à liquider les scientifiques, les penseurs, les docteurs, les ingénieurs et d'autres encore. Dieu seul sait ce qu'il adviendra, mais je crois pour ma part que le pire ne sera pas derrière nous tant que l'armée américaine campera sur ses positions arrières et que l'armée secrète chiite et ses brigades militaires continueront de combattre à ses côtés. Ils s'infiltrent comme des serpents pour prendre le contrôle de l'armée et des forces de police, qui constituent l'arme principale et la main de fer de notre Tiers Monde, et pour s'accaparer toutes les structures économiques comme leurs tuteurs, les Juifs. À mesure que les jours passent, leur espoir grandit de voir un jour s'établir un État chiite qui irait de l'Iran jusqu'au Royaume de Papier-Mâché du Golfe en passant par l'Irak, la Syrie et le Liban. La Brigade Badr est arrivée en brandissant son slogan vengeur contre Tikrit et al-Anbar, mais elle s'est ensuite défait de ses oripeaux pour endosser les insignes de l'armée et de la police afin d'opprimer les Sunnites et de tuer le peuple de l'Islam au nom de la loi et de la justice, et tout cela sous couvert de paroles mielleuses. La nocivité de la fausseté emprunte la voie de la tromperie. Leur religion Ghunusi (fondée sur l'illumination intime et personnelle) se voile de mensonges et se dissimule sous les hypocrisies, exploitant la naïveté et la bonté de nombreux Sunnites. Nous ne savons pas quand notre nation [islamique] commencera à tirer les leçons de l'Histoire et à bâtir sur le témoignage des époques révolues. L'État chiite safavide fut un obstacle insurmontable sur le chemin de l'Islam ; car ce fut comme un poignard plongé au cœur de l'Islam et dans le dos de son peuple. Un Orientaliste déclara à juste titre que [«] si l'État safavide n'avait pas existé, nous autres qui vivons en Europe lirions aujourd'hui le Coran comme le font les Berbères d'Algérie [»]. Certes, les troupes de l'État ottoman s'arrêtèrent aux portes de Vienne et ces remparts ont failli s'effondrer devant eux [et permettre] à l'Islam de se répandre sous le signe de l'épée de la gloire et du djihad dans toute l'Europe. Mais ces armées furent obligées de rebrousser chemin et de se replier parce que l'armée de l'État safavide avait occupé Bagdad, démoli ses mosquées, tué son peuple, capturé ses femmes et confisqué ses richesses. Les armées revinrent défendre les sanctuaires et le peuple de l'Islam. Les combats acharnés qui s'ensuivirent pendant deux siècles environ ne prirent fin que lorsque la puissance et la portée de l'État islamique se furent évaporées et que la nation [islamique] se fut endormie – avant que ne la réveillent en sursaut les fifres et les tambours de l'envahisseur occidental.

Le Coran nous l'apprend : les machinations des hypocrites, les tromperies de la cinquième colonne et les manœuvres de ceux de nos concitoyens dont la bouche est pleine de miel mais qui ont un cœur de démon dans un corps d'homme – voilà où se cache la gangrène, voilà la raison secrète de notre désarroi, voilà le ver dans la pomme. « Ce sont eux les ennemis. Méfiez-vous d'eux. » Le cheik Al-Islam Ibn Taymiyya disait vrai en déclarant (après avoir parlé de ce qu'ils (les Chiites) pensaient du peuple de l'Islam) : « C'est pourquoi, fourbes et retors, ils aident les infidèles contre les masses populaires musulmanes, et sont la cause principale du surgissement de Gengis Khan, le roi des infidèles, sur les terres de l'Islam, de l'entrée de Hulagu en Irak, de la prise d'Aleppo et du sac d'Al-Salihiyya, entre autres. C'est pourquoi ils pillèrent les troupes de Musulmans lorsqu'ils se croisèrent pour la première fois sur le chemin de l'Egypte. Et c'est pourquoi ils arrêtent les Musulmans sur les bords de route pour les dépouiller. Et c'est pourquoi ils apportèrent leur aide aux Tartares et aux Francs contre les Musulmans. Ils éprouvèrent une grande tristesse à la victoire de l'Islam, puisqu'ils étaient les amis des Juifs, des Francs et des polythéistes contre les Musulmans. Voilà quelques-unes des mœurs de ces hypocrites… Leur cœur est empli de vinaigre et d'un courroux à nul autre pareil envers tous les Musulmans, les vieux comme les jeunes, les plus impies comme les plus fervents.

Leur plus grand [geste de] dévotion consiste à maudire les amis musulmans de Dieu jusqu'au dernier. Voilà qui sont les gens les plus désireux de diviser les Musulmans. Certains de leurs principes les plus importants les enjoignent à accuser d'infidélité, à maudire et à insulter l'élite des dirigeants, comme les califes orthodoxes et les « oulémas » des Musulmans, car ils pensent que quiconque ne croit pas à l'infaillibilité de l'Imam (chose qui n'existe pas) ne croit pas en Dieu ni en son Prophète, que Dieu le bénisse et lui accorde le salut...

Les Chiites aiment les Tartares et leur État car grâce à eux ils ont obtenu la gloire que l'État musulman ne leur a pas apportée... Ils furent les plus fervents à soutenir [les Tartares] lorsque ceux-ci s'emparèrent des pays de l'Islam, tuant les Musulmans et capturant leurs femmes. L'histoire du Calife et des hommes d'Ibn Al-Alqami lors de l'épisode d'Aleppo est célèbre. Tout le monde la connaît. Si les Musulmans triomphent des Chrétiens et des polythéistes, les Chiites s'en désolent. Et si les polythéistes et les Chrétiens sont vainqueurs des Musulmans, les Chiites célèbrent l'événement dans la joie. » – Al-Fatawa, 28e partie, pages 478 à 527

Gloire en soit rendue à Dieu, c'est comme si la vérité cachée s'était dévoilée devant ses yeux (Ibn Taymiyya), s'offrant à son regard et lui inspirant des paroles limpides, fondées sur un examen attentif des faits. Nos imams ont clairement indiqué la marche à suivre et révélé la vraie nature de ces hommes. Comme le dit l'imam Al-Bukhari : jamais en mon foyer je ne prie derrière un Chiite ou derrière des Juifs ou des Chrétiens. Ils n'y sont pas les bienvenus. On ne doit pas les célébrer à l'occasion des fêtes religieuses. On ne doit pas les épouser. Ils ne peuvent pas se porter témoins. On ne doit pas manger les animaux qu'ils tuent. – Khalq Af'al Al-'Ibad, page 125

L'imam Ahmad dit (on lui demandait alors qui avait maudit Abou Bakr, 'Umar et 'A'isha, qu'ils trouvent grâces aux yeux de Dieu) : « Je ne le vois pas dans l'Islam. » L'imam Malik dit : « Celui qui maudit les Compagnons du Prophète, que Dieu le bénisse et lui accorde le salut, celui-là ne fait pas partie de l'Islam. » – Kitab Al-Sunna d'Al-Khallal, numéro 779

Al-Faryabi dit : « Je ne vois chez les Chiites que des athées. » – Al-Lalika'i, 8e partie, page 1545

Et lorsque Ibn Hazm apporta des preuves irréfutables contre les Juifs et les Chrétiens, qui avaient détourné la Torah et les Évangiles, ils ne purent rien dire pour leur défense, sinon que les Chiites parmi eux parlaient d'entorses faites au Coran. Il dit : [«] Dieu aie pitié ! Les Chiites dont ils parlent, qui prétendent qu'une substitution a été opérée, ne sont pas des Musulmans. Ils appartiennent à une secte qui suit le chemin pavé de mensonges et d'infidélité qu'ont tracé les Juifs et les Chrétiens. » – Al-Fasl, 2e partie, page 78

Ibn Taymiyya dit : « Ceci prouve clairement qu'ils sont plus maléfiques que les membres des sectes et qu'ils méritent d'être combattus plus ardemment que les Kharijis. C'est pour cette raison que, de l'avis de tous, les Chiites sont un peuple d'hérétiques. La vérité se répand dans la foule populaire : les Chiites sont l'inverse des Sunnites car ils refusent de reconnaître la sunna du Prophète de Dieu, que Dieu le bénisse et lui accorde le salut, ainsi que les Lois de l'Islam. » – extrait de Sa'ir Ahl Al-Ahwa', 28e partie, page 482

Et il dit : « Si la sunna et l'ijma s'accordent à dire que, si l'on pouvait [seulement] dévoiler au grand jour [l'esprit de] l'agresseur musulman en le tuant, alors il faudrait le tuer, quand bien même il n'aurait volé [qu'] une moitié de dinar, que dire alors de ceux qui ne respectent pas les Lois de l'Islam et combattent Dieu et son Prophète, que Dieu le bénisse et lui accorde le salut ? » – 4e partie, page 251

Et sur ce, que le peuple de l'Islam sache que nous ne sommes pas les premiers à nous mettre en route sur cette voie. Nous ne sommes pas les premiers à brandir l'épée. Ces gens-là (les Chiites) continuent de tuer ceux qui appellent de leurs vœux l'Islam et les moudjahidin de la communauté ; ils les poignardent dans le dos, couverts par le silence complice du monde entier et même, hélas, des figures symboliques alliées aux Sunnites.

En outre, ils sont comme un os qui obstrue la gorge des moudjahidin et comme une lame plantée dans [le dos de] leurs dirigeants. Nul ne l'ignore, c'est de la main de ces gens-là qu'ont péri la plupart des moudjahidin tombés au combat. Dans ces plaies qui ne sont pas encore refermées, eux continuent de remuer les poignards de la haine et de la fourberie. Nuit et jour, ils poursuivent inlassablement leur besogne.

2. En ce qui concerne les Sunnites

Ils sont plus démunis que des orphelins à la table des dépravés. Ils ont perdu [leur] chef et erré dans le désert, dépouillés de tout, ignorés de tous, divisés et dispersés, privés de la figure de proue qui les unissait, rassemblait les [morceaux] épars et empêchait la coquille de l'œuf de se briser. Ils se présentent eux aussi sous [divers] aspects.

1. Les masses populaires

Ces masses populaires sont la majorité silencieuse, elles sont là mais n'existent pas. « Les vandales qui suivaient tout le monde et son prochain étaient affamés. Ils ne sollicitaient pas les lumières de la science ni ne cherchaient à se mettre à l'abri. » Ceux-là, même s'ils haïssent généralement les Américains et désirent les voir disparaître et que se dissipe le nuage sombre qu'ils font peser sur leurs épaules, se tournent malgré tout vers la promesse de lendemains radieux, d'un avenir prospère, d'une vie paisible, du confort et de ses bienfaits. Ils attendent ce jour avec espoir et constituent ainsi des proies idéales pour les roueries des [médias d'] informations et les stratégies de séduction des sirènes politiques... Mais quoi qu'il en soit, ils font partie du peuple de l'Irak.

2. Les cheiks et les « oulémas »

Ce sont pour la plupart des Soufis voués à la perdition. En fait de pratique religieuse, ils se contentent, à l'occasion de quelque anniversaire, de chanter et de danser sous la houlette d'un chamelier, puis finissent par se vautrer dans le faste des banquets. Ils ne sont en vérité qu'une drogue néfaste et des guides trompeurs pour une nation [islamique] qui cherche son chemin à tâtons dans la nuit noire. Quant à l'esprit du djihad, la loi du martyre et le désaveu des infidèles, ils en ignorent tout, ils en sont innocents comme le loup devant le sang de Joseph, que la paix soit avec lui. Alors que les horreurs et les malheurs font rage, aucun d'entre eux ne parle jamais de djihad ni n'appelle à l'immolation ou au sacrifice de soi. Pour ceux-là, trois c'est déjà trop, sans parler même de quatre. Ils ne sont pas dignes de notre tâche.

3. Les Frères [musulmans]

Comme vous avez pu le remarquer, ils font commerce du sang des martyrs et bâtissent leur gloire de pacotille sur la dépouille des fidèles. Ils ont avili leurs chevaux, déposé les armes, déclaré « non au djihad » ... et ils ont menti.

Ils consacrent tous leurs efforts à étendre leur emprise politique et à s'emparer des sièges des représentants sunnites, à se distribuer les parts du gâteau dans le gouvernement qui a été créé, tout en s'efforçant, grâce à leur soutien financier, de prendre le contrôle en sous-main des groupes moudjahidin, et ce pour deux raisons. D'abord, pour nourrir la propagande et le travail d'infiltration médiatique à l'étranger, afin de s'attirer des capitaux et la sympathie publique, tout comme ils l'avaient fait lors des événements en Syrie ; et leur second objectif est de contrôler la situation afin de pouvoir dissoudre ces groupes, une fois la fête finie, et se partager les dividendes. Ils ont maintenant l'intention de créer une choura sunnite qui serait le porte-parole des Sunnites. Ils ont pour habitude de s'immiscer au cœur des affaires et de retourner leur veste selon les aléas du climat politique. Ils ont la religion changeante. Ils n'obéissent à aucun principe stable et ne se fondent sur aucune base légale conséquente. C'est auprès de Dieu que nous avons, nous, sollicité de l'aide.

D. Les moudjahidin

Ils sont la quintessence du Sunnisme et la sève valeureuse de ce pays. Ils adhèrent pour la plupart à la doctrine sunnite et, naturellement, au credo salafiste. Les Salafistes ne se sont constitués en groupe dissident que lorsque la route prit un nouveau virage, et le peuple des régions [éloignées] s'est mis en marche derrière leur convoi. De manière générale, ces moudjahidin se distinguent par les traits suivants :

1. La plupart d'entre eux n'ont pas reçu de formation et manquent d'expérience, en particulier dans le domaine du

travail collectif organisé. Ils sont nés, à n'en pas douter, en réaction à un régime répressif qui a militarisé le pays, plongé la population dans le désarroi, répandu la peur et la terreur, et sapé la confiance du peuple. C'est la raison pour laquelle la plupart de ces groupes travaillent de manière isolée, sans horizon politique ni vision d'avenir, et sans se préoccuper de l'héritage de la terre. Certes, l'idée commence à germer ; l'infime murmure s'est amplifié, et c'est maintenant à grand bruit qu'ils parlent de la nécessité de se rassembler et de s'unir sous une même bannière. Mais ce projet n'en est encore qu'à ses prémisses. Avec la bénédiction de Dieu, nous essayons de le faire mûrir le plus rapidement possible.

2. Ici, hélas, le djihad [se traduit par] les champs de mines, les tirs de roquettes et les éclats de mortiers qui résonnent au loin. Les frères irakiens privilégient encore leur sécurité et préfèrent retourner dans les bras de leurs femmes, à l'abri de toutes les craintes. Les membres de ces groupes se vantent parfois de ce qu'aucun des leurs n'a été tué ou fait prisonnier. Nous leur avons dit, lors de nos nombreuses rencontres, que la sécurité et la victoire sont incompatibles, que l'arbre du triomphe et de l'accès au pouvoir ne saurait atteindre à sa pleine majesté sans puiser dans le sang ni braver la mort, que la nation [islamique] ne peut vivre sans goûter au martyre ni humer le parfum du sang versé au nom de Dieu, et que le peuple ne sortira pas de sa torpeur tant que le souci du sacrifice et le récit des martyrs ne les occuperont pas jour et nuit. La question requiert plus de patience et de conviction. Nous avons grand espoir en Dieu.

E. Les moudjahidin immigrés

Étant donné l'ampleur du combat qui nous attend, ils sont encore en nombre très insuffisant. Nous savons que les convois de marchandise sont nombreux, que la marche du djihad poursuit son cours, et que, pour beaucoup d'entre eux, seules l'incertitude quant aux objectifs communs et l'obscurité entretenue autour des faits réels les empêchent de [répondre] à l'appel aux armes. Si nous ne pouvons [appeler à] la mobilisation générale, c'est que dans ce pays il n'y a pas de montagnes où nous puissions trouver refuge ni de forêts dans les buissons desquels nous puissions nous cacher. Nous sommes exposés et nos mouvements sont compromis. On nous observe de partout. L'ennemi est face à nous et la mer est derrière. Bien des Irakiens accepteraient volontiers de vous recevoir et de vous ouvrir leur porte dans un esprit de paix fraternelle ; mais s'il s'agit de transformer leur maison en base logistique et en terrain de combat, il n'y a soudain plus personne. C'est pourquoi nous nous sommes souvent sacrifiés pour abriter et protéger les frères. La formation des nouvelles recrues s'en trouve d'autant plus difficile ; nous avançons pour ainsi dire avec un boulet aux pieds, même si, Dieu soit loué et grâce à nos efforts infatigables et l'insistance de nos recherches, nous avons pris possession d'un nombre croissant de lieux stratégiques, Dieu soit loué, pour y accueillir les frères qui nourrissent [le feu de] la guerre et conduisent la population du pays dans la fournaise de la bataille afin qu'une véritable guerre puisse éclater, si Dieu le veut.

Deuxièmement : La situation actuelle et l'avenir

Il ne fait aucun doute que les Américains subissent de très lourdes pertes parce qu'ils sont déployés sur une large partie du territoire et au sein de la population, et parce qu'il est facile de se procurer des armes, ce qui fait d'eux des cibles idéales et alléchantes pour les fidèles. Mais l'Amérique n'est pas venue ici pour ensuite repartir, et elle ne partira pas, si importantes soient les blessures qui lui seront infligées et la quantité de sang qu'elle devra verser. Ses objectifs immédiats sont de pouvoir se replier sur ses bases en toute sécurité, d'avoir les mains libres et de confier les champs de bataille irakiens au gouvernement qu'ils ont installé, auquel ils ont adjoint une armée et des forces de police qui remettront Saddam et ses acolytes au peuple et le laisseront décider de leur sort. Il ne fait aucun doute que notre marge de manœuvre s'est réduite et que le joug qui étouffe les moudjahidin s'est resserré. Ce déploiement de soldats et de forces de police laisse présager d'un avenir effrayant.

Troisièmement : Où en sommes-nous ?

Malgré la pénurie de soutiens, la désertion des amis et l'âpreté des circonstances, Dieu le Très-Haut nous a permis d'infliger de sérieux torts à l'ennemi. Dieu soit loué, en termes de repérage, de préparation et de planification, nous avons été au centre de toutes les opérations martyres, à l'exception de celles qui ont été menées dans le nord. Dieu soit loué, j'ai accompli 25 [de ces missions] jusqu'à présent, y compris contre les Chiites et leurs figures symboliques, contre les Américains et leurs soldats, la police et l'armée, ainsi que les forces de la coalition. Si Dieu le veut, d'autres suivront. Si nous n'avons pas agi au grand jour jusqu'à présent, c'est que nous voulions d'abord gagner du terrain et finir de mettre sur pied les structures intégrées qui nous permettraient d'agir à découvert sans en payer les conséquences, afin de pouvoir apparaître en position de force et éviter de subir un revers. Nous recherchons la protection de Dieu. Dieu soit loué, nous avons bien avancé et nous avons franchi d'importantes étapes. À mesure qu'approche l'instant fatidique, nous sentons que [notre] présence s'est étendue, profitant du vide de sécurité ; nous avons acquis de nouveaux lieux stratégiques sur le terrain qui seront le centre névralgique à partir duquel nous pourrons lancer nos opérations et manœuvrer à grande échelle, si Dieu le veut.

Quatrièmement : Le plan d'action

Après avoir attentivement étudié la situation, nous pouvons identifier notre ennemi en le divisant en quatre groupes.

1. Les Américains

Ce sont, comme vous le savez, les plus lâches des créatures de Dieu. Ce sont des proies faciles, Dieu soit loué. Nous demandons à Dieu de nous permettre de les tuer et de les capturer afin de semer la panique chez ceux qui les soutiennent et pouvoir les échanger contre nos cheiks et nos frères emprisonnés.

2. Les Kurdes

Ils constituent un corps étranger qui nous étouffe et une plaie dont il nous reste encore à nous débarrasser. Ils sont les derniers sur la liste, même si nous faisons notre possible pour atteindre certaines de leurs figures symboliques, avec l'aide de Dieu.

3. Soldats, forces de police et agents

Ils sont les yeux, les oreilles et les mains de l'occupant, qui se sert d'eux pour voir, entendre et exercer sa violence. Avec l'aide de Dieu, nous sommes déterminés à en faire des cibles privilégiées dans la période à venir avant que la situation ne soit consolidée et qu'ils aient les moyens de procéder aux arrestations.

4. Les Chiites

Ils sont à nos yeux l'élément clé du changement. Je veux dire qu'en les prenant pour cibles et en les frappant au cœur de [leurs] structures religieuses, politiques et militaires, nous déclencherons leur rage contre les Sunnites... nous les contraindrons à montrer les crocs et à dévoiler la rancœur sournoise qui les anime au plus profond. Si nous parvenons à les entraîner sur le terrain de la guerre partisane, alors il sera possible d'arracher les Sunnites à leur insouciance car ils sentiront peser sur eux l'imminence du danger et la menace de mort dévastatrice brandie par ces Sabéens. Si faibles et divisés soient-ils, les Sunnites sont les adversaires les plus tranchants, les guerriers les plus déterminés et les compagnons les plus loyaux contre ces Batinis (chiites), qui sont un peuple de traîtres et de lâches. Ils ne sont braves que face aux faibles et n'attaquent que les hommes à terre. La plupart des Sunnites sont conscients du danger que représentent ces gens, ils s'en méfient et savent ce qu'il adviendrait s'ils les laissaient gagner en puissance. Si seulement l'on n'avait pas à composer avec la faiblesse des cheiks soufis et des Frères [musulmans], les choses auraient pris un tout autre tour.

Bientôt les endormis s'éveilleront de leur sommeil de plomb et se soulèveront, mais notre opération exige aussi que nous neutralisions ces Chiites et que nous leur arrachions les dents avant la bataille fatidique ; il nous faut également bientôt attiser la colère du peuple contre les Américains, qui ont semé la destruction et sont la cause principale de cette peste. Le peuple doit se garder de s'abreuver du miel et des plaisirs qui lui étaient jusqu'à présent inaccessibles, car les hommes risqueraient alors de céder à la faiblesse, préférer la sécurité de leurs foyers et rester sourds au fracas des épées et au hennissement des chevaux.

5. La mécanique de l'action

Notre situation actuelle, comme je vous l'ai dit auparavant, nous oblige à manœuvrer avec courage et précision, et ce rapidement, car [autrement] nous n'obtiendrons aucun résultat conforme à la religion. Dieu le Très-Haut sait seul ce qu'il adviendra, mais la solution que nous entrevoyons pour notre part consiste à entraîner les Chiites dans la bataille car c'est là le seul moyen de prolonger le combat qui nous oppose aux infidèles. Nous disons qu'il nous faut les entraîner dans la bataille pour plusieurs raisons, qui sont les suivantes :

1 – Ils (c'est-à-dire les Chiites) ont déclaré une guerre secrète contre le peuple de l'Islam. Ils sont l'ennemi dangereux et à proximité immédiate des Sunnites, même si les Américains sont également un ennemi suprême. Le danger que représentent les Chiites est cependant plus grand et les dommages qu'ils nous infligent sont pires et plus destructeurs pour la nation [islamique] que ne le sont ceux des Américains, dont presque tout le monde s'accorde à dire qu'il faut les considérer comme des agresseurs et les tuer.

2 – Ils ont apporté leur amitié et leur soutien aux Américains, dont ils ont grossi les rangs contre les moudjahidin. Ils se sont efforcés, et redoublent encore d'efforts à l'heure actuelle, pour mettre fin au djihad et aux moudjahidin.

3 – Notre combat contre les Chiites est le moyen d'entraîner la nation [islamique] dans la bataille. Nous nous préoccupons ici des détails de notre action. Nous avons déjà dit que les Chiites ont revêtu les uniformes de l'armée, de la police et de[s forces de] sécurité irakienne, et qu'ils ont brandi l'étendard de la défense du territoire et des citoyens. Ralliés sous cet étendard, ils ont commencé à liquider les

Sunnites qu'ils accusent d'être des saboteurs, des vestiges du Baas et des terroristes qui répandent le mal dans le pays. Les lignes de conduite que leur ont indiquées le Conseil du Gouvernement et les Américains leur ont permis de s'immiscer entre les masses populaires sunnites et les moudjahidin. J'en donnerai un exemple qui nous ramène au plus près de cette région appelée le Triangle Sunnite – si tel est son nom exact. L'armée et les forces de police ont commencé à se déployer dans ces zones et gagnent en puissance de jour en jour. Ils ont confié des postes de responsabilité à des agents [recrutés] parmi les Sunnites et la population de ce pays. Autrement dit, cette armée et ces forces de police sont parfois liées aux habitants par les liens de la famille, du sang et de l'honneur. En vérité, cette région est la plaque tournante de toutes nos activités. Quand les Américains disparaîtront de ces zones – et ils ont déjà commencé à se retirer – et qu'ils seront remplacés par ces agents, qui sont liés par le destin au peuple de cette terre, qu'adviendra-t-il de notre situation ?

Si nous les combattons (et nous devons les combattre), nous serons face à une alternative. Soit :

1 – Nous les combattons, et ce avec grande difficulté à cause du fossé qui se creusera entre nous et les hommes de ce pays. Comment pouvons-nous combattre leurs cousins et leurs fils, et sous quel prétexte, dès lors que les Américains, qui tiennent les rênes du pouvoir depuis leurs bases arrières, se seront retirés ? Ce sera aux vrais fils de cette terre d'en décider le moment venu. La démocratie est en marche ; après son avènement, nous n'aurons aucune excuse.

2 – Nous plions bagages et nous mettons en quête d'une nouvelle terre, comme ce fut hélas souvent le cas dans l'histoire du djihad, parce que notre ennemi gagne en puis-

sance et consolide ses sources de renseignement de jour en jour. Par le Seigneur de la Ka'ba, [cela] nous conduit à l'asphyxie puis aux affres de l'errance. Les gens suivent la religion de leurs rois. Leurs cœurs sont avec vous et leurs épées sont du côté de Bani Umayya (les Ummayads), c'est-à-dire avec le pouvoir, la victoire et la sécurité. Dieu aie pitié.

Je le répète à nouveau, notre seule solution est de frapper les Chiites, de nous attaquer à leurs cadres religieux, militaires et autres, de les assommer inlassablement jusqu'à ce qu'ils se soumettent aux Sunnites. Certains trouveront peut-être que nous faisons preuve d'empressement et de sévérité sur cette question, que nous entraînons la nation [islamique] dans une bataille à laquelle elle n'est pas préparée, [une bataille] qui sera répugnante et verra beaucoup de sang versé. C'est exactement ce que nous voulons, car dans la situation actuelle la distinction entre ce qui est juste et ce qui ne l'est pas n'a plus lieu d'être. Les Chiites ont mis fin à toutes ces notions d'équilibre. La religion de Dieu est plus précieuse que les vies et les âmes. Lorsque l'écrasante majorité se tient du côté de la vérité, cette religion exige qu'on fasse des sacrifices. Que le sang soit versé, et nous adoucirons le sort des hommes de bien en hâtant leur entrée au paradis. [Quant à] ceux qui, au contraire, répandent le mal, nous serons délivrés d'eux, puisque, par Dieu, la religion de Dieu est plus précieuse que tout et doit passer avant la vie, la richesse et les enfants. L'histoire des Compagnons du Fossé, que Dieu a bénis, en est la meilleure preuve. Selon [l'imam] Al-Nawawi, cette histoire a démontré que la cité et le désert pouvaient bien se combattre jusqu'à l'annihilation de tous tant que chacun ne reconnaissait pas sa foi en l'unicité de Dieu, et que cela serait bon. Les hommes vivent, le sang est sauf et l'honneur préservé uniquement grâce au sacrifice accompli au nom de cette religion. Par Dieu, ô frères, les Chiites nous appellent à des combats répétés et à des nuits obscures dont nous ne devons nous détourner en aucun cas. Ils font peser un danger imminent, et l'objet des craintes que nous partageons, vous et nous, est assurément bien réel. Sachez que ces [Chiites] sont les plus lâches des créatures de Dieu et qu'en tuant leurs chefs nous ne ferons que redoubler leur faiblesse et leur lâcheté, car lorsqu'un de leurs chefs trouve la mort c'est la secte toute entière qui meurt avec lui. Lorsqu'un chef sunnite meurt ou est tué, à l'inverse, alors surgit un sayyid. Ils emploient toute leur ardeur au combat et redonnent courage aux plus faibles des Sunnites. Si vous saviez la peur [qui étreint] les Sunnites et leurs masses populaires, vous verseriez sur eux des larmes de tristesse. Combien de mosquées ont été converties en Husayniyyas (mosquées chiites), combien de maisons ont-il fait s'écrouler sur la tête de leurs occupants, combien de frères ont-ils tué et mutilé, et combien de sœurs ont-elles vu leur honneur souillé aux mains de ces infidèles dépravés ? Si nous parvenons à les atteindre par nos coups répétés et douloureux pour les forcer à entrer dans la bataille, il nous sera possible de [re]distribuer les cartes. Le Conseil de Gouvernement n'aura alors plus aucune légitimité ni aucune influence, tout comme les Américains, qui s'engageront dans une seconde bataille contre les Chiites. C'est ce que nous voulons, et, bon gré mal gré, de nombreuses régions sunnites se tiendront du côté des moudjahidin. À terme, les moudjahidin s'empareront de zones cruciales d'où ils pourront lancer l'offensive contre les bastions chiites ; ils pourront également définir leurs orientations médiatiques avec précision et mettre en place un plan stratégique solide pour rallier les moudjahidin [en Irak] et les frères de l'étranger.

1 – Nous sommes engagés dans une véritable course contre la montre pour créer le plus rapidement possible des compagnies de moudjahidin qui prendront position dans les zones de sécurité et s'efforceront de quadriller le pays et

de pourchasser l'ennemi (les Américains, les forces de police et les soldats) sur toutes les routes et jusqu'aux moindres sentiers. Nous continuons de les former en nombre toujours plus grand. Quant aux Chiites, nous les atteindrons dans leur chair, si Dieu le veut, grâce à des opérations martyres et des attentats à la voiture piégée.

2 – Depuis quelque temps maintenant nous nous efforçons d'observer attentivement le théâtre des opérations et de sélectionner ceux qui essaient de trouver des hommes sincères et droits, afin de nous adjoindre leur coopération pour accomplir le bien et de mettre sur pied des actions spécifiques avec leur concours ; nous testons ces hommes et les mettons à l'épreuve dans le but de parvenir à cimenter la solidarité et l'unité. Nous espérons avoir accompli de grands progrès dans cette voie. Peut-être déciderons-nous bientôt de rendre publiques nos actions, même si cela doit se faire de manière progressive, pour que nous puissions agir au grand jour. Nous nous cachons depuis longtemps. Nous préparons en ce moment à l'adresse des médias un dossier conséquent qui révélera les faits, annoncera nos résolutions et suscitera la détermination ; ainsi, la plume joindra ses forces à celles de l'épée dans la poursuite du djihad.

3 – Nous redoublerons en outre d'efforts pour mettre un terme aux incertitudes, qui sapent notre entreprise, et pour expliquer les règles de la charia, au moyen de cassettes, de documents écrits, de rapports d'étude et de programmes de formation destinés à éveiller les consciences, à ancrer dans les esprits la doctrine de l'unité de Dieu, à mettre sur pied les infrastructures et à remplir [nos] obligations.

5 [sic] – Le calendrier des réalisations

Nous espérons augmenter notre cadence de travail et former des compagnies et des bataillons composés d'experts confirmés et résistants qui se prépareront au moment fatidique où nous commencerons à agir à découvert ; nous prendrons alors le contrôle du territoire pendant la nuit et nous étendrons son domaine à la lumière du jour, si le Dieu Suprême et Conquérant nous le permet. Nous espérons que cette opération (je veux parler de cette heure fatidique) se déroulera environ quatre mois avant que ne soit formé le gouvernement promis par nos ennemis. Comme vous le voyez, nous sommes engagés dans une course contre la montre. Si nous pouvons, comme nous en avons l'espoir, changer la donne et contrarier leurs plans, cela sera bon. Si c'est le [scénario] inverse [qui se réalise] (et nous implorons la protection de Dieu) et que le gouvernement étend son contrôle sur tout le pays, alors nous devrons plier bagages et lever le camp pour gagner d'autres terres, où nous pourrons relever à nouveau nos étendards et où Dieu pourra choisir de nous appeler au martyre en son nom.

6. Et vous ?

Vous, mes honorables frères, êtes les chefs, les guides et les figures symboliques du djihad et de la lutte. Nous ne nous estimons pas dignes de remettre en cause votre autorité et nous n'avons jamais cherché à atteindre la gloire pour notre propre bénéfice. Nous espérons seulement devenir le fer de lance, l'avant-garde stimulante et le pont que traversera la nation [islamique] pour atteindre la rive de la victoire qui nous est promise et des lendemains auxquels nous aspirons. Voilà notre vision, telle que nous venons de l'expliquer. Voilà le chemin qui s'offre à nous, tel que nous venons de le tracer dans ses grandes lignes. Si vous êtes d'accord avec nous sur ce point, si vous l'adoptez pour en faire notre programme et la voie à suivre, et si vous vous rangez avec nous à l'idée de combattre les sectes de l'apostasie, nous serons vos prompts soldats, nous œuvrerons sous votre étendard, nous nous plierons à vos ordres et nous vous jurerons fidélité sans hésitation, publiquement et auprès des médias d'information, ce qui contrariera les infidèles et réjouira ceux qui prêchent l'unicité de Dieu. Ce jour-là, les croyants célébreront la victoire de Dieu. Si les choses vous semblent autrement, nous sommes frères et le désaccord n'entachera pas [notre] amitié. Nous coopérons pour cette cause en vue d'accomplir le bien et pour soutenir le djihad. Dans l'attente de votre réponse, que Dieu vous garde, vous qui êtes la clé de voûte du bien et la force vive de l'Islam et de son peuple. Amen, amen.

Que la paix et que la miséricorde et la bénédiction de Dieu soient avec vous.

Source : lettre d'Abou Moussab Al-Zarkaoui, autorité provisoire en Irak, 23 janvier 2004.

Index

INDEX

L'auteur tient à remercier tous ceux sans qui ce livre n'aurait pas vu le jour et exprime sa gratitude aux nombreux témoins qui, pour des raisons personnelles ou professionnelles, ont préféré garder l'anonymat.

Table des matières

Cet ouvrage a été composé en Garamond par Palimpseste à Paris

Impression réalisée sur CAMERON par
BRODARD ET TAUPIN
La Flèche

pour le compte des Éditions Fayard
en décembre 2004

Imprimé en France
Dépôt légal : décembre 2004
N° d'édition : 52678 – N° d'impression : 27579
ISBN : 2-213-62241-8
35-57-2441-0/01